Guía Práctica para Manejo de Pastos en Campos de Golf

by
Gordon Witteveen
and
Michael Bavier

WILEY

John Wiley & Sons, Inc.

Published by John Wiley & Sons, Inc., Hoboken, New Jersey
Published simultaneously in Canada

For general information on our other products and services or for technical support, please contact our Customer Care Department within the United States at (800) 762-2974, outside the United States at (317) 572-3993 or fax (317) 572-4002.

Wiley also publishes its books in a variety of electronic formats. Some content that appears in print may not be available in electronic books. For more information about Wiley products, visit our web site at www.wiley.com.

Library of Congress Cataloging-in-Publication Data:

Witteveen, Gordon.
    Handbook of practical golf course maintenance. (Spanish)
    Guía práctica para manejo de pastos en campos de golf / by Gordon Witteveen and Michael Bavier.
        p.cm.
    Includes includes index.
    ISBN 0-471-43219-
    1.   Golf courses—Maintenance. 2. Turf Mainance. I. Bavier, Michael. II. Title.

GV975.W5818 2002
796.352'06'8—dc

2002026161

Printed in the United States of America

10   9   8   7   6   5   4   3   2   1

Reconocimientos

Inicialmente, la traducción de este libro fue hecha por Eric Crocker en Acapulco, México durante el año 2000. Partes del texto referidos solamente a contextos y situaciones en el país del Canadá fueron omitidas por razones obvias. Ya que Eric Crocker no estaba familiarizado con campos de golf y no conocía la terminología de los mismos, solicitamos la asistencia de Arturo Castro de Spanish Systems, Inc. en Chicago. Arturo trabaja con muchos superintendentes en América del Norte para ayudarles en relaciones laborales y a comunicarse mejor con el gran número de trabajadores de habla hispana en la industria del Golf. Su ayuda ha sido invaluable. Para estar completamente seguros de que la Guía Práctica fuera casi perfecta, hablamos con Carol Mueller, Ingeniero Agrónomo en la Universidad de Chile en Santiago, quien realizó la revisión editorial final del texto en español.

Deseamos agradecer a Eric Crocker, a Arturo Castro y a Carol Mueller por su ayuda en la traducción de este libro. Un agradecimiento muy especial debemos a The Toro Company y a sus distribuidores internacionales, por su generoso apoyo para hacer de esta traducción una realidad. La versión original en el idioma inglés de Practical Golf Course Maintenance se he convertido en casi un *best seller* desde su publicación original en 1998. Esperamos que la Guía Práctica sea igualmente recibida por el mundo de la habla hispana.

Gordon Witteveen, Toronto y Michael Bavier, Chicago
superintendentes de campos de golf
Primavera del 2002

Introducción

Nos encontramos en un pequeño camino rural, aproximadamente de 100 millas (160 km.) al norte de Auckland en Nueva Zelanda, buscando un campo de golf. Después de varias vueltas del camino, esa vista familiar de fairways verdes, salidas y greens yacía frente a nosotros y vimos un pequeño tractor y un carro de tiro estacionados al lado de un hoyo. A primera vista no se veía a nadie, pero una inspección más de cerca nos reveló a un hombre tendido boca abajo con la parte superior de su cuerpo metida en un pozo. Una escena muy familiar: ¡una persona arreglando una fuga de una tubería! Decidimos investigar, y el que estaba haciendo la reparación resultó ser ¡el superintendente! Hablamos del problema de la tubería, ofrecimos algunos consejos y después nuestro nuevo amigo nos invitó a tomar una taza de té. Aceptamos y minutos más tarde estábamos bajo un techado con piso de tierra bien apisonado, alrededor de una mesa vieja que se deshacía, sentados en unas sillas medio raquíticas, hablando del greenkeeper en Nueva Zelanda. Con el té humeante entre nosotros, intercambiamos información sobre nuestros programas y comparamos métodos. Nuestro anfitrión tenía sólo dos ayudantes, un hombre adulto y un jovencito para cuidar los 18 hoyos, de manera que eran necesarios mucha habilidad para mantener el campo en condiciones de juego y para cumplir con sus funciones. Cada green tenía tres hoyos pero ¡sólo una bandera! Se esperaba que los golfistas cambiasen la bandera con regularidad y así repartían el desgaste. Los hoyos eran cambiados una vez por semana, los greens se cortaban día por medio, los fairways se completaban en las tardes de cada día. El mantenimiento de los roughs y las trampas de arena era esporádico. A pesar de este programa de mantenimiento abreviado, que ni soñaríamos poner en marcha en Norte América, el campo se veía bien, invitándonos; disfrutamos nuestro juego esa tarde.

Varios meses después, de regreso a América del Norte y de nuevo buscando un campo de golf, con nuestro automóvil rentado, dimos una vuelta desde una autopista muy transitada a un bulevar rodeado de árboles. En la caseta de guardia, del tamaño de un bungalow en un suburbio, nos recibió un hombre uniformado que con mucha seriedad nos preguntó ¡qué hacíamos allí! Parecía sospechar un poco, quizás porque estaba más acostumbrado a dejar pasar Cadillacs, Lincolns y el ocasional Rolls Royce con chofer de guante blanco. Finalmente, con un poco de renuencia, nos dio permiso para visitar al Director de Operaciones del Campo de Golf. Un camino asfaltado con aceras y amplios anuncios, hacían fácil encontrar el edificio grande y lujoso rodeado de plantas ornamentales. Pasamos varias docenas de automóviles bien estacionados y dejamos el nuestro en el área designada para visitantes. Al mirar desde las puertas abiertas de nuestro coche, vimos tanta maquinaria como las que uno podría encontrar en una conferencia regional sobre el cuidado de pastos. El Director estaba en su oficina en conferencia con los asistentes, nosotros cortésmente esperamos mientras que una eficiente secretaria, nos servía café y nos preguntaba si queríamos unos biscochos. Agradecidos, aceptamos y nos acomodamos en los sillones bien acolchados en la comodidad dada por un aire acondicionado, esperando nuestra entrevista con el director. Mientras tanto, la secretaria contestó respetuosamente todas nuestras preguntas con mucha información mientras trabajaba en una de varias computadoras. Después de un rato, apareció el director, nos presentó a sus asistentes, nos dio una gira por el área de mantenimiento en compañía de un mecánico uniformado y nos explicó el funcionamiento de la operación. Toda la maquinaria estaba como nueva y estacionada en su lugar apropiado, marcado con anchas líneas amarillas. El piso de cemento había sido tratado con un material especial que lo hacía brillar y era de fácil limpieza. Las mesas de herramientas estaban tan limpias como las mesas del comedor del staff. No había polvo ni grasa y no había ni un desarmador ni llave fuera de su lugar. Cerca del reloj marcador de tiempo, en la pared del cuarto del staff, vimos los nombres de los empleados y los contamos cuidadosamente; había 37 empleados y parecía que había un carro de golf para cada uno.

Cortaban los greens diariamente con segadoras de arrastre a motor y a menudo también los aplanaban. Cambiaban los hoyos, reparaban las marcas dejadas por las pelotas, si era necesario regaban los greens. Las 63 trampas de arena eran rastrilladas a mano. Los bloques en las salidas, eran cambiados diariamente, cada divot y cicatriz era reparado o reemplazado. En los fairways, las segadoras cortaban en líneas perfectamente rectas y los recortes eran recolectados en cestas y llevados para hacer compost . No había un solo divot en los fairways, ¡de hecho no había una sola hoja de pasto fuera de lugar!

Más tarde, mientras jugábamos al golf en este valle celestial, reflexionamos acerca de la condición soberbia de este campo y su magnífico centro de operaciones. No podíamos dejar de compararlo con el modesto techado que habíamos visitado en Nueva Zelanda un par de meses antes. Luego empezamos a reconocer que aunque los dos campos estaban en mundos aparte, uno del otro, los fundamentos del cuidado del campo eran los mismos: cortar el pasto, cambiar los hoyos, rastrillar las trampas de arena, fertilizar, reparar las tuberías de agua y muchas otras tareas indispensables de la operación que se lleva a cabo diariamente en todo el mundo. El tamaño del presupuesto, en principio determina el nivel de sofisticación que los superintendentes utilizan para lograr el trabajo. Invariablemente, el objetivo es el mismo: proveer un campo de golf placentero que sea costeable para la mayoría de los golfistas.

Durante nuestros viajes a varios países, hemos encontrado una amplia disparidad en los campos de golf y en su acondicionamiento, pero en las conversaciones con nuestros colegas, siempre nos sorprendió cuánto teníamos en común y cuán poco era lo que nos separaba. A veces el idioma era una barrera, como en Europa continental cuando con dificultad hablamos con superintendentes españoles, italianos, franceses y alemanes. En una conferencia en el sur de Francia la ya bien conocida presentación, "25 Años de Errores" fue traducida simultáneamente por dos superintendentes bilingües al francés y al alemán. En Malmö, un superintendente sueco ofreció el mismo servicio para sus colegas. Mientras hablabamos del cuidado de los campos con un superintendente Sud Africano en la costa oriental de ese país, este se detenía frecuentemente para instruir a su staff nativo en zulú, un idioma que usa ruidos nasales y que incluye muchos chasquidos de la lengua. En Katmandú,

Nepal, el gerente del campo, un hindú que sólo hablaba unas pocas palabras de inglés ansiosamente nos hacía preguntas acerca de greens y pastos. En ese momento, estaba en el proceso de convertir los greens de arena a pasto. En nuestra comunicación con aquellos que no hablaban inglés, descubrimos que aunque el idioma era diferente, las palabras familiares como green, fairways y golf se presentaban frecuentemente en nuestras conversaciones. Además, utilizábamos señales y sonidos para hacernos entender con un éxito gratificante.

Fue a través de viajes y visitas a colegas, que descubrimos que el cuidado fundamental del campo varía muy poco de país a país y de continente a continente. Hemos aprendido mucho de nuestros pares de todos lados, en estas páginas compartimos con nuestros lectores lo que hemos aprendido, no sólo de países lejanos, sino también de veteranos en nuestro país por medio de reuniones y conferencias. Es un tipo de conocimiento que no puede ser aprendido en la escuela. Uno lo puede encontrar en el techado de un cuidador de campo de golf en Nueva Zelanda, en una oficina con aire acondicionado en América del Norte y en todos los otros lugares donde se juega al golf y en donde los superintendentes transpiran, trabajan y se regocijan cuando logran lo casi imposible: un campo de golf finamente cuidado.

Esperamos que ustedes disfruten de este libro y encuentren tanto la información como las anécdotas de éstas páginas, útiles y entretenidas. La esencia de nuestras vidas profesionales están dispersas en estos 21 Capítulos. Con el progreso de este libro nos dimos cuenta que necesitábamos afinar algunas de nuestras propias prácticas. Está muy bien predicar y denotar una profesión seria, pero no vale decir una cosa y hacer otra. Hemos llegado a ser mejores cuidadores de campos de golf en el proceso de escribir este libro. Hemos atacado nuestras tareas con un vigor renovado y un nuevo entusiasmo. Esperamos que este libro tenga el mismo efecto en nuestros lectores.

Gordon Witteveen y Michael Bavier

Tabla de Contenidos

Guía Práctica para Manejo de Pastos en Campos de Golf

1 Corte de Greens

De todas las áreas de juego en un campo de golf, ninguna es más importante que el green. Por lo menos el 40 % de todos los tiros se juegan alrededor del green. Cuando una pelota de golf va rodando hacia el hoyo, nada debe impedir su verdadera trayectoria. El factor que tiene el mayor efecto en el rodado de la pelota de golf es lo parejo de la superficie del green. Únicamente el corte del green, con una cortadora filosa, puede asegurar que la pelota de golf ruede veraz y suavemente.

Todo el otro trabajo que se hace en los greens, tales como el arenado de la superficie, aireación, fertilización, rociado y riego es desperdiciado a no ser que el green haya sido cortado a la perfección.

CORTANDO EL GREEN, 10 PASOS PARA OBTENER UNA PERFECTA SUPERFICIE DE PATEO

La segadora triplex

Hasta mediados de los 60, todos los greens eran cortados con segadoras que llevaban al operador caminando tras ellas. Era un proceso que requería mucho tiempo; muy a menudo requería tres o cuatro personas para cortar los 18 greens más un green de práctica, durante la mañana. Luego llegaron las segadoras montables para greens. Después de un tiempo, los superintendentes descubrieron que estas podadoras tenían algunos problemas serios: compactación, el fenómeno del "Círculo Triplex" y las fugas hidráulicas que nos hicieron reconocer que no todo estaba bien en el mundo de segadoras de greens a alta velocidad. De todos modos, la mayoría de los greens pueden ser cortados a la perfección con estas podadoras triplex; los siguientes son los pasos necesarios:

1. Revise el nivel de aceite y gasolina en la máquina. Asegúrese que el asiento esté ajustado, que las tres unidades de corte estén a la misma altura y que

Figura 1.1. Cortar el green a la perfección es el último y más crítico paso en la preparación de una superficie jugable para el golpe de poteo.

corten bien. La altura del corte y el filo de la unidad deben ser revisados como parte de la rutina del mecánico o su asistente, pero aún así, el mecánico no es infalible y los operadores deben estar conscientes que las podadoras pueden perder su filo.

2. Revise el green caminando y estudiando la superficie del área de putting. Busque los divots causados por los zapatos de golf, piedras y basura, arregle los divots que dejan las pelotas de golf. Quite la bandera y póngala a un lado. Algunos rápidos operadores, creen que pueden quitar las banderas alcanzándolas del asiento cuando hacen un pasada al cortar el green. Pocas veces es una buena idea y muy a menudo lleva a accidentes.

3. Seleccione la dirección del corte, asegurándose que es diferente a la del día anterior. Haga el primer corte sobre el hoyo y continúe hacia el frente del green en caso que los golfistas lo lleguen a alcanzar. La dirección del corte cambia todos los días para ayudar en la reducción de la inclinación del pasto. El pelo sobre un green es la dirección hacia la cual el pasto se inclina. Cambie el corte cada día, e idealmente el pelo será eliminado o por lo menos reducido.

4. El corte en líneas rectas es esencial. Para el primer pase, escoja un árbol en el horizonte y siga mirando ese árbol, no mire al green cuando lo está cortando. El resultado será una línea recta. Para los siguientes pases ya no

es necesario mirar al árbol en el horizonte. En vez, enfoque su atención en la línea recta que ha sido establecida hasta el otro lado del green.

5. El traslape: Los cortadores novatos deben hacer un traslape de no menos de 15 cm o más. Cortadores experimentados pueden reducir el traslape hasta 5 cm. Las marcas de las cestas recolectoras del corte pueden ser una ayuda para determinar el grado del traslape. Es un pecado en contra del buen cuidado de los greens, dejar una fina línea de pasto sin cortar debido a un insuficiente traslape. El resultado es que las pelotas de golf saltan en el green, perdiendo su dirección.

6. La vuelta: Es importante dar la vuelta de manera larga y amplia, las vueltas cortas y rápidas destruyen el pasto del ante green, perímetro o approach. Si una trampa de arena u otra obstrucción le impiden dar la vuelta en forma amplia, maniobre hacia adelante y hacia atrás, o dé la vuelta en el rough adyacente. Los operadores deben tener cuidado cuando dan vuelta sobre un ante green o approach mojado. Las segadoras pueden patinar y sabemos de algunos operadores que han terminado en la trampa o peor, en la laguna adyacente.

7. Preste atención a los recortes en el cesto mientras está cortando el green. Los recortes cuentan su historia; la distribución dispareja en el cesto significa que las cuchillas no están parejas. Las cantidades no balanceadas pueden indicar cortes a diferentes alturas. Si hay un problema, llame al mecánico o al superintendente. Si cree que el green ha sido cortado a la perfección y que la segadora está filosa, regrese al atardecer y con el sol poniente sobre sus hombros, note cada imperfección en el green, que es claramente visible y de repente el green tan perfecto, ya no lo parece tanto.

8. Vacíe los cestos antes de que se llenen demasiado. Los cestos cargados de recortes mojados afectan la calidad del corte. Si la política dicta que los recortes sean esparcidos, aprendan el movimiento coordinado del torso superior, brazos y caderas que resultan en una perfecta dispersión de los recortes en forma homogénea sobre una superficie previamente indicada. Los recortes deben ser esparcidos sobre el rough en la parte posterior del green, nunca en el fairway, en el frente o en el área para vida silvestre de la parte de atrás.

9. El pase de limpieza o perimetral del green, es una operación que está llena de peligros. Si hace un corte en el ante green o approach adyacente, resultará en una marca marrón y fea. Deje unos centímetros sin cortar y la ira del superintendente caerá sobre usted. En vez, baje la velocidad de la máquina a su mínimo y concentre todas sus facultades en la orilla. El pase de limpieza se puede omitir de vez en cuando para impedir el desarrollo del temido fenómeno de "Círculo Triplex."

10. Aunque hoy en día muchos operadores usan tapones para los oídos para protegerlos contra el ruido excesivo, es importante escuchar el sonido de la segadora y en especial el del carrete helicoidal tocando las cuchillas de cama. Se puede detectar un carrete mal ajustado simplemente escuchando el zumbar de los carretes. Cuando el green está completamente cortado regrese la bandera al hoyo. Tome la vara y sacuda los recortes que puedan

Figura 1.2. Los cortadores deben ser cuidadosamente entrenados para convertirse en operadores hábiles de las máquinas segadoras, de manera de evitar accidentes. Las pendientes resbalozas cerca de las lagunas son especialmente peligrosas.

haber caído de la cortadora mientras cortaba cerca de la orilla del green y el ante green o approach. ¡De unos pasos hacia atrás y durante unos segundos admire su trabajo¡

La segadora manual

Las cortadoras para greens, las que se impulsan caminando atrás de estas, han estado con nosotros desde el comienzo de nuestros días como respaldo de nuestra labor, excepto que los modelos iniciales no tenían motor, ¡necesitaban ser empujadas! Cortar un green con ese tipo de cortadora empujada, generalmente tomaba una hora. El pequeño motor de gasolina cambió todo eso. Con la llegada de la podadora triplex, parecía que las "segadoras manuales" se volvían obsoletas, pero ese no ha sido el caso. De hecho, en los últimos años las segadoras por empuje a motor, están ganando más popularidad y están siendo utilizadas muy ampliamente. La mayoría de los campos tienen ambos tipos de cortadoras en sus edificios de mantenimiento.

Se recomienda que:

1. Revise el aceite y la gasolina de la máquina, que la unidad de corte esté ajustada a la altura correcta y que el carrete helicoidal esté ajustado para cortar correctamente.
2. Inspeccione el green caminando y examinando la superficie de pateo. Busque basura y divots. Quite la bandera y póngala a un lado.
3. Seleccione la dirección del corte, asegurando que es diferente a la del día anterior. Los cortadores con poca experiencia deben considerar comenzar a lo largo de la orilla del green, para obtener una línea recta. Si por casualidad la línea presenta una curva, la corrección se puede hacer sin ningún problema y nadie lo va a notar.
4. Para la segadora manual es aún más esencial la creación de una línea recta. Las líneas serpenteadas dan un resultado horrible con una cuadriculación confusa que es lo opuesto a lo requerido: ¡una formación geométrica perfecta!
5. El traslape es igualmente crítico cuando se está cortando con la segadora manual. Demasiado traslape demora mucho el corte del green. Los operadores experimentados traslapan menos de 3/4 de centímetro, cortando de esta manera muy rápido, pero el menor error o un breve momento de descuido resulta en una franja de pasto no cortado.
6. La vuelta puede ser traicionera cuando se usa una segadora manual. Los operadores novatos deben desconectar el embrague de tracción cuando hacen la vuelta. Los cortadores con experiencia pueden dar la vuelta sin dañar el pasto y sin perder su línea recta.
7. Preste atención a los recortes en el cesto recolector. Los recortes cuentan una historia; una distribución dispareja en el cesto indica que la unidad de corte no está bien ajustada.
8. Vacíe los cestos antes de que se llenen demasiado. Los cestos muy pesados afectan la altura y la calidad del corte. Aprenda la manera correcta de esparcir los recortes. Los recortes pueden ser esparcidos en la parte posterior del green pero nunca en los fairways, enfrente del green o en áreas de vida silvestre.
9. El pase de limpieza es muy importante. Evite cortar dentro del ante green o approach adyacente. Es mejor para este pase, reducir la velocidad de la máquina. Se puede omitir de vez en cuando este pase de limpieza para evitar patrones de desgaste.
10. Es esencial utilizar zapatos de suelas lisas que no marquen los greens. Pise ligeramente con el peso de su cuerpo en la parte frontal de sus pies y nunca se apoye en el manubrio de la cortadora. En vez, levante el manubrio un poquito, para que la unidad de corte mantenga el contacto en todo momento

Figura 1.3. El pase de limpieza requiere atención diligente. Se debe tener cuidado de no cortar dentro del collar.

con la superficie del green. Si no lo hace, esta acción puede resultar en una apariencia ondulada sobre la superficie del green.

Un green bien cortado es una belleza para los ojos. Las líneas rectas que forman la cuadriculación son la marca de la perfección. El césped en un green puede estar tan perfecto que puede parecer artificial.

Recomendamos que el green de práctica sea de los primeros en ser cortados en la mañana, antes que los golfistas comiencen a llegar al "Golf Shop."

Utilizando las segadoras triplex, es relativamente fácil adelantarse a los jugadores. Las segadoras cortan más rápido, terminando antes de que la mayoría de los jugadores lo alcancen al jugar. Los superintendentes deben estar conscientes que algunos de los golfistas pueden desear jugar desde los segundos nueve hoyos y las necesidades de éstos deben tomarse en consideración cuando el superintendente establece el orden de los cortes o en su defecto prohibirse dichas salidas tempranas desde el hoyo 10. Si se están utilizando segadoras manuales, se pueden requerir tres o más operadores para cortar los 18 greens como también el green de práctica antes de que los jugadores salgan al link. La secuencia de los cortes es determinada por la experiencia del superintendente, esta secuencia varía de campo a campo.

Cuando los greens son cortados después de que el juego ha comenzado, es mejor cambiar el orden de secuencia que ha sido una rutina. Muchos superintendentes comenzarán con el green 18 y seguirán en orden inverso, para evitar molestar al mismo "foursome" más de una vez en el transcurso de su partido.

Figura 1.4. El corte repetitivo del pase de limpieza resulta a menudo en daños causados por las llantas. El daño que así resulta, es llamado el Síndrome de Anillo de la Triplex.

Durante la temporada alta de golf y de alto crecimiento, los greens son generalmente cortados todos los días, pero los cuidadores de campos prudentes, conocen los efectos benéficos de saltar un día de vez en cuando.

Aunque es bueno para la salud de todos los greens no cortarlos por un día, existen greens que son débiles en casi todos los campos de golf y que requieren atención especial. Tales greens quizás necesiten ser cortados con una segadora manual, mientras que los demás se corten con la "triplex," o quizás la altura de corte de estos "greens" más débiles puede elevarse un poco para ayudar a que se mantengan vivos. Los greens que están "estresados" no responden bien a un corte bajo. Los superintendentes deben saber que ¡más pasto muere por culpa de las máquinas que por todas las plagas juntas!

¿Qué días debe seleccionar el superintendente para no cortar los greens? Generalmente se escoge un día en la semana que sea el menos ocupado. También podría ser una mañana lluviosa, o un día nublado en el cual no hay rocío sobre los pastos. Otro factor que también entra en la decisión; los superintendentes inteligentes que desean sobrevivir los problemas de la política del club deben estar conscientes de los días y horarios de juego de los dueños y oficiales del Club.

Remoción del rocío

En las mañanas que no se cortan los greens y hay rocío en el pasto, éste debe ser retirado tanto para el bienestar de los golfistas como también para la salud del pasto. El pasto mojado provee un campo de cultivo ideal para plagas de hongos y sacar el rocío temprano en la mañana significa usar el látigo y cortar el pasto, como elementos esenciales para la prevención de plagas. Muchos superintendentes utilizan la vara o látigo (en inglés whip) en sus greens antes de cortarlos, algunos usan largas varas de caña. Sabemos por experiencia propia, que el presupuesto para el control de plagas en campos que practican la remoción del rocío es más bajo que en los que no lo hacen.

EL SÍNDROME DEL ANILLO DE LA TRIPLEX

Cuando las máquinas Triplex cortan o despejan la misma área a lo largo de la orilla del green día tras día, las llantas de las podadoras siguen la misma ruta cada vez. Adicionalmente, si el green es pequeño o ha sido diseñado con muchas curvas, el peso de la cortadora y la acción forzada de las vueltas apretadas, mata rápidamente el pasto. Estos aros concéntricos, feos y muertos resultan en el temido Círculo Triplex.

Prevención del anillo de la Triplex

¿Qué se puede hacer para evitar las cicatrices o la aparición del Anillo de la Triplex? Es muy sencillo, tan pronto el superintendente ve las primeras señales de daño en forma concéntrica, utilice las segadoras manuales. Esto no es siempre posible ni totalmente necesario. Muchos superintendentes han eliminado exitosamente el círculo triplex con la simple solución de pasar a un corte de día por medio en el pase de limpieza o cierre del green por el perímetro externo. Aunque sea por sólo un día en un fin de semana, el pase de limpieza puede ser convenientemente olvidado. Es tan sorprendente la rapidez con que responde el pasto "estresado" y aún sorprende más, la rapidez de su recuperación cuando recibe un descanso en el régimen de cortes diarios. También se debe tomar nota que la remoción de los rodillos Wiele y los "groomers" de las segadoras de greens, ayudará a eliminar el daño del anillo de la Triplex.

Es posible que alrededor de la orilla exterior del green aparezca una franja un poco despeinada debido a que no fue cortada. Esto es especialmente cierto durante los días con rocío fuerte. Si lleva un látigo y le da una peinada al perímetro externo de los greens, resuelve este problema. Otro método implica desconectar los carretes helicoidales antes de dar la vuelta, sin levantar las unidades de corte. Esto ayuda a que los recortes no caigan de los carretes dejando un área descuidada a lo largo del perímetro del green.

Figura 1.5. "Latiguear" el green para quitar el rocío previamente, resulta en un mejor corte y es un sistema benéfico para impedir enfermedades en el césped.

También es buena práctica mover más adentro el pase de limpieza de vez en cuando, de 30 a 60 centímetros, ésto ayuda a prevenir la formación del círculo triplex. El superintendente Dudley Smith, veterano de muchos años en el Silver Lake Club, un campo público cerca de Chicago, utiliza podadoras "triplex" y manuales, en días alternados. En los días que se usan las Triplex no se hace el pase de limpieza. Otros superintendentes utilizan siempre las segadoras manuales para el pase de limpieza. En estos casos un sólo pase no es suficiente; pueden ser necesarios dos o tres pases.

Otros Métodos de Reparación de Daños debido al Síndrome del Anillo de la Triplex

En las etapas iniciales, cuando el círculo triplex recién comienza a manifestarse, es relativamente fácil detener el daño antes de que éste sea serio. Con el simple uso de una segadora manual en esos greens, resolverá el problema. Una vez que los pastos han sido seriamente dañados, las medidas necesarias son más drásticas. Probablemente sea suficiente la aireación con las mini horquillas y sembrado sobre el césped (proceso que será descrito en detalle en otro capítulo) para promover la recuperación del pasto. En casos realmente serios, la sección afectada tendrá que ser cubierta con panes de césped. En ambos casos, se debe señalar y poner fuera de uso hasta su recuperación total, el área a cubrir con césped nuevo o el sembrado de la sección del green que está siendo reparada.

DERRAMES HIDRÁULICOS

Un efecto secundario muy desagradable de las podadoras triplex para greens es la ocasional ruptura de la manguera hidráulica. ¡Los resultados pueden ser desastrosos! Un operador descuidado puede no darse cuenta de la fuga hidráulica hasta que la máquina deja de funcionar. Generalmente la quemadura del pasto se limita a una sola línea a lo largo del "green" y la vuelta en el ante green o approach. El aceite de la línea hidráulica que es arrojado sobre el "green" debido a una conexión suelta o a una manguera rota está ¡muy caliente! Está tan caliente, que de hecho el césped se quema y muere inmediatamente al entrar en contacto con el aceite. Puede aún parecer verde y un poco lustroso, pero se pondrá marrón en unos pocos días. De cualquier forma, el daño se puede mitigar si el área es lavada con un chorro muy fuerte de agua en la etapa inicial. También puede ayudar si en ese momento se agrega un agente humectante, mientras que la sección se está lavando.

Prevención

¿Qué se puede hacer para prevenir o por lo menos minimizar la ocurrencia de quemaduras hidráulicas en el pasto? Todo comienza en la Oficina de Mantenimiento teniendo un buen y bien calificado mecánico. Un mecánico escrupuloso va a revisar y reparar las mangueras hidráulicas en todas las máquinas, pero especialmente en las segadoras. Si una manguera en particular está desgastada o se rompe, él va a ordenar no una, sino dos refacciones para remplazarla. De esta manera, el inventario de mangueras para repuesto comienza a aumentar en el almacén de refacciones.

El mecánico y el asistente generalmente trabajan juntos, sacando toda la maquinaria fuera del área de almacenaje en la mañana, encendiendo y calentando los motores antes de sacarlas al campo. Además, los operadores experimentados revisan buscando señales de peligro antes de sacar las segadoras. Un pequeño goteo puede ser un indicador de una junta un poco suelta. Si lo arregla en ese mismo momento, va a impedir más tarde un desastre sobre el green.

La mezcla de un colorante en el aceite hidráulico puede facilitar la detección de una gotera y ésto ayuda a impedir que se vacíe el tanque hidráulico por completo. Algunos superintendentes y mecánicos han instalado sistemas de alarma muy elaborados que detectan inmediatamente una baja en la presión hidráulica y alertan al operador. Dichos sistemas son muy caros, pero pueden ser justificados en términos de los posibles daños que pueden ser impedidos al precioso green, salida o fairway.

Reparación de Pasto Quemado por Derrames Hidráulicos

Una acción rápida y lucidez mental son necesarias para darse abasto con un derrame hidráulico inesperado. Varios miembros clave del "staff de greens" deben estar familiarizados con uno o todos de los siguientes pasos:

1. Retirar el exceso de aceite extendiendo "Turface"" o arena para gatos sobre el área afectada. Esto va a absorber una gran parte del aceite e impedir que el área quemada sea más amplia de lo necesario. Aplicar una solución que contiene un agente humectante va a diluir el aceite restante.

2. Utilice un aireador angosto con púas apretadas, con separación de cerca de 2,5 cm. y haga un pase doble. El uso de una horquilla manual es un método alternativo. Siembre las semillas asegurándose que parte de las semillas caigan en los pequeños orificios hechos por el aireador. Los pequeños brotes de pasto, cuyas raíces se afirman debajo de la superficie, aguantarán el tráfico de golfistas y podadoras, uniéndose rápidamente para convertirse en un césped aceptable. En dos o cuatro semanas, la fea cicatriz desaparecerá.

3. Si es absolutamente necesario, utilice una cuchilla para remover panes de césped y quite el área afectada reemplazándola con panes nuevos. Esta medida drástica va a afectar la superficie de putting durante mucho más tiempo que con el método de sembrado. Si no hay un vivero para césped del cual conseguirlo, considere tomar el césped necesario del green de práctica, a lo largo de la orilla o de la parte posterior de un green regular. Asegúrese de que los panes estén cortados más gruesos de lo normal, para que esta sección no cambie de posición bajo los pies del golfista o de la segadora. Después de colocar el nuevo césped, la tira debe ser revestida con arena y rastrillada con el lomo de un rastrillo de aluminio, o mejor aún, con un Levelawn. En vez de utilizar un corta panes mecanizado para césped, existen unos que se pueden empujar manualmente, son angostos y especiales para este tipo de reparación. El problema de utilizar los panes de césped es que éstos necesitan ser regados con regularidad hasta que sus raíces se afirman, lo que significa que alguien tiene que estar regando a mano, aún durante fines de semana y quizás durante las últimas horas de la tarde y al anochecer. Si el césped llegase a morir, sería un error sumado al otro y una crisis difícil de sobrevivir, especialmente para superintendentes novatos.

4. La reparación del césped en salidas o fairways dañados, es un trabajo menos pesado, ya que esas superficies no son tan críticas como la del green. En muchos casos cuando la cicatriz es angosta, el césped adyacente la invade y crece rápidamente. Aún así puede ser necesario sembrar o colocar panes de césped, o incluso utilizar una mezcla para divots para promover el crecimiento. En todo caso, siempre es mejor reparar el daño que permitir que el efecto visual del césped muerto se dilate.

RECORTES

Ya hemos hablado de la importancia de prestar una atención constante a los recortes del pasto en los cestos de la segadoras cuando se está cortando un green. Se puede obtener información importante con la distribución dispareja dentro del cesto. Puede que la podadora no esté filosa o puede estar fuera de ajuste, pero ¡hay todavía más información que se puede obtener de los recortes!

Figura 1.6a. Reparación de un derrame de aceite hidráulico. Primer paso: Remoción del pasto quemado.

Los recortes de pasto tienen un aroma propio. Es muy punzante y distintivo cuando el pasto es saludable, pero cuando el green está enfermo, los recortes no huelen muy bien. Advertencia temprana de una plaga de hongos pendiente, que muy a menudo puede ser detectada con el simple hecho de llevarse un manojo de recortes a la nariz. Un olor desagradable es una señal certera de que la plaga de las manchas marrones está comenzando a establecerse. En los cestos, busque entre los recortes insectos adultos. Teniendo en cuenta la cantidad de insectos que se encuentran en los recortes, puede ayudar a determinar la necesidad de utilizar un insecticida.

Si se encuentra fertilizante granulado mezclado en los recortes, probablemente significa que el green debe haber sido cortado sin los cestos. No tiene sentido recoger los nutrientes caros del green para esparcirlos en el rough. Mejor quitar los cestos y con riego ayudar la penetración del fertilizante.

El vaciado de los cestos es una práctica común después de cortar un green. Si se necesita vaciarlos antes de que el green termine de ser cortado, esto probablemente

Figura 1.6b. Reparación de un derrame de aceite hidráulico. Segundo paso: Reemplace con césped de la parte posterior del green, así combina con el green. Luego utilice césped del vivero para reemplazar el obtenido de la parte posterior del green.

significa que está sobre fertilizado. Pero, por otro lado, si los cestos aún no necesitan ser vaciados después de cuatro o cinco greens, esto indica que el pasto está débil y posiblemente no necesitaba ser cortado. Un ligero "rodillado" con una aplanadora de alta velocidad podría haber sido un mejor método para crear una superficie perfecta para putting.

Las aplanadoras de rodillos para greens, fueron originalmente utilizadas en Australia en las canchas de bochas sobre césped. Su propósito era hacer que el green tuviese más velocidad sin cortarlo. Los greens para las bochas sobre césped son frecuentemente mantenidos al filo de su supervivencia para que sean duros y rápidos. El cortar los greens tan estresados y fuera de condiciones, casi aseguraría la muerte instantánea de los pastos. Un rodillado liviano logra los resultados esperados sin ser necesario el corte del pasto.

PRIMER CORTE DE LA PRIMAVERA

Durante la temporada previa, los greens pueden haber perdido su forma, debido a que los operadores cautelosos hicieron los greens más pequeños con cada corte. En el proceso, fueron perdidas las curvas y las formas. La primavera es el momento para recortar el ante green o approach y restablecer el contorno del green a su configuración original. Se pueden hacer pequeños ajustes sin bajar la altura de la segadora. Pero si el green va a ser substancialmente ampliado, es mejor marcar el contorno con una pistola de pintura. Puede que sea necesario marcar el nuevo contorno varias veces antes de que éste sea establecido.

Cortar el ante green o approach a la altura de un green es una medida drástica que sólo debe llevarse a cabo en la primavera cuando las plantas sienten ese empuje interno de reacción a las buenas temperaturas y tienen la capacidad de recuperarse de un corte severo. Durante cualquier otra estación del año, un tratamiento como este resultaría en la muerte instantánea de las plantas de pasto, pero durante la primavera el césped logrará sobrevivir.

GREENS RÁPIDOS

En el golf transmitido por televisión, se ha incluido el "Stimpmeter" presionando a los superintendentes, para que éstos entreguen greens más rápidos. Los greens son cortados a la más mínima altura, rodillados y dejados secar, todo en la búsqueda de una mayor velocidad. Es un milagro que las pobres plantas de pasto logren sobrevivir y con frecuencia no lo hacen.

El "Stimpmeter" es un artefacto que mide la velocidad de los greens en pies y pulgadas, se deja rodar una pelota de una barra de acero que tiene una ranura desde una altura predeterminada, se mide la distancia que recorre esa pelota sobre el green. Se invierte la dirección y el proceso es repetido de dos a cuatro veces. Entonces se saca el promedio de estas mediciones y se establece un valor para el green.

No es poco común que un green llegue a velocidades de más de 11 pies o aún a veces a 12 pies. El escenario es establecido cada primavera para el Augusta National, donde son comunes los greens con la velocidad de un rayo. Golfistas de todas partes del mundo ven esto y demandan que sus superintendentes emulen no sólo las condiciones, sino especialmente la velocidad de los greens.

Es un hecho que ningún pasto, sea Bermuda (Cynodon), Bent (Agrostis), o *Poa annua* sobrevivirá mucho tiempo siendo cortado a 3 mm de altura. En el horrible, caliente y seco verano de 1995, cuando los pastos en los campos de golf morían por hectáreas, muchos greens podrían haber sido salvados si sólo los hubiesen cortado un poco más altos.

Ningún factor afecta tanto la velocidad del green como lo hace la altura del corte de la segadora. Los superintendentes deben seleccionar la altura de corte que asegure la supervivencia del pasto y den al green una velocidad que sea aceptable para la mayoría de los golfistas.

Para eventos especiales, tales como torneos internos del Club y otros, la velocidad de los greens puede ser aumentada con cortes dobles. Este es un viejo truco que superintendentes inteligentes han conocido desde siempre. El corte doble resulta en una superficie más plana y más rápida para putting. No es necesario hacer un corte doble sobre todo el green, tres o cuatro cortes alrededor del hoyo y queda listo. Recuerden que la pelota va a tener una mayor tendencia a desviarse cuando va perdiendo velocidad cerca del hoyo, mayor razón para que el pasto este perfecto cerca de éste.

Figura 1.7. Rodillos aplanadores de greens hacen que el putting sea parejo y más rápido.

Recientemente una nueva máquina fue introducida a la industria de los campos de golf que ayuda a "acelerar" los greens sin cortar el pasto. El rodillo de greens fue utilizado primero en las canchas de bochas sobre pasto en Australia y luego fue adaptado para los greens de golf que tienen muchas ondulaciones. Estas máquinas rápidas, pueden rodillar un green en un instante y aumentar apreciablemente la lectura del Stimpmeter de 15 a 20 cm. Después de una rodillada, las hojas del pasto siguen presentes para respirar y mantener la planta con vida. Un rodillo aplanador de greens es una herramienta útil que ocasionalmente puede ser utilizada en vez del corte.

GREENS LENTOS

Sorprendentemente, hay algunos campos de golf que no quieren tener nada que ver con greens rápidos. Estos campos se enorgullecen en tener greens lentos. La pregunta es, ¿qué tan lento es lento? Utilizando la escala de la United States Golf Asociation, los greens en los cuales la pelota recorre entre 5 y 6 pies con el "Stimpmeter" deben ser considerados lentos. En términos de la altura del corte, ésto se traduce en 6 mm.

El problema con greens lentos es que tienen la tendencia a desarrollar capas de materia orgánica (thatch) y "pelo." Los superintendentes que utilizan la altura de corte de 6 mm deben ser vigilantes respecto a la formación potencial de una espesa capa de materia orgánica. Sobre estos greens, los "groomers" de las segadoras, deben

Figura 1.8. Superintendentes utilizan el Stimpmeter para determinar la velocidad de los "greens" y para asegurarse que ésta es constante en todos los "greens."

ser utilizados con regularidad. El arenado del topeado en la superficie, llega frecuentemente a ser factor importante para impedir la acumulación de las capas de materia orgánica.

GREENS TEMPORALES

Hay ocasiones en las cuales no se puede o no se debe jugar sobre los greens regulares. En tales ocasiones el superintendente debe crear un green temporal. Si éste va a estar en uso unas horas solamente o quizás un día, simplemente es cuestión de mover la bandera del green regular y cortar un hoyo en el fairway. Es recomendable tener un letrero que explique la razón de el uso del green temporal. Éste debe estar ubicado en la línea de tiro del hoyo que está siendo reparado.

Los golfistas aceptarán con mucha más facilidad un green temporal si conocen la razón. Otro pequeño truco que pondrá una sonrisa en el rostro del golfista es el de utilizar una taza más grande que la normal en el green temporal. Utilice una barrena de 20 cm para el corte inicial y luego ponga el hoyo normal adentro.

Cuando se planifica que el "green" temporal va a estar en uso por un tiempo prolongado, se debe tomar más cuidado en su preparación ya que los golfistas merecen tener una superficie decente en todo momento para su putting. Prepare el green temporal por lo menos dos meses antes de anticipar la puesta en uso. Seleccione un área nivelada del fairway y marque su contorno con una pistola de pintura. Es muy importante que aunque sea temporal, el green tenga un área suficientemente grande

Figura 1.9. Un green alternativo o green temporal puede ser utilizado para salvar al green regular y darle la oportunidad de recuperarse.

de por lo menos 300 metros cuadrados. Haga corte doble al green temporal a 3 mm menos de la superficie del fairway. Luego un corte vertical en dos direcciones sobre la nueva superficie de putting. Fertilice moderadamente para gatillar el arranque de crecimiento del pasto y cubra la superficie con una capa bastante gruesa de arena. Para un green relativamente pequeño, es mejor trabajar el arenado con el lomo de un rastrillo de aluminio. Si hay antiguos divots en el green, éstos deberán ser reparados con un cortadora de hoyos u otra herramienta similar. En climas fríos, el green temporal también debe ser sembrado. En las regiones sureñas o de clima cálido, el pasto Bermuda se ajustará automáticamente al nuevo nivel del corte.

Ahora, es importante que el green sea totalmente empapado, ésto se hace más fácil con un aspersor rodante conectado a una llave del fairway. Finalmente, es necesario que se cerque el green temporal con estacas y cuerdas con un letrero que diga: "Suelos en Reparación." Es importante poner un letrero en el green explicando a los golfistas lo que se está haciendo. Los golfistas no tendrán ningún inconveniente mientras sepan el propósito de las modificaciones.

Durante las siguientes 6–8 semanas, establezca un régimen de corte rebajando la altura unos 1,5 mm cada semana hasta llegar a la altura de corte normal. Mientras tanto, topee la superficie con arena y haga por lo menos dos cortes verticales más y considere por lo menos una aireación antes de abrir el green a los golfistas.

Si la razón de un green temporal es la reconstrucción de un green en existencia, entonces es tanto más importante que el green temporal tenga una superficie casi perfecta para putting. Va a haber menos presión sobre el superintendente para que abra el nuevo green prematuramente si los birdies son frecuentes en el green temporal.

GREENS DE ARENA

Hay lugares en el mundo, donde es demasiado difícil o demasiado caro tener greens de pasto. Zonas áridas y ubicaciones extremas caen entre éstas. Hemos encontrado lugares como los Estados de la Pradera y provincias de EE.UU. y Canadá en donde hasta hace muy poco los greens de arena eran bastante común. También encontramos greens de arena en el campo de golf del Royal Kathmandu en Nepal, aunque ahora éstos han sido convertidos a pasto. Para obtener una superficie firme en los greens de arena, le agregan aceite de motor ya usado y los reglamentos locales permiten a los jugadores, alisar la línea de putting al hoyo arrastrando una pedazo pequeño de alfombra o tapete sobre la línea de juego.

DIVOTS O PIQUES CAUSADOS POR PELOTAS, TACOS O PÚAS DE LOS ZAPATOS

Quizás lo más negativo para una superficie lisa para putting son los divots o piques. Las marcas dejadas por las pelotas, a menudo llamadas "pitch marks" o "ball mark," rápidamente se convierten en una fea cicatriz en la faz de un "green" perfecto. Éstas marcas son causadas por la negligencia y el descuido de los golfistas—en otros casos por los caddies—y es responsabilidad del superintendente que éstas sean reparadas. En forma diaria, este trabajo corresponde a los cortadores del césped o al que cambia los hoyos. Algunos superintendentes tienen un personal específico para reparar las marcas con semillas y mezcla para divots. Otros encuentran que el arenado periódico alivia el problema. Las marcas de clavos son causadas por púas metálicas cuando uno camina arrastrando los pies o simplemente por la penetración de elementos punzantes en el césped que dejan hojas de pasto separadas en el suelo. Las marcas de las púas, como también las marcas de las pelotas desvían las pelotas de golf, como también hacen que el rodar de la pelota pierda velocidad. En tiempos recientes muchos campos de golf han prohibido el uso de tacos de metal en sus campos. Por lo general los superintendentes han aplaudido esta decisión. Los greens estresados durante el calor del verano parecen ser beneficiados por púas blandas mucho más gentiles o las púas de plástico.

RESUMEN

Debemos asumir que la gran mayoría de los golfistas querrán continuar sus putting o pateos en los greens de césped y que estos greens deben ser lisos y razonablemente rápidos. El logro más importante de un superintendente es proveer tales greens. En el proceso, el superintendente camina sobre esa fina línea entre el éxito máximo y el fracaso total, al tratar de equilibrar las necesidades del pasto con las de los golfistas.

2 Cortando Salidas (tees)

Los golfistas reciben su primera impresión del campo de golf en la mesa de tiro y generalmente en la primera mesa de tiro, a no ser que estén jugando en un torneo "shotgun" o que estén empezando en los segundos o finales nueve hoyos. Aunque todas las salidas son importantes, ninguna lo es más que la primera mesa de tiro. Queremos que los golfistas se sientan cómodos en la primera mesa de tiro. Todo lo posible debe ser hecho, para disipar temores y ansiedades, de manera que el golfista esté relajado y pueda ejecutar un tiro casi perfecto desde la primera mesa de tiro. Un comienzo así de maravilloso marcará la pauta para el resto del juego.

Los superintendentes de campos de golf contribuyen mucho a la felicidad de los golfistas, o a veces a su desesperación. En las salidas, ¿qué es lo que los golfistas esperan del superintendente, particularmente en la primera mesa de tiro, que los ponga en un estado mental positivo?

1. La superficie de la mesa de tiro debe ser ¡absolutamente plana! La primera mesa de tiro puede tener una mínima inclinación hacia adelante, hacia atrás, o a hacia un lado, conforme a las especificaciones del arquitecto, pero de por sí, la mesa de tiro debe ser plana y pareja. No están permitidas las lomitas o depresiones; ningún cambio abrupto en los desniveles es bienvenido. La razón es obvia: el golfista requiere una postura nivelada para hacer un tiro perfecto.

   En las salidas elevadas, la superficie puede tener un declive mínimo hacia el frente, para que el golfista pueda ver más del fairway cuando los bloques están en la parte posterior de la mesa. Sobre fairways que van cuesta arriba, la mesa de tiro también tiene que tener una inclinación apropiada. Debe solicitarse el consejo de un arquitecto o de un constructor de campos de golf antes de determinar la inclinación de la superficie de la mesa, pero no obstante, la mesa de tiro de por sí debe ser siempre plana y permanecer así.

2. La primera mesa de tiro debe proveer un cierto grado de privacidad. La mayoría de los golfistas se sienten aprehensivos de su tiro en la primera

Figura 2.1. Cortar las salidas requiere de un ojo agudo para hacer líneas rectas que se alinean con el centro del fairway.

mesa. Tener que pegar el primer tiro frente a una audiencia de críticos puede causar un nerviosismo innecesario. Sin crear una condición de sombra que es un daño para el crecimiento de pastos saludables, los superintendentes deben trabajar con arquitectos para proveer una cierto encierro. Saliendo del Club House, las salidas deben ser tan abiertas como sea posible, los árboles y arbustos deben estar alejados de las salidas.

3. Las salidas no deben ser estrechas, sino amplias y suficientemente grandes para recibir de 200 a 300 golfistas por día. Tenemos la esperanza de que algunos de ellos usen las salidas delanteras o para damas y quizás un número jugará desde las salidas para campeonatos. La mesa de tiro principal, de la cual jugará la mayoría, debe ser del mismo tamaño que el green correspondiente. Una regla normal (Regla de Allen) dicta que hay que tener 9,3 metros cuadrados (100 pies cuadrados) de mesa de tiro por cada 1.000 salidas de jugadores de golf por año en hoyos par 4 y par 5. En hoyos par 3 esa área debe ser el doble por cada 1.000 salidas de jugadores al año, si esta diseñado para el uso de fierros, si lo es para maderas, se aplica la misma regla que para par 4 y 5. Otros creen que las salidas deben ser del mismo tamaño que los greens en hoyos par 4 y par 5 y el doble del tamaño del green en hoyos par 3. Cual sea la regla que se aplique, es raro que una mesa de tiro sea demasiado grande.

La mesa de tiro para el primer hoyo debe ser más grande que lo normal. Muchos golfistas sienten la necesidad de entrar en calentamiento al llegar a esta mesa. Muchas veces hacen su práctica al costado del césped de la primera mesa de tiro. Provea mucho espacio para que la mesa pueda ser reparada regularmente y se recupere con rapidez.

4. Las faldas que rodean la mesa de tiro deben ser moderadas, para que los golfistas puedan ascender y descender sin tener que trepar un ángulo demasiado agudo y llegar sin aliento para su tiro. Aunque no son deseables los escalones y escaleras alrededor de las salidas por una variedad de razones (alto mantenimiento y estética cuestionable), en algunos casos la ubicación de una mesa en particular hace necesario que sea diseñado un medio de acceso para que los golfistas puedan subir a ella. Le corresponde entonces al superintendente inventar algo que sea funcional y no demasiado desagradable.

5. Una mesa de tiro debe ser firme para poder pararse bien, pero no demasiado dura y que haga imposible la introducción de un tee de madera. La mesa de tiro también debe estar libre de las feas cicatrices de divots, especialmente en la primera, para que la primera impresión sea favorable y positiva. El pasto de las salidas generalmente es cortado un poco más largo que el de los greens, pero debe estar suficientemente corto para asegurar que nunca haya pasto entre la cabeza del palo y la pelota en el momento del "address."

CORTANDO SALIDAS (TEES)

Debido a que la mayoría de las salidas son elevadas, es inherente la dificultad del corte. Para el operador, faldas muy empinadas dificultan mantener el control de sus segadoras especialmente cuando dan vueltas muy justas. Al mismo tiempo, es importante cortar una mesa de tiro a la perfección, de lo contrario, la apariencia será destruida por un mal corte. Antes de comenzar a cortar, camine toda la superficie alerta de las púas que pueden haberse soltado de los zapatos de los golfistas. Las púas de metal causarán daños de alto costo a las cuchillas helicoidales de corte de las segadoras. Busquen también tees de madera rotos y basura tales como ramitas, piedras y otros. Todo debe ser recogido antes de comenzar el corte.

Es importante cambiar la dirección del corte de una mesa de tiro igual que en un green para impedir la acumulación de áreas con capas de materia orgánica, los montones esponjados y la formación de pelo. Por lo general, el día antes del fin de semana, la mesa de tiro es cortada a lo largo. Las líneas apuntando hacia el centro del fairway ayudan subconscientemente al golfista a mantener la dirección deseada.

Muchos superintendentes utilizan las segadoras Triplex de los greens para las salidas inclusive con menos cuchillas helicoidales, para las salidas más pequeñas, se prefieren las segadoras manuales. Ya que generalmente las salidas no son cortadas a diario, el círculo triplex no presenta un problema serio. Cuando se manifiesta, la omisión del pase de limpieza remedia la situación rapidamente.

Normalmente las salidas son cortadas día por medio o tres veces por semana como mínimo. Es un error no cortar las salidas durante un fin de semana largo. En el tercer día de ese fin de semana largo, la mesa de tiro tendrá una apariencia de descuido y para cuando ésta sea cortada en la mañana del cuarto día, el pasto estará demasiado largo y sufrirá el shock del retiro de mucho de su volumen aéreo de crecimiento. Las

Figura 2.2. Desde que Pebble Beach fue el anfitrión del U.S. Open, los tees rectangulares han estado en voga. La ventaja es que los tees siempre se van a linear con el centro de la zona de aterrizaje de la pelota (landing area)

salidas que están en crecimiento activo y no son cortadas a tiempo se hacen esponjosas, una condición no deseable desde el punto de vista del golfista.

Ya hemos mencionado que las faldas hacen que el corte de las salidas sea una operación difícil. Existen otros obstáculos sobre y alrededor de las salidas, tales como bancos, lavadoras de pelotas, bloques, contenedores para basura y cajas de mezcla para la reparación de los divots, que deben ser esquivadas durante el corte de la mesa. También hay bloques para salidas que deben ser puestos a un lado mientras la mesa de tiro es cortada y regresados a su posición exacta. Por todas estas razones, cortar una mesa de tiro requiere no sólo de gran destreza sino también de conocimiento y experiencia. El corte de las salidas es un trabajo para empleados veteranos del campo de golf, un novato sería simplemente el último recurso.

Desde que se jugó el U.S. Open en Pebble Beach en 1992 sobre salidas cortadas rectangularmente, los golfistas han estado demandando que sus superintendentes sigan la corriente y que corten las salidas con ángulos rectos para poder alinear su juego perfectamente con el fairway. Esto no es posible con salidas en forma de banana o con formas libres que llevan la forma de un reloj de arena. Cortar una mesa de tiro en forma rectangular es muy difícil y sólo puede hacerse con segadoras equipadas con llaves de apagado y encendido para cada cilindro de cuchillas helicoidales. Cortar una mesa de tiro de tal manera es un lujo demasiado caro para la mayoría de los campos de golf.

Los campos de golf con presupuestos modestos pueden decidir que cortar las salidas con cortadoras especiales para greens es un gusto demasiado caro y escogen cortadoras menos sofisticadas. Algunos utilizan cortadoras para trabajo pesado tipo helicoidal o hasta las de tipo rotativo para cortar sus salidas. En cualquiera de estos casos el corte será más alto y los golfistas tendrán que usar tees de madera más largos para hacer su tiro.

Muchas salidas que de otra manera serían casi perfectas, son arruinadas porque su entorno no ha sido segado adecuadamente. El pasto largo en el frente de la mesa puede ser un impedimento para un tiro bajo. En la parte posterior de la mesa de tiro, el pasto alto puede hacer que sea imposible llevar el palo hacia atrás durante el "address." Los superintendentes deben mantenerse vigilantes de estas condiciones adversas y asegurarse que el entorno de las salidas sea segado con regularidad, especialmente en las salidas más apartadas. Éstas tienden a ser olvidadas ya que no son inspeccionadas con regularidad.

Cuando todo se ha dicho y hecho, los golfistas de todos los niveles estarán de acuerdo en una sola cosa, que la mesa de tiro debe ser completamente plana para poder plantar bien los pies y ejecutar el tiro perfecto. Los golfistas aceptarán salidas con cicatrices de divots, salidas desgastadas, salidas que son duras o blandas, pero nunca salidas con demasiadas ondulaciones. Los superintendentes deben utilizar todo lo que tienen en su poder, emplear al máximo sus habilidades como cuidadores de campo, para asegurarse que las salidas sean mantenidas planas, firmes y siempre cubiertas de pasto.

Es raro, a su vez, que se construya una mesa de tiro con la misma diligencia que se utiliza en la creación de un green. Pocas veces, una mesa de tiro tiene una red de zanjas de drenaje o una camada de grava en su base, y por lo tanto, el drenaje en la mayoría de las salidas no es tan bueno como el de los greens. Adicionalmente, la mezcla de suelos utilizada en los greens, tiende a ser seleccionada después de mucha investigación, mientras que para las salidas, frecuentemente sólo es cosa de remover la capa superior de tierra una vez que ésta alcanza la altura determinada. Por lo tanto las salidas con el tiempo perderán su configuración y nivel.

LO QUE LOS SUPERINTENDENTES PUEDEN HACER PARA MEJORAR SUS SALIDAS

1. Mejorar el drenaje. ¡No todas las salidas son iguales! Algunas drenan muy bien y otras se secan muy lentamente. Éstas últimas requieren de la instalación de un sistema de drenaje. Esto es mantenimiento de rutina y los superintendentes no deben utilizar la estructura del Comité del Club como excusa para no tomar medidas. Cuando se ha determinado que una mesa de tiro requiere un sistema de drenaje, prepare los planos y ejecútelos durante la temporada baja.

2. Nivele la parte superior de las salidas hasta que el nivel quede perfecto. Es mejor quitar todo el césped antes de comenzar el trabajo de nivelación. Trozos aislados de césped van a estorbar el trabajo. Utilice una de las varias niveladoras nuevas que ahora son utilizadas por las compañías que se dedican a la construcción de campos de golf. Algunas operan con un sistema láser que garantizará una superficie perfectamente plana. Es de vital

importancia mantener el borde entre el nivel plano y la pendiente de las faldas. Si se pierde el borde o filo durante la operación de nivelado, debido a un movimiento excesivo de tierra, la parte superior de la mesa de tiro se redondeará, un resultado realmente indeseable.

3. Una vez que se haya establecido una superficie perfectamente plana, es necesario mantenerla de esa manera. La aplicación incorrecta del recubrimiento superficial de césped o sustrato, distorsionará lo plano de la superficie. También hemos visto la superficie de las salidas arruinada debido a la aplicación incorrecta de la mezcla para "divots." ¿Cómo es posible ésto? Por la aplicación de la mezcla a paladas y luego incorporándola incorrectamente. Las herramientas para el cuidado de campos de golf, tales como mayas metálicas, la parte superior de rastrillos de aluminio y Levelawns deben ser utilizados sobre la superficie y sólo con mucho cuidado cerca de la orilla. Los cepillos hacen un trabajo adecuado para mezclar la tierra en el pasto, pero muy a menudo dejan ondulaciones, resultados que deben ser evitados en una mesa de tiro perfectamente nivelada.

4. La ubicación de los cabezales de los aspersores puede ser una molestia en las salidas. De vez en cuando, todos los aspersores requieren mantenimiento y esto puede implicar cavar un hoyo profundo en medio de una mesa. Esto no puede permitirse durante un evento importante. Por lo tanto, si es de alguna manera posible, los aspersores deben ser ubicados a los lados de las salidas. En salidas amplias y largas quizás ésto no sea posible ni tampoco tan crítico.

SALIDAS PARA DAMAS

Jugar golf mixto lo hace a uno darse cuenta enseguida, que las damas golfistas que utilizan las salidas principales, generalmente son víctimas de mal trato. ¡Los superintendentes tienen que aceptar parte de la culpa! Han sido tan culpables como los arquitectos de la construcción permitiendo que las salidas para damas sean de tamaño inferior y mal dirigidas. Muy a menudo estas salidas degradan el paisaje, debido a que frecuentemente son como un pensamiento secundario en el esquema de las cosas. Han sido inadecuadamente construidas y no pueden ser mantenidas de la manera correcta. Los superintendentes se deben a su profesión, y a todas las mujeres golfistas, se les debe proveer de un espacio adecuado para el tiro de salida de la misma calidad que es provista para los hombres.

1. Mejor dejar al arquitecto la ubicación y animarlo a que haga de la mesa de tiro para damas, una parte integral del plan maestro. Naturalmente, el superintendente tiene voz en el asunto porque está familiarizado con la propiedad, con el sistema de drenaje y las líneas de riego.

2. La construcción se puede llevar a cabo con personal del plantel o por un constructor de confianza. Ninguna mesa de tiro debe ser inferior a los 6 por 12 metros (20 por 40 pies). Algo más pequeño dificulta el corte y las maniobras de las fumigadoras y aireadoras. La importancia del buen drenaje y suelos de primera calidad ya ha sido indicada.

3. La tendencia de plantar cercos de arbustos en los lados de las salidas debe ser resistida o rechazada. Inevitablemente, dichos plantíos reducen el tamaño utilizable de la mesa. Igualmente deben evitarse escalones para llegar a la superficie de la mesa de tiro, ya que por su propia naturaleza, limitan el tránsito y causan marcas de desgaste bastante feas. Ninguna implementación de diversas rutinas de cuidado del campo, por experto que se sea, puede evitar el desarrollo de una área pelada donde terminan los escalones. Además requieren de un mantenimiento intensivo que muy a menudo no se lleva a cabo, de esta manera quitan puntos a la apariencia satisfactoria global de un campo de golf.

CONCLUSIONES

Cuando los superintendentes comprendan la importancia de la necesidad de tener salidas que sean perfectamente planas y asuman la responsabilidad por la creación y el mantenimiento de dichas salidas, harán entonces que algunas de estas recomendaciones sean parte de su programa de mantenimiento. Muy a menudo los superintendentes están a la merced del arquitecto que creó el campo. No importa, durante la carrera de un superintendente ambicioso hay muchas oportunidades para mejorar los errores del arquitecto o hacer sobresalir los factores brillantes del diseño. Entre sus rutinas principalmente debe estar el trabajo en las salidas. Un campo de golf con muchas salidas que provean vistas panorámicas desde superficies planas y firmes siempre será un campo favorito para los golfistas.

Pistas, Calles o Fairways

En ninguna parte la calidad de los pastos y la mejora de la superficie de juego ha sido más pronunciada que en los fairways. Hace unas décadas, las cortadoras eran tiradas por un tractor, de la misma manera que las cortadoras habían sido tiradas por caballos con cubre cascos de cuero antes de la Segunda Guerra Mundial. Durante muchísimo tiempo nada cambió, hasta las décadas de los 50 y 60 cuando grandes tractores, equipados con unidades cortadoras múltiples, hicieron su debut. Estos monstruos lucharon con nuestros fairways doblándose y dando vueltas, muy a menudo destruyendo los pastos en el proceso. Aunque esas torpes cortadoras cortaban una tira ancha en poco tiempo, su peso excesivo causó compactaciones importantes y el subsiguiente daño a los pastos.

El golf mismo pasaba por ciertos cambios. Ya no era un juego de grandes espacios abiertos, los blancos estaban bien definidos por obstáculos de arena bien ubicados, árboles y obstáculos de agua. En los fairways se desarrollaron contornos y áreas más pequeñas. Los superintendentes necesitaban segadoras de peso ligero y algunos experimentaron con cortadoras montables para greens. Al principio, estas unidades tan prácticas fueron utilizadas en los ante-green o "approaches" o collares como también en salidas. Las segadoras montables eran ideales para esta nueva aplicación. Comprobaron ser rápidas, relativamente libres de mantenimiento y sobre todo prácticas para el usuario. El próximo paso fue extender los ante-green o approaches en hoyos de par 3. El resultado fue espectacular: el pasto cortado a menores medidas de altura y con los recortes retirados, era a la vez increíble y un deleite para el juego. ¡Los golfistas quedaron enamorados¡.

No fue sorprendente entonces, que los superintendentes diestros, comenzaran a cortar todos los fairways con segadoras para greens. Estas gentiles máquinas cortaban el pasto hermosamente y producían una superficie de calidad sobresaliente para jugar. Quizás la intención original fue la de remediar un problema de corte difícil en un fairway, pero pronto fue obvio que todos los fairways serían beneficiados por esta nueva práctica. Fueron creadas en el proceso presentaciones sobresalientes de líneas de corte, a veces tan increíbles que los golfistas de los campos de golf aplaudían el

Figura 3.1. El contorno de los fairways da énfasis al área de aterrizaje y a los obstáculos, tal como en el campo de golf Devils Pulpit en Ontario Canadá.

trabajo de sus superintendentes y salían a presumir de los nuevos fairways con sus amigos y parientes. Al principio, los profesionales en el Tour eran renuentes en aceptar estas nuevas ideas de patrones de cortes. Y al principio demandaron un fairway sencillo, sin líneas. Con el pasar del tiempo, los oficiales de los Tours empezaron a aflojar su posición y con un pequeño empuje de los productores de televisión, se le dio rienda suelta a los superintendentes para utilizar su imaginación.

Hubo un inesperado y benéfico efecto secundario con el corte de los fairways usando las podadoras triplex para greens y con el retiro de los recortes. Los superintendentes del norte que habían estado sufriendo una infestación en su pasto Bent de *Poa annua,* se dieron cuenta que en una sola temporada de corte regularizado con estas podadoras triplex para greens, se podía ver que el pasto Bent estaba gateando y creciendo más rápido que la *Poa annua*. Esto era algo notable y una tremenda ganancia para los superintendentes que querían fomentar el pasto Bent a expensas de el *Poa annua,* sin tener que buscar impredecibles y costosos herbicidas.

Muy poca investigación científica se ha llevado a cabo en nuestras universidades para explicar este fenómeno y nosotros no conocemos ninguna buena razón del por qué el pasto Bent pueda ganarle a el *Poa annua* debido al uso de segadoras más ligeras. Sin embargo, sospechamos, que esto está relacionado con la compactación de la capa superficial de los suelos. El pasto Bent crece mejor en suelos sueltos y la *Poa annua* es una de las pocas especies que sobrevive en suelos compactados. Por su propia naturaleza, las segadoras ligeras causan menos compactación que los tractores de antaño, y por lo tanto el pasto Bent tiene una mejor oportunidad para prosperar.

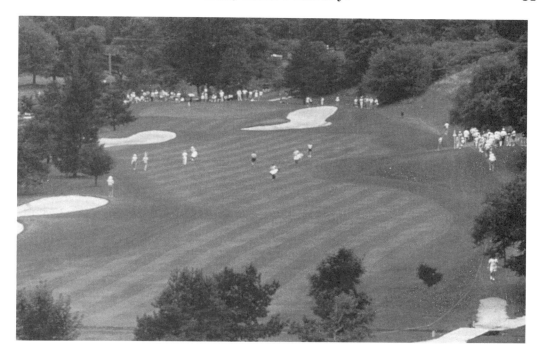

Figura 3.2. El patrón de corte creado por las podadoras triplex, contrasta vívidamente con los roughs en el Board of Trade Country Club cerca de Toronto.

Los superintendentes que estaban a la vanguardia al principio de los 80 y que hicieron el cambio a los nuevos métodos de corte, merecen bastante crédito por su visión y determinación. Inicialmente, esos profesionales fueron ridiculizados y criticados por sus colegas por darle demasiada atención a los golfistas delicados. Recibieron muy poco apoyo de los profesores universitarios que realmente no sabían qué estaba sucediendo y pensaban que la nueva metodología era sólo una moda pasajera. También, la industria fue lenta en reconocer los potenciales beneficios.

Finalmente, la Lesco Company, una compañía que recién empezaba en esos tiempos, vio la luz y fabricó segadoras de cinco cilindros de corte, lo que fue un éxito en la industria e hizo que sus acciones en Wall Street se fueran al cielo. Jacobsen y Toro siguieron la corriente. El resto es historia. Hasta los campos públicos de nueve hoyos cortan ahora los fairways con segadoras ligeras, y recogen los cortes en el proceso. Los fairways de pasto Bent son ahora lo común en lo que antes era dominio exclusivo del *Poa annua*. En muchos casos la transición fue natural.

Los campos nuevos de golf que fueron sembrados con pasto Bent han logrado mantener un cultivo homogéneo con muy poca invasión de *Poa annua*. Con las unidades de corte muy mejoradas, los fairways ahora pueden ser cortados en muy poco tiempo a satisfacción de los golfistas más críticos, pero esto no fue siempre el caso. Mucho del crédito debe ir a los superintendentes que hicieron el cambio inicial. Les debemos admiración por su visión y perseverancia.

Si fuera posible, en un mundo ideal, a los golfistas les gustaría hacer sus putts en greens con pasto Bent y jugar sobre fairways con pasto Bermuda. Eso sería como

Figura 3.3. La industria respondió a las demandas de los golfistas para cortes más bajos en los fairways y fabricaron segadoras quintuplex capaces de cortar un área grande en poco tiempo.

comer caviar de entrada y faisán de plato principal. Sin embargo, nuestras experiencias culinarias ni las de golf son tan a menudo perfectas. A lo largo del camino aprendemos de manera usual a jugar sobre fairways de hierba mala, gramínea y a jugar nuestros putts en greens marcados por divots y terminar el día con hamburguesas y cerveza. Frecuentemente algunos de los campos de golf más escénicos están mal mantenidos e inversamente, un diseño muy aburrido puede a veces estar sometido a una cosmética exquisita. Así es el golf, debemos aceptarlo y disfrutarlo donde sea que lo encontremos, desde greens de arena en los llanos de las praderas a las joyas de esmeralda a lo largo de la costa de California.

EL CORTE DE LOS FAIRWAYS

El objetivo es proveer al golfista de una superficie de juego consistente, la consistencia sólo se puede lograr cuando el pasto es cortado con regularidad y de manera oportuna. La altura del corte debe ser lo suficientemente baja para asegurar que no haya pasto entre la cabeza del palo y la pelota en el momento del "address." La pelota debe quedar sentada sobre los pastos bien cortados. Los golfistas profesionales de bajo handicap prefieren el pasto muy tupido y poco pasto entre la pelota y la tierra, ya que desde estos pastos hacen que la pelota gire cuando cae en el green. Los golfistas con un handicap más alto tienden a ser más felices con más pasto debajo de la pelota, para que la puedan levantar con la cabeza de la madera o con un hierro bajo en fairways. Establecer todas estas condiciones para cada golfista es, por supuesto, imposible y tenemos que ceder un poco, tomando también en cuenta las necesidades del pasto.

Los siguientes factores deben gobernar las decisiones que los superintendentes prudentes toman cuando cortan los fairways:

1. La altura del corte del fairway raramente debe ser de más de 12 mm (media pulgada). En todo el mundo, los golfistas demandan un corte corto de los pastos en el fairway. Quieren una superficie tupida con mucho rodaje. Es sólo cuando ciertos tipos de pasto no toleran un corte tan bajo que se aumenta la altura.

   Con cariño recordamos jugar en un campo de golf en Durban, Sud Africa, donde los fairways eran en un 100 % de pasto Kikuyu, una especie muy gruesa que estaba cortada a una altura no menos de 2,5 cm. El pasto era tan denso que la pelota se sentaba escrupulosamente, de éstas áreas era fácil hacer un tiro con dicha superficie. En cualquier otro lugar del mundo, el pasto Kikuyu sería considerado una mala hierba y se habría hecho lo posible por erradicarlo, pero en este campo de golf, en el lejano Durban era una superficie de juego aceptable. En muchos campos de golf, los fairways son cortados a menos de 12 mm de altura. Tanto el pasto Bent como el Bermuda tolerarán esta altura sin resentirse. Los fairways realmente cortos tienen un césped de una calidad parecida a un green. Se sabe de superintendentes caprichosos que le han aplicado el Stimpmeter a dichos fairways obteniendo mediciones de más de 6 pies para los golfistas más críticos, pero esto no es siempre el caso.

2. La frecuencia del corte está principalmente determinada por la velocidad del crecimiento del pasto. Mientras más rápido éste crece, más seguido necesita ser cortado. Cuando los pastos son fertilizados con regularidad y están creciendo activamente, pueden requerir un corte día por medio. Muchos superintendentes cortan los fairways lunes, miércoles y viernes. A veces, el pasto está creciendo tan prodigiosamente que tres veces por semana no es suficiente. Entonces debe hacerse arreglos para cortarlos temprano por la mañana los fines de semana o agregar otro día al horario semanal.

3. Los cortes cuadriculados o en líneas rectas sobre los fairways es cuestión de elección personal, pero si no se cortan con un poco de imaginación, los golfistas alimentados por la televisión, en poco tiempo encontrarán un superintendente que pueda darles un corte como de película. Los cortes rectos en el fairway son tan importantes como lo son en los greens y salidas. Esa costumbre de antaño de cortar apuntando en el horizonte a la mesa de tiro, funciona cada vez menos. Por cierto que hay campos sin árboles y en ese caso algún promontorio servirá igual de bien como referencia.

   En vez de cortar en línea recta, hay superintendentes que siguen el contorno de un obstáculo de agua. Esto da una desviación interesante del siempre utilizado corte cuadriculado.

Figura 3.4. Dos superintendentes examinan estolones de pasto Kikuyo de prolífico crecimiento, considerado una maleza en muchas canchas.

4. Con el golf apuntando a un blanco y segadoras ligeras nos llegó el uso de contornos en la orilla de los fairways. El contraste entre los fairways cortos y de color claro, y las orillas mucho más oscuras y con pasto más alto fue sorprendente. A veces se hace un corte intermedio o primario, o corte de escalón para hacer que las formas y el sombreado sean aún más interesantes y pronunciados. A los golfistas les agradan estos cortes intermedios y en algunos torneos, muy a menudo especifican que estos se implementen ya que reducen la severidad de la penalización entre un corte celestial en el fairway y un tiro imposible desde un rough en un U.S. Open.

Para crear líneas largas, onduladas con capas y curvas, es mejor si el superintendente busca la ayuda de un reconocido arquitecto de campos de golf. Se requiere un talento especial, como también un conocimiento especializado, para formar las curvas adecuadas para el juego de golf. Los arquitectos son autoridades con respecto en dónde los fairways deben ser

Figura 3.5. El corte intermedio reduce la penalización de los golfistas cuyos tiros caen justo afuera del fairway.

angostos o anchos, en qué partes se deben abrir como campanas o casi cerrarse.

Los superintendentes de campos de golf deben marcar el perímetro con estacas, o la línea marcada con pintura, desaparecerá antes de que el nuevo corte sea establecido. Algunos están dispuestos a ir aun más lejos para retener las curvas nuevas y quitan una tira de césped para reemplazarla con pasto Bent, asegurando de esta manera que la línea sea claramente visible durante muchos años.

5. Collares, ante green y "frog's hair" (pelo de rana) son términos parecidos para describir al césped que rodea los greens. En algunos campos el collar puede ser un sólo corte alrededor del perímetro del green, generalmente a una altura un poco superior que la del green y un poco más baja que la altura del fairway. En otros campos el collar que ahora se transforma en ante green o approach, se extiende un poco más, especialmente hacia el frente donde se corta de tal manera que coincide con el fairway. Cada superintendente tiene su preferencia particular y generalmente con el apoyo de su "Comité de Greens" se determina qué es lo mejor para la membresía.

6. Los cortadores siempre deben estar atentos a los cabezales de aspersión que pueden encontrar durante el corte. Los aspersores rara vez están idealmente nivelados como para que las máquinas puedan pasarles por encima sin tener que preocuparse de dañarlos o dañarse asimismo. Los mejor es bajar la velocidad y pasar muy lentamente por encima de ellos. Si es obvio que el

cabezal está más alto que el pasto, no queda otra que cortar alrededor del obstáculo.

Cuando una segadora rompe un aspersor, pueden suceder todo tipo de cosas horrorosas. En el mejor de los casos, la segadora le va a dar un mordisco al collar del cabezal. No es gran cosa, es sólo una cicatriz fea. En el peor de los casos el aspersor será arrancado de su conexión subterránea seguido inmediatamente, por un géiser de agua de proporciones dignas del Yellowstone Park. Es mejor que los operadores estén preparados para esta repentina catástrofe, porque atraerá todo tipo de atención no deseada, no siendo la menor de estas, la furia del superintendente.

El buen cuidado de los campos requiere de aspersores al nivel correcto, no sólo en los fairways sino también en las salidas y los collares alrededor de los greens. Si los aspersores han sido empujados fuera de alineación por vehículos, deben ser reajustados continuamente.

7. Cuando los recortes son recogidos como parte del proceso de cortar un fairway, estos deben ser extraídos de manera económica y rápida. Algunos superintendentes han hecho arreglos que incluyen un amplio contenedor para que este sea vaciado en un lugar adecuado para desperdicios. Este método tiende a ser costoso y puede provocar mal olor durante los meses calurosos del verano, cuando el contenedor no puede ser vaciado las veces que lo requiere. Otra manera es crear un abono con los recortes, mezclándolos con tierra fresca. Se requiere un área grande para utilizar este método, pero la mezcla resultante, rica en mantillo puede ser un muy buen recurso de sustrato para uso en el campo de golf o jardines.

Si el rough es amplio, se puede esparcir los recortes allí, sin causar efectos adversos al juego. Recuerde que los recortes esparcidos en el rough están sujetos a ser golpeados por las segadoras con bastante regularidad. De todas maneras para deshacerse de los recortes, el esparcimiento en los roughs adyacentes, sería la manera más económica y ambientalmente amistosa. Se debe tener cuidado de que los recortes sean esparcidos correctamente. Los operadores que simplemente vacían los cestos llenos de recortes causarán problemas y angustia a los golfistas cuyas pelotas ruedan dentro de una de estas pilas, dejándolos en una superficie no jugable. Cuando se deja un montón de recortes durante un período de tiempo, el césped por debajo se ahogará y morirá dejando una mancha no aceptable.

8. La extracción del rocío ya no es una práctica común, lo cual es una pena, ya que los beneficios son numerosos. Cuando se permite que el rocío permanezca sobre las hojas del pasto durante un par de horas en la mañana, se crea un ambiente perfecto para organismos vivos. La remoción del rocío permite que los pastos se sequen y eso detiene de inmediato, el esparcimiento del temible micelio fungoso. También en el proceso, se crea una superficie seca sobre la cual los golfistas pueden jugar.

¿Cómo hacen los superintendentes inteligentes, para quitar el rocío de los fairways? Se puede lograr con una vuelta del sistema de riego liviano temprano en la mañana, antes de que los golfistas hagan su primer tiro de la mesa de salida del "tee."

Una vuelta del sistema de aspersores lo hará de manera bonita. Esto funciona, pero no brinda una satisfacción total. Después del riego liviano, el pasto sigue estando mojado aunque no como antes. En vez, trate de arrastrar sobre el fairway una manguera de hule. Dos carros de golf, uno de cada lado del fairway pueden arrastrar una manguera de hule, quitar el rocío, peinar el pasto haciendo que este se ponga de punta, especialmente cuando uno comienza en el green y va en dirección de la mesa de tiro. Dos operadores con experiencia pueden extraer el rocío de las salidas, fairways y greens en un campo de 18 hoyos en un poco más de una hora. Es tan rápido, que una vez que uno toma práctica, los superintendentes querrán hacerlo antes de cortar el pasto.

El rocío puede también ser sacado con una maya de alambre, o una red de tenis arrastrada por un tractor o carro. Estos métodos son tan beneficiosos como arrastrar una manguera, pero no tan rápido. Otro beneficio de la extracción del rocío arrastrando una manguera o una red, es que dicha acción destruye los montículos de las lombrices. Esos montoncitos feos de tierra son indeseables desde el punto de vista del golfista. Al tumbarlas arrastrando una manguera se convierten en un arenado útil.

RESUMEN

Los fairways son el área de aterrizaje principal, y como tales deben estar en óptimas condiciones en todo momento. Los superintendentes deben recordar que la suavidad y uniformidad de los fairways tiene una relación directa con el número de veces que éste es cortado. Los fairways que son cortados todos los días, serán suaves y tendrán brillo, la pelota que aterriza en dicho fairway rueda muchos metros más. Es de suma importancia desplazar el rocío como método de prevención de hongos. Cualquiera que haya visto temprano en las mañanas el feo micelio en el pasto húmedo, sabe exactamente de qué estamos hablando y este puede ser el motivo, para hacer de la extraccion del rocío una parte integral del programa de mantenimiento de los fairways. Un fairway bien cortado, con líneas exquisitas, es una pieza de césped que hasta los golfistas más críticos, no van a poder resistir de jugar.

4 El Rough

Cuando un superintendente norteamericano habla del "rough," se refiere a las áreas inmediatamente enfrente de la mesa de tiro, adyacentes a los fairways, como también a ambos lados y detrás de los greens. El rough en éstas áreas es, como regla, mantenido a una altura de casi 5 cm, fertilizado, regado con regularidad y generalmente de mejor calidad que un césped residencial. En campos de golf de casi cualquier otra parte del mundo, el rough es como debe ser, pasto descuidado, brezo común, arbustos y hasta pequeños árboles.

El rough en nuestros campos de Norte América es muy parecido a los fairways de hace cincuenta años. Se corta con regularidad, a menudo dos veces por semana durante la temporada de crecimiento y es fertilizado para que sea tupido. Las malezas son fumigadas cuando es necesario y en ocasiones es tratado contra enfermedades. Es aparente que el rough recibe mucho cuidado, pero si se deja que crezca un poco más alto que lo normal los golfistas ponen el grito en el cielo, recordando lo demasiado largo que este se deja para los "U.S. Open." Al usar este argumento, confiesan su incapacidad para sacar su pelota de golf, de un pasto que les llega a los tobillos.

Nuestros golfistas en América del Norte, son los jugadores más mimados del mundo. Juegan sobre los greens más rápidos, las salidas más planas y los fairways más parejos, pero en ningún lugar son más mimados que en los roughs. Los golfistas en nuestros campos de golf raramente pierden una pelota a no ser que la manden al agua o fuera de límites. En cualquier otro lado las pelotas son difíciles de encontrar.

ÁREA TOTAL DEL ROUGH

En términos del área total de un campo de golf, el rough ocupa más hectáreas que cualquier otra sección. Un campo de golf típico de 18 hoyos, se construye aproximadamente sobre 60 hectáreas. Lo siguiente, es un detalle de las hectáreas dedicadas a cada área de juego:

Greens	0,8–1,3 hectáreas	2 %
Salidas	1,3–1,7 hectáreas	3 %
Pistas	13,2–17,6 hectáreas	23 %
Arena	0,4 hectáreas	0,7 %
Agua	0,0–4,4 hectáreas	0 % –6,7 %
Árboles	4,4–8,8 hectáreas	10 %
Rough	35,2–44,1 hectáreas	60 %

Extrapolando estos números, rápidamente se hace evidente que el mantenimiento de los roughs, cuando están creciendo activamente, es un trabajo enorme que requiere más equipo y más personas que cualquier otra actividad en el Departamento de Mantenimiento. Cuando los cortadores de roughs salen en la mañana, parecen una plaga de langostas, devorando el pasto largo frente a ellos y dejando atrás una línea de pasto cortado en forma pareja que agrada al golfista más delicado.

Los roughs requieren ser cortados con regularidad para la velocidad del juego. Para cortar todo el rough, los superintendentes utilizan una combinación de los siguientes equipos.

- varios tipos de segadoras rotatorias de diferentes anchos.
- un par de segadoras en serie tiradas por un tractor.
- una o más segadoras de cilindros helicoidales triplex.
- varias segadoras manuales rotarias como también una cantidad de cortadoras de hilo o desbrozadoras.

Podría ser común que un campo de 18 hoyos tenga como una media docena de personas cortando el rough, especialmente durante la primavera, cuando el pasto crece activamente. Coordinar los esfuerzos de todos estos trabajadores, requiere la habilidad de un superintendente bien organizado.

Sería razonable que el área más grande sea cortada por las máquinas de mayor tamaño, una rotaria grande con múltiples niveles, o un par de cortadoras en serie tiradas por tractores. Las rotarias más pequeñas son utilizadas para cortar alrededor de los árboles. La triplex tipo helicoidal es ideal para las lomas empinadas alrededor de las salidas, trampas de arena, y finalmente las cortadoras de hilo y las rotarias manuales cortarían el pasto que las otras máquinas no cortaron. Es obvio que cortar el rough es un trabajo de equipo y los mejores resultados se logran cuando todos los participantes están entrenados y trabajan juntos. De esta manera el trabajo se completa rápidamente y todo el campo de golf es mantenido de manera regular y consistentemente bien recortado.

Las cortadoras triplex presentan un problema especial en las lomas empinadas. Si esas áreas deben ser cortadas, sólo se debe intentar si el pasto está seco, y utilizando el operador más experimentado y valiente. Las máquinas deben estar en su mejor condición mecánica, equipadas con protección contra rodaje y cinturón de seguridad para el operador. Recientemente, las segadoras han sido fabricadas con asientos hidráulicamente ajustables, para que el operador permanezca sentado en posición horizontal mientras la segadora corta una loma empinada. Sentimos que dichas lomas son muy peligrosas y si es práctico, es mejor "naturalizarlas."

Figura 4.1. Cortar el rough es una tarea interminable. Colocar la caja colectora al marco de la segadora permite que la basura sea recolectada, en vez de pasar por encima de ellas.

Figura 4.2. Una segadora rotaria puede destrozar una servilleta de papel en mil pedazos. Los operadores deben ser educados en recoger la basura.

Figura 4.3. Cortar las lomas empinadas de las salidas requieren destreza y habilidad, que se logra después de varios años de experiencia.

Los operadores de segadoras que observan golf en televisión durante los fines de semana, van a ver las hermosas líneas en lugares tales como Augusta National e intentarán imitar estas obras de arte en su lugar de trabajo. Dichos trabajadores deben ser felicitados por el interés que toman en su trabajo y los golfistas estarán impresionados y apreciarán su creación. En este contexto, un verbo nuevo ha sido desarrollado en la jerga del cuidado del campo: "stripping" o rayado, esto hace referencia a crear rayas alternas de verde claro y oscuro. La función original de cortar los roughs, parece haberse convertido en algo secundario.

En muchos campos de golf, los superintendentes cortan ahora una línea de pasillo del ancho de una segadora rotaria desde la mesa de tiro hasta donde comienza el fairway. Este acceso es para que los golfistas que caminan, no se mojen los pies. A veces se debe cambiar de lugar este acceso para que el pasto no se desgaste y muera. La práctica es un toque bonito y gana muchos amigos entre los golfistas.

PEQUEÑAS SEGADORAS PARA ROUGHS

No importa con cuanta diligencia desempeñen su trabajo los operadores de las máquinas grandes, siempre queda pasto largo que sólo puede ser cortado por las segadoras rotatorias o con las cortadoras con cordón. Si esto se deja sin atender, el campo toma una apariencia de descuido no deseado y a menudo resulta en la pérdida del empleo del superintendente. En todo campo de golf, existe la rutina de recortar alrededor de los árboles y otros lugares de acceso difícil. Es mejor hacer este trabajo directamente después del corte hecho por las máquinas más grandes, de esta manera toda el área obtiene la apariencia de un mantenimiento uniforme.

Las lomas empinadas cubiertas por pastos son especialmente difíciles de mantener cortadas. La maquina rotatoria "wheel-less Flymo" basada en un colchón de aire, se desempeña admirablemente en estas áreas, pero es un trabajo pesado el utilizar esta cortadora de manera continua. Las cortadoras con cordón también requieren operadores expertos, si no, el resultado será una serie de peladuras y lugares salteados que van a permanecer feos por mucho tiempo después de terminado el trabajo.

Para un buen resultado, un equipo de cortadores con segadoras rotatorias requiere de un líder. El líder se encargará de llenar las máquinas de gasolina, de las pequeñas reparaciones, ajustes y de lo más importante, la toma de la decisiones respecto a qué área cortar. Los asistentes que aspiran a una mayor responsabilidad, reciben muy a menudo su primera experiencia en el manejo del personal como líder del equipo de cortadoras rotatorias. Subrayamos que dicho líder debe ser una persona que trabaja y no alguien que se pasa el día parado mientras otros sudan.

Pequeños árboles de 7,5 cm. de circunferencia pueden fácilmente ser descascarados por un operador desatento de una podadora rotatoria. El peligro es aún mayor con las cortadoras de hilo. Debe tenerse precaución adicional con árboles tan pequeños. Muchos superintendentes, en un esfuerzo para ahorrar tiempo y mano de obra, como también la salud de los árboles, fumigan alrededor de la base de los árboles con glifosato o "Round-Up." Este mata-hierba universal, sólo mata el pasto y no la corteza ni las raíces del árbol. Una o dos aplicaciones alrededor de la base de los árboles en el curso de una temporada eliminará la necesidad del corte.

TRATAMIENTOS POCO USUALES EN NUEVA ZELANDA

Cuando visitamos Nueva Zelanda, tras recorrer un camino poco usado, descubrimos un campo de golf muy inusual en el cual se utilizaban ovejas en vez de podadoras para cortar el pasto. En este campo de 9 hoyos con muchas colinas hubiera sido difícil cortar los fairways con podadoras de tiro en serie y ni qué hablar de los roughs. El día que jugamos en este campo tan único había 471 ovejas, cantidad que incluía corderitos pastando en el rico pasto verde. Estos animales no tomaban nota de nuestros tiros errantes y seguían pastando sin importar dónde aterrizaban las pelotas. Hacían un trabajo admirable al mantener el pasto corto, no perdimos ninguna pelota durante el juego.

Las ovejas cumplían un propósito doble: no sólo mantenían el pasto corto, si no que producían tanto lana como la camada de corderitos anual, ambos bienes para la tesorería del campo de golf. Cabe mencionar que a las ovejas se las mantiene fuera de los greens con una cerca que incluye un portón.

Aunque la operación de mantenimiento en este campo único, primitiva conforme a las normas norteamericanas, nuestra experiencia como golfistas en este campo casi desconocido fue excelente y comparable con el nivel de nuestras visitas a St. Andrews, Shinnecock y Cipress Point.

RESUMEN

El rough significa diferentes cosas para diferentes personas. Son muy pocas las veces que los golfistas y los superintendentes están de acuerdo con lo que el rough debiera ser. El rough jamás es estático. Cambia con las estaciones, cambia con el pasar de los años, con el crecer natural de otras plantas y también cambia como resultado de la interferencia del hombre con la naturaleza. Cual sea la forma que tome el rough, generalmente provee al campo de golf carácter y contrastes. Si el rough también ofrece un juego desafiante, la mayoría de los golfistas estarán felices.

5 Trampas de Arena y su Mantenimiento

Durante una típica ronda de golf, muy pocos tiros son jugados desde las trampas de arena, pero en ninguna otra parte del campo, los golfistas son más críticos de la condición del campo como lo son con la arena en las trampas. Cuando los golfistas no pueden ejecutar un tiro perfecto desde una trampa de arena, casi nunca es la culpa de la persona haciendo el tiro. Invariablemente, la culpa yace en la trampa de arena. Esta es demasiado blanda, esponjosa, demasiado dura o demasiado seca, la arena es muy gruesa o muy fina, o para decirlo más políticamente, a la arena le falta consistencia. La arena y los obstáculos son temas muy emocionales y una persona que de otro modo es muy razonable puede llegar a ser bastante irracional cuando habla de la arena y de las trampas.

Las trampas de arena son una parte esencial de un campo de golf por las siguientes razones:

1. Aumentan el desafío del juego.
2. Proveen un marco y definen los hoyos de golf.
3. Proveen contraste y acento.

Los árboles y el agua pueden reemplazar eficazmente a las trampas, pero cuando a una propiedad le faltan estos dos elementos, entonces, muy a menudo las trampas de arena son la única alternativa. Los arquitectos para campos de golf utilizan sus talentos creativos para formar lomas a lo largo de los fairways y luego acentúan estos factores con hondonadas y cortes empinados rellenos de arena. De esta manera tratan de duplicar lo que las ovejas y el viento hacían de manera natural hace tantos años en Escocia.

Se ha dicho que la ubicación de las trampas en los fairways de los campos de golf en Gran Bretaña eran determinados, muy a menudo, por la abundancia de divots en ciertos lugares. En vez de estar reparando los divots constantemente, los cuidadores

Figura 5.1. Vista aérea de un campo de golf que ejemplifica el contraste entre la arena blanca y el pasto verde de los fairways y los greens.

sencillamente ahuecaban una trampa. Así, es que los principios de diseño implican que la forma siga la función requerida.

Cerca de los greens, las trampas son ubicadas después de mucha consideración, para agregar dificultad y desafío antes de llegar a la superficie de pateo. Para un golfista, estar enterrado en una trampa, es un pensamiento que lo asusta y a menudo lo lleva a un puntaje pobre. El ser capaz de escaparse de una trampa o el evitarlas es lo que hace que el golf sea un juego interesante y adictivo. Mientras tanto, los superintendentes de los campos de golf tienen que lidiar con las realidades del mantenimiento de las trampas de arena, lo cual es a menudo, una tarea mucho más difícil que la de hacer crecer pasto.

DRENAJE DE LAS TRAMPAS DE ARENA

La mera forma de las trampas asegura que se conviertan en recolectores y recipientes de agua. Muy a menudo, no se hacen proyecciones adecuadas para que el agua pueda drenarse de una trampa de arena. Son comunes, elaborados sistemas cuadriculados de tabiques para el drenaje debajo de los greens, pero muchos superintendentes todavía no han aceptado la necesidad de sistemas igualmente costosos para las trampas. Una sola línea de tubos de drenaje corriendo por el centro de la trampa es insuficiente, en la mayoría de los casos. Un sistema de diseño de espina de pescado de tubos de drenaje de 10 cm de diámetro, con las líneas laterales a no menos de cuatro metros de distancia es esencial para desaguar aguas de lluvias y tormentas. La cabecera del sistema de

Figura 5.2. La importancia del drenaje correcto para la trampa es demostrada por estos trabajadores vaciando el agua con cubetas en un campo de golf en Swazilandia, África.

espina de pescado, debe vaciarse a una cisterna de desagüe justo afuera de la trampa, y desde allí estar conectada a la línea principal del drenaje o al rough. La cisterna de drenaje sirve como un medio para limpiar las líneas de drenaje de la trampa, porque es posible que éstas se llenen de arena. Utilizando una manguera con agua a presión hará posible que el equipo de greens pueda lavar los tubos de drenaje y sacar los residuos.

Muchos superintendentes con buen conocimiento han experimentado con calcetines o forros hechos de tela para colocar alrededor de sus tubos de drenaje para filtrar la arena. Se piensa que estos forros impedirán que la arena penetre en el drenaje. Otros están igualmente convencidos de que los forros de tela impiden el movimiento del agua o por lo menos reduce el flujo. Nosotros somos de la idea que los tubos o mangueras de drenaje deben estar enterrados en gravilla de río para obtener un mejor resultado. En trampas nuevas, la zanja debe ser de 12,5 a 15 cm de ancho, parcialmente rellena con gravilla de río. La parte superior de los tabiques de drenaje debe estar a por lo menos 20 cm del fondo de la trampa. Esto ayuda a evitar que una helada levante el drenaje hasta la superficie. Durante toda la instalación, se debe trabajar con niveles para que la caída sea la adecuada. La gravilla de río en el fondo de la zanja puede ser utilizada para hacer ajustes menores y asegurar el flujo. Cuando la base es satisfactoria, se instala tubería perforada plástica, flexible o rígida, tipo construcción con perforaciones en sus paredes. Cualquiera de las dos debe tener 10 cm de diámetro. Cubra el drenaje con más gravilla, pero asegúrese que tanto el drenaje como la gravilla de río estén por debajo de la base de la trampa. Es importante que la gravilla de río no

Figura 5.3. Instalación de un drenaje para una trampa con fondo plano.

se mezcle con la arena. En forma justificada, los golfistas se ponen furiosos cuando sus "wedges" para arena tan caros, se rayan o se abollan contra las piedras. Existe una preocupación comprensible que no importa cuan cuidadoso uno sea, algo de gravilla se mezclará con la arena. Por esta simple razón, uno debe considerar rellenar sobre el drenaje con arena gruesa.

FILTROS DE TELA

Es de ocurrencia común, que el material en la base inferior del obstáculo se mezcle con la arena que está encima. Esto se puede garantizar, cuando las trampas tienen lados muy empinados. Estos cortes empinados muy a menudo parecen espectaculares y hacen que el obstáculo se vea desde lejos, pero son un dolor de cabeza para nuestro equipo de greens. Cualquier aguacero repentino, tormenta de verano o una lluvia prolongada, garantiza que lavará la arena de la cara del lado empinado. Una vez que la arena comienza a correr, la base también sufre erosión y se mezcla con la arena. Un equipo de greens ambicioso puede palear la arena hacia arriba, pero al hacerlo sólo empeoran la situación. Inevitablemente la arena y el material de la base se mezclan y si la base es principalmente de arcilla, la mezcla resultante una vez seca, será dura como el cemento.

Algunos piensan que las lluvias sucesivas y los consecuentes charcos causan que las partículas de arcilla floten en la superficie y se mezclen con la arena. Y esto también, prediciblemente, volverá la arena más dura de lo que agrada al golfista. Para impedir que esto suceda, algunos han experimentado con tela de filtro como una interfase. Este material parecido al fieltro es estirado y cortado para seguir el contorno del obstáculo. Se mantiene en su lugar con grampas y es deslizado por debajo de los panes de césped de las orillas. Aunque una profundidad de 10 cm de arena es adecuada para obstáculos nuevos, encima de la tela de filtro, se requiere aún más arena. Cuando los superintendentes utilizan la tela de filtro en la base de las trampas, deben de estar alertas para que los golfistas no enganchen sus "wedges" de arena en la tela. Esto sucede cuando la arena comienza a cambiar de posición y la cantidad ya no es adecuada. Los rastrillos motorizados para trampas tienen la tendencia de escarbar a lo largo de las orillas y a veces arrancan la tela de filtro con resultados desastrosos. Por todas estas razones, los superintendentes deben en principio ser cautelosos respecto a la instalación de la tela de filtro en la base de los obstáculos.

LA ARENA

Una arena que sea aceptable para las trampas es difícil de encontrar y rara vez se la encuentra localmente. La favorita para muchos superintendentes y golfistas en Norte América, es la arena de sílice blanca de Ohio. Este material es enviado por todo el Noreste como también al Medio Oeste y aun, más lejos. Las partículas son de tamaño uniforme y la arena no se endurece aún después de años de uso. Es de color blanco brillante y hace que los bunkers sobresalgan en el campo de golf. Especialmente cuando la arena todavía es nueva, es tan brillante que casi ciega a los golfistas que tienen la mala suerte de estar metidos en el obstáculo. Precisamente por esta razón, algunos arquitectos y superintendentes prefieren un color o tono más bajo que combine mejor con los tonos del panorama que los rodea.

Antes que los superintendentes cambien de arena, deben primero analizar precisamente las razones que hacen que el cambio de arena sea necesario. Puede ser que las malas condiciones de las trampas no sean la culpa de estos obstáculos, sino la falta de drenaje o el diseño de las trampas. Cual sea la razón, puede ser que los obstáculos requieran ser reconstruidos antes de conseguir arena nueva. La arena nueva debe ser apisonada por medios mecánicos antes de ser puesta en juego. También ayuda, mojar la arena nueva. Como lleva tiempo para que la arena se asiente, es conveniente no moverla antes de un torneo.

El tamaño de las partículas de arena es muy importante. La arena muy fina es llevada por el viento. La arena gruesa raya los palos de golf y les quita el filo a las segadoras de greens. La arena que se caracteriza por sus partículas redondas tienden a moverse bajo los pies y causan dificultades para la jugada. Cuando las partículas de arena son angulares se compactan con más facilidad y proveen una superficie estable. Al mismo tiempo, dicha arena puede fácilmente volverse muy dura. La arena perfecta no es muy fina ni muy gruesa, ni demasiado redonda o resbaladiza. La arena perfecta es difícil de encontrar, pero una vez que se encuentra la fuente, vale la pena mantenerla. Para expresar la arena perfecta en términos del diámetro del tamaño de las partículas, dejamos muchos factores fuera de la equación. A un superintendente encargado de encontrar una arena con una recomendación en particular para el uso en su campo de golf, inteligentemente debería hablar con sus vecinos en un área bastante amplia y hacer un estudio muy completo respecto a los materiales disponibles en la zona.

Los golfistas han dicho que prefieren una arena más firme en las trampas a lo largo de los fairways que en los obstáculos cerca de los greens, la razón es que desde la arena en los fairways pueden llegar a preferir jugar un wood o madera, pero en la cercanía del green, invariablemente prefieren jugar un wedge. Por cierto que es un desafío para un superintendente moderno el proveer condiciones de trampas de arena de diferentes grados en diferentes ubicaciones.

RASTRILLANDO LAS TRAMPAS DE ARENA

La rutina diaria del mantenimiento de un campo de golf incluye el rastrillado de las trampas. Con la invención de un rastrillo mecánico para este trabajo, el cuidado de las trampas de arena dejó de ser un trabajo monótono, que requería de los esfuerzos de varios hombres durante todo el día para un campo de 18 hoyos. Un superintendente inteligente de Georgia fue el primero en inventar un rastrillo motorizado para obstáculos de arena. Sin importar que la máquina pareciera un vehículo lunar, era un prototipo que en poco tiempo fue copiado por todos los fabricantes importantes. El rastrillado de las trampas había sido cambiado para siempre. Los arquitectos ya no tenían que considerar la carga de trabajo de los equipos de greens. Inmediatamente comenzaron a diseñar enormes e impresionantes campos de arena que acentuaban las áreas de juego y convertían al golf enfocado en blancos, en su mejor expresión.

Rastrillar las trampas de arena es una tarea generalmente reservada para los miembros más nuevos del equipo de greens. Esto no significa que los superintendentes consideran el trabajo de rastrillado menos importante que las otras asignaciones. Al contrario, el rastrillado debe ser hecho con el mismo grado de perfección que se aplica a todas las otras tareas. Para rastrillar un obstáculo, rápida y eficientemente se requiere de una persona joven, ágil, que pueda entrar y salir con la máquina en poco tiempo. Puede llevar a cabo su trabajo entre "foursomes" o equipos en juego y quitarse del camino cuando debe hacerlo. Un "trapper" o persona que rastrilla, está alerta de su entorno, el ve a los golfistas que vienen detrás de él y termina su tarea sin meterse en el camino.

PASOS PARA RASTRILLAR UNA TRAMPA
DE ARENA A LA PERFECCIÓN

1. Inspeccionar el obstáculo, quitar la basura y poner los rastrillos de mano sobre el pasto afuera de éste.
2. Rastrille el obstáculo lentamente a medio acelerador por el centro y haga una curva suave al final.
3. Manténgase a por lo menos 30 cm de la orilla del obstáculo. El tocar pasto o tierra con el rastrillo contaminará la arena.
4. Cuando la trampa de arena ha sido completamente rastrillada, salga cuidadosamente, asegurándose de no arrastrar arena al entorno.

5. Rastrille a mano las orillas, rastrillando hacia arriba y asegúrese que cualquier marca que haya quedado en el punto de salida sea borrada. Rastrille a mano también cualquier surco que haya quedado dentro de la trampa.
6. Reemplace los rastrillos de mano del obstáculo, pero no antes de revisar por mangos o dientes rotos.

Ha existido un debate sin fin respecto a dejar los rastrillos dentro de los obstáculos, en la arena, o afuera sobre el pasto, Los Oficiales de Reglas han tenido dificultad en decidir a donde pertenecen los rastrillos. Ahora parece que en la mayoría de los campos de golf, ubican los rastrillos sobre la arena donde pueden ser fácilmente vistos por los golfistas. Si los golfistas cumpliesen con las éticas del juego y rastrillaran el obstáculo cada vez que jugasen en la arena, los gastos de mantenimiento podrían ser reducidos drásticamente, pero vivimos en un mundo imperfecto. Generalmente los golfistas están tan absortos en su juego que, o se olvidan de hacerlo o hacen un trabajo mal hecho. Una trampa que esté perfectamente rastrillada en la mañana, comienza rápidamente a parecerse a un pequeño campo de batalla después de que sólo pocos golfistas han jugado en ella. Los superintendentes que conocen los defectos de sus jugadores, deben considerar enviar a trabajadores por la tarde para retocar las trampas de arena con el rastrillo de mano, después de haber sido rastrillados a máquina en la mañana. Al mismo tiempo, los golfistas deben ser animados a rastrillar los bunkers con dos manos sobre el rastrillo para lograr un resultado aceptable.

En campos de golf más antiguos, que aún tienen trampas de arena tradicionales, puede que no haya suficiente espacio para que las máquinas de rastrillar trampas de arena puedan maniobrar, en tales casos la rastrillada a mano es la única alternativa. Los obstáculos en Oakmont, famosos en la USGA de Pittsburg, fueron durante años rastrillados a mano con rastrillos para heno. De manera característica, estos antiguos instrumentos dejaban rayas profundas que muchos golfistas odiaban mientras que otros pensaban que le daba cierto encanto a este famoso campo de golf. Recuerdo que jugamos en el Vintage Club en Indian Wells, California y notamos que todas las líneas rastrilladas a mano iban hacia el centro del bunker. Esta atención a los detalles no es inusual de parte de superintendentes que llevan en su corazón los mejores intereses de los miembros. Esto se manifiesta constantemente y lleva a una longevidad profesional que es poco común en cualquier otra industria.

Los rastrillos para las trampas de arena en el Vintage Club son guardados de manera única: un cilindro es enterrado en la tierra que rodea el obstáculo y el rastrillo se desliza en el cilindro como una mano en un guante. La única parte a la vista es donde los dientes están montados. El superintendente Doug Anderson ha hecho lo posible por quitar los rastrillos de la vista y ha tenido un éxito total.

Pueden haber problemas con árboles cerca de los obstáculos, especialmente con árboles frutales. Cuando la fruta madura cae en los obstáculos y los golfistas, obedeciendo las reglas del juego, no están autorizados a mover impedimentos sueltos en la trampa. No importa si el superintendente quita la fruta varias veces por día, sigue cayendo y algunos golfistas serán afectados por esta pequeña e injusta adversidad. Las hojas en el otoño pueden tener el mismo efecto, comités y arquitectos deben considerar mantener los árboles alejados de las trampas de arena.

CORTE DE LAS ORILLAS DE LAS
TRAMPAS DE ARENA

En campos de golf finamente cuidados, las trampas son caracterizadas por una orilla filosa y distintiva. Esto no es un accidente, sino el resultado de un trabajo meticuloso de cuidadores de campos experimentados. Si no se atiende, el pasto que rodea las trampas crece rápidamente en la arena y el obstáculo pierde su forma y definición. A los golfistas les es difícil saber si están dentro o fuera de la trampa y como se difiere, aplican diferentes reglas. Puede haber problemas de interpretación entre los jugadores.

Por mucho tiempo, los superintendentes y su staff cortaban la orilla a mano, varias veces durante la temporada de golf. Luego vino el cortador motorizado con cuchillas oscilantes y más recientemente, podadoras motorizadas con dientes que van encontrados y girando. El trabajo se puede llevar a cabo rápidamente y una orilla con una excelente definición, puede ser creada con poco esfuerzo. El problema es que la línea del contorno del obstáculo, no siempre puede ser determinada con certeza, a no ser que el corte de la orilla se haga con regularidad, es posible que la línea se pierda. Rápidamente los obstáculos pierden su forma original, el diseño del arquitecto puede ser perdido para siempre a no ser que se mantengan los dibujos de construcción archivados. Antes de comenzar un corte del contorno, el superintendente debe marcarlo con una pistola de pintura basada en los dibujos de construcción. Si estos dibujos no están disponibles, el superintendente debe usar su mejor juicio o, si eso falla, obtener otra opinión. Una vez que la orilla del obstáculo ha sido cortada, los trozos de césped y las tiras de rizomas deben ser retirados del obstáculo y la arena rastrillada hasta el nivel del pasto. Si la arena es rastrillada plana hacia la base del obstáculo, resultará una nueva orilla con la forma de un corte profundo, la cual ocasionalmente produce un terreno desde el cual no se puede jugar.

Las trampas de arena no requieren de un corte de orilla mecánico; existe otra manera de hacerlo, que es más rápida y de todas manera más eficiente, pero no deja un contorno filoso. Nos referimos al proceso que implica el uso de una fumigación en la orilla con glifosato o Round-Up, un mata hierbas eficaz que detiene el crecimiento del pasto dentro de la arena. Existe otro importante beneficio: cuando no usamos la cortadora mecánica también eliminamos la posibilidad de que la tierra del contorno se mezcle con la arena del obstáculo. Esta es una consideración importante, ya que una vez que la arena pierde su pureza, pierde al mismo tiempo su capacidad de ser terreno de juego. El Round-Up debe ser aplicado con cuidado en una franja angosta, de lo contrario luce muy mal. Se ha sugerido que este método de recortar los obstáculos produce una apariencia menos artificial y por lo tanto algo más placentero desde un punto de vista estético.

TRAMPAS DE OLLA

Las trampas más interesantes de cualquier campo de golf son sin duda alguna las trampas de olla. ¿Será su tamaño pequeño o su increíble capacidad de castigar a un

Figura 5.4. Madera terciada es utilizada para restablecer la orilla del obstáculo en un proyecto de restauración. Una vez que la placa de césped a echado raíces y está firmemente establecida, se quita la madera terciada.

golfista ingenuo, o quizás ambos, lo que fascina a un observador interesado? Las trampas de olla, cuando son construidas apropiadamente, capturan muchas más pelotas de lo que su tamaño sugiere. Son sólo algunos metros cuadrados de arena, pero toda el área que los rodea tiene un declive hacia el cráter y las pelotas de golf fácilmente se enredan en esta trampa y sólo salen con dificultad. Todos hemos visto y nos hemos apiadado de golfistas que quieren salir de los bunkers de olla, sólo para fallar una y otra vez. Qué agonizante debe ser fallar tan miserablemente y finalmente en total disgusto, tirar la pelota al green. Los cuidadores de campos están muy familiarizados con la angustia de los golfistas ya que los observan y en ocasiones la experimentan ellos mismos, cuando juegan con amigos y colegas.

Las caras de las trampas de olla frecuentemente son construidas con panes de césped, amontonados unos sobre otros y mantenidos en posición con barras de metal o alambres. Dichas caras son cortadas manualmente con Weed Eaters y a veces con tijeras. Desafortunadamente el golfista que encuentra su pelota en una de estas caras, tiene quizás que jugar de costado o al revés para salir del obstáculo.

Las trampas de olla son invariablemente tan pequeñas que no pueden recibir mantenimiento por medios mecánicos y necesitan ser cuidadas manualmente. Debido a su tamaño, rápidamente son marcadas por pisadas y requieren una atención constante del equipo de greens. Las trampas de olla requieren un mantenimiento intensivo.

Figura 5.5. Corte del contorno de una trampa con una cortadora mecánica de estrella.

TRAMPAS DE ARENA EN ST. ANDREWS

Walter Woods, un supervisor por muchos años en St. Andrews, Escocia, tiene lo siguiente que decir respecto a las trampas de arena en su país nativo: "Nadie sabe cuando entraron las trampas de arena en juego, como muchas cosas en nuestra historia, evolucionaron sobre la base de pruebas y errores. Sabemos que el juego de golf es originario de la costa oriental de Escocia, sobre la costa arenosa barrida por el viento desde Aberdeen hasta St. Andrews y dando la vuelta hasta Edinburgo. Es aquí donde el golf, tal como lo conocemos, comenzó y los golfistas jugaban sobre fairways cortados primitivamente, en las hondonadas y las colinas, de la mesa de tiro al green. La mayoría de esta tierra no tenía más que conejos y ovejas. Y los golfistas descubrieron rápidamente que algunas áreas bajas en las hondonadas, protegían a las ovejas del viento. En poco tiempo toda la depresión estaba tan severamente desgastada que era mejor poner césped en las orillas y hacer que la arena fuese uniforme para hacer una trampa justa para todos. Con el pasar de los años más obstáculos entraron en juego, particularmente al lado de los greens, porque se descubrió que creaban más interés y demandaban más puntería."

"St. Andrews fue el primero en comenzar a construir obstáculos, la manera más fácil fue copiar como construían muros los albañiles, por lo tanto iban revistiendo con panes de césped hacia arriba hasta llegar a la cima de la hondonada."

"Debido a la introducción de la pelota (rubber gutta percha) de golf, hizo que éste juego fuese más fácil y predecible, aún más importante, menos caro y que ganara en poco tiempo popularidad, primero en Inglaterra, luego Europa y Asia, seguida ésta por América del Norte. Los profesionales escoceses estaban en demanda para convertirse en arquitectos para campos de golf viendo que llevaban la delantera en el diseño de los campos. Los obstáculos proveían un área donde se podía ofrecer estrategia y crear interés dentro del concepto de campos de golf ¡tipo parques!

"En poco tiempo, arquitectos de todas partes del mundo se dieron cuenta de que los obstáculos podían mejorar el efecto visual de algo que podía parecer solamente un terreno plano y aburrido, agregando hondonadas interesantes que eran más deseables como panorama. Arquitectos americanos tomaron ventaja de esto y en poco tiempo estaban construyendo enormes y atrevidos obstáculos llenos de arena de sílice blanca, lo que llevó a un diseño más moderno para los proyectos de los campos de golf."

"Comenzando desde el fondo. Se establece un cimiento fuerte para darle la forma interior a la trampa de arena. Luego una línea de panes de césped es colocada sobre la arena compactada. En ésta misma operación se continúa colocando la línea un poquito más atrás que la anterior, lo cual determina el ángulo e impide que la cara sea vertical. Cuanto más atrás se pone la próxima línea de panes, más grande es el ángulo que uno va creando. En todo momento uno debe estar rellenando con arena, manteniendo el pasto y la arena compactada. Una vez que el arenado y las placas de pasto llega a la altura deseada, ésta es cubierta con césped para el collar. En St. Andrews, debido a lo empinado de las hondonadas, el arenado es importante y necesario debido a este factor, pero principalmente para mantener la arena intacta, especialmente cuando soplan fuertes vientos. Las caras revestidas duran de 3 a 4 años pero pueden durar más si se aplica un buen mantenimiento con su cepillado y regándolas con una manguera de boquilla fina y agregando un agente humectante. Superintendentes aprendices aprenden esta habilidad a una temprana edad, y como en St. Andrews, esto ha sido introducido en todo el mundo."

"Cuando parte del pasto es desgastado, generalmente por las huellas o el trepado de los golfistas, éste puede ser parchado creando un cimiento o fundación compactada en el punto de desgaste y luego ésta se proyecta hacia arriba haciendo que la cara se consolide con el nivel del pasto ya existente. El arenado de las caras de un obstáculo, es de labor intensiva y sólo vale la pena donde las hondonadas no dejan alternativa. El área de "links" es una, en la cual el arenado de las caras puede ser benéfico, principalmente para impedir que el viento se lleve la arena. Si se requiere una gran cantidad de caras revestidas en los bunkers, será necesario tener un vivero de césped muy amplio. Mientras más gruesa sean los panes de pasto, más rápido se puede construir la cara y las raíces fibrosas y gruesas serán más atractivas, dando el efecto de bloques."

"Cuando se selecciona un bunker y éste tiene que ser construido, se debe tener conciencia de los factores del entorno, el flujo de las lomas y su paisajismo para que la cara de la trampa de arena se establezca en coordinación con estos factores que la rodean. En muchas ocasiones, en los fairways y en los labios de los greens (cara del bunker adyacente al green), la cara del obstáculo puede mostrarse para proveer estrategia y equilibrio al hoyo de golf. La selección de la arena es importante también. La arena debe ser compatible con el material utilizado en la zona de las raíces del green. También se debe poder compactar lo suficiente, mas aún permitiendo que los últimos 5 cm permanezcan más sueltos. Cuando la trampa de arena es rastrillada, debe tener la apariencia de un plato sopero con la arena subida hasta las orillas.

Figura 5.6a. Reparaciones a un obstáculo con placas de pasto en St. Andrews. Un obstáculo con caras de pasto que requiere reparación. El primer paso es la instalación de una base sólida.

Figura 5.6b. El próximo paso, la fundación es colocada aparte de la línea vertical para permitir la inclinación de la cara del obstáculo.

Figura 5.6c. La placa de pasto se hace crecer en el vivero en St. Andrews.

Figura 5.6d. El espacio detrás del muro de pasto es rellenado mientras el trabajo avanza y el paso final es la colocación del collar.

Figura 5.6e. El trabajo es terminado.

Cuanto más empinada la cara, más larga debe ser la caída de la arena para permitir que la pelota ruede hacia atrás, alejándose de la orilla del bunker.

"La selección de rastrillos para mantener las trampas es importante. Los antiguos rastrillos de madera para heno son escogidos a menudo, debido a que sus dientes de madera proveen un rayado parejo y el ancho del rastrillo hace que el trabajo sea rápido y eficiente. Algunos campos de golf mantienen rastrillos pequeños para la reparación de obstáculos, que muy a menudo son tirados a la deriva sin prestar la debida atención para con el siguiente usuario. Se habla mucho de dónde se debe colocar el rastrillo. Algunos dicen afuera de la trampa y otros dentro. Lo lógico, sería colocar el rastrillo dentro de la trampa y fuera de la línea de juego, para impedir que la pelota de golf se desvíe."

BUNKERS DE PASTO

Como el nombre lo implica, la arena en los bunkers también a dado cabida al pasto. Sin embargo, dichas trampas siguen siendo un buen obstáculo para los golfistas por que presentan una variedad de subidas y bajadas, como también un pasto generalmente más alto que el del nivel del rough.

De igual manera que en las trampas normales, los obstáculos de pasto necesitan un buen sistema de drenaje e invariablemente son construidos con una cisterna de desagüe en su puntos más bajos.

WASTE BUNKERS O BUNKERS BALDÍO

Recientemente, los arquitectos han introducido amplias áreas de arena no rastrillada combinada con parches de pasto, arbustos y pequeños árboles. Estas áreas a veces son utilizadas para definir una curva angular y su descuido intencional está en fuerte contraste con el fairway adyacente cuidadosamente cortado. Los bunkers baldíos no son trampas y según las reglas del golf, a los golfistas se les permite apoyar sus fierros de golf. Estos bunkers baldíos ni siquiera se rastrillan con regularidad y las zonas de tiro son comúnmente difíciles en dichos obstáculos.

Es una falacia creer que los bunkers baldíos están libres de mantenimiento. La vegetación dentro de éstos requiere mantenimiento. Los árboles y arbustos necesitan ser podados. Los pastos ornamentales que frecuentemente son plantados en estos obstáculos, requieren ser cuidados y de vez en cuando la arena rastrillada. Si las malezas se convierten en un problema, éstas deben ser fumigadas. Ya que generalmente los bunkers baldíos son bastante planos y a menudo más bajos que las áreas que los rodean, estos deben contar con un sistema de drenaje. Debe ser instalada una línea de zanjas de drenaje parecida a la de las bunkers normales en el momento de su construcción.

Ron Essen es el Superintendente en el Monterra Golf Course cerca de las canchas de esquí al norte de Toronto y su campo de golf es bien conocido por la gran cantidad de bunkers baldíos. Y esto es lo que Ron tiene que decir acerca de estas obstrucciones:

"Los bunkers baldíos son fotogénicos, agregan mucho a la estética y también dan énfasis a cómo debe ser jugado el hoyo. Hacen sobresalir tanto los fairways como los greens y también proveen una maravillosa definición. El mantenimiento puede, sin embargo, llegar a ser un problema. Generalmente rastrillamos estas áreas una vez por semana. El problema principal en nuestro campo de golf han sido los vientos que llegan de la cercana Bahía de Georgia. Mucha de la arena literalmente ha sido volada por el viento, muchas veces hemos agregado arena y esta también ha sido perdida. El mantenimiento regular incluye recoger las piedras y fumigación con Round-Up para detener el incremento de malezas."

RESUMEN

El nivel de competencia de un cuidador de campos de golf es muy a menudo definida por la manera en que son mantenidos los obstáculos. He aquí la oportunidad: rastrillen y mantengan los obstáculos en perfectas condiciones y ¡conviértase en un héroe para los golfistas!

Una rutina regular es establecer un rastrilleo y cortar las orillas de los obstáculos, recortar el entorno, asegurarse que los rastrillos de mano estén en buenas condiciones y que hay suficientes de éstos en cada trampa de arena. Estos factores ayudan a crear una impresión favorable del campo de golf para los golfistas regulares como también para los que lo visitan.

Agua

INTRODUCCIÓN

No hay pasto sin agua. En estas pocas palabras yace la sencilla verdad acerca de el mantenimiento de pasto: el pasto verde y el agua están tan entrelazados como él ¡amor y el matrimonio! Los superintendentes novatos aprenden temprano en su carrera que deben tener agua para hacer crecer pasto, en los días de las mangueras de hule, esta lección se aprendía a través de mucho trabajo y largas horas de labor. Cualquiera que haya cumplido el horario nocturno en el equipo de riego, sabe lo que es tratar de conectar accesorios para la tubería en la oscuridad, cargar pesadas mangueras llenas de agua y de estar agazapados en la casa de bombas entre cambios de aspersores. Esto no sólo requería una espalda fuerte sino también una mente que desconocía temores. Siempre había sombras en la oscuridad y ruidos que no tenían explicación y que enviaban cosquillitas a la columna vertebral de los más valientes del equipo de riego. El primer reflejo del amanecer era bienvenido y los compañeros del equipo de riego que llegaban para el turno matutino, eran cálidamente bienvenidos.

Es fácil entender por lo antes dicho, que la llegada de aspersores automáticos fue un alivio para aquellos encargados de la responsabilidad del mantenimiento de un césped fino. De pronto, el superintendente estaba otra vez a cargo de la operación de riego y ya no a la merced de los equipos de riego que hacían su trabajo en la oscuridad. La llegada de los aspersores automáticos fue acompañada por toda una nueva filosofía con respecto al riego. El riego manual había causado un empapado del área hasta que ésta estuviese completamente inundada y luego sin volver a regarla hasta que ésta se hubiera secado. Se supone que este tipo de riego ayudaría al crecimiento de las raíces debido a que las plantas tenían que extender sus raíces entre ciclos de riego para obtener el líquido precioso para su metabolismo. Una vez que el riego fue automatizado, también fue posible regar todo el campo de golf, salidas, greens y fairways, ¡cada noche! Quizás sólo un poco, quizás una sola vuelta de los aspersores, es agua después de todo. Inevitablemente, el riego nocturno nos llevó al sobre riego y era común ver áreas de césped empapadas en algunos campos de golf. Los

Figura 6.1. No importa como le llega, las plantas de pasto necesitan agua para sobrevivir. Ubicación: Royal Katmandú Golf Course en Nepal.

superintendentes tuvieron que aprender otra vez cómo regar y cómo manejar su sistema de riego para beneficiar tanto los pastos como a los golfistas.

CUANDO MOJADO ES DEMASIADO MOJADO

Un buen ejemplo de césped demasiado mojado se encuentra cuando un aspersor para el fairway queda prendido toda la noche, ya que el apagador automático no se cerró. Imagine un cabezal de aspersión echando 90 gpm (5,6 l/s) en un círculo con un radio de 80 pies (24 m) durante 6 horas. Eso es el equivalente de una descarga pluvial de 1,3 pulgadas (33 mm), la cual resultará en un área empapada por lo menos por un día. Un aspersor al lado de un green, con mucho menos volumen y un diámetro menor puede causar una humedad excesiva sobre el green que va a resultar en pelotas enterradas y piques barrosos.

Cuando una excesiva humedad es causada por un aspersor defectuoso, el área afectada puede ser acordonada y cerrada al juego. Cuando la lluvia es la culpable, el tráfico de los carritos quizás tenga que ser restringido, o aún peor, quizás el campo de golf tenga que cerrarse. Científicos de suelos testifican que los suelos sobresaturados, no deben aceptar tráfico peatonal o vehicular. Si esto no se respeta, la estructura de los suelos perderá su composición natural convirtiéndose en un lodo resbaloso, parecido a barro en las manos de un niño. Dichos suelos, cuando finalmente se secan, pueden haber perdido su estructura quedando dañados para un crecimiento saludable de las raíces de las plantas. Por lo tanto, debe permitirse que el exceso de agua se drene naturalmente o debe quitarse mecánicamente, para que el oxígeno pueda llegar de nuevo a las raíces. Las pobres plantas casi ahogadas, son salvadas en el momento justo por un superintendente vigilante.

Lagunas de agua, durante el verano pueden muy a menudo calentarse y de hecho quemar el césped. Los superintendentes deben estar conscientes de este fenómeno y hacer todos los esfuerzos necesarios para vaciar estas lagunas. A veces, ésto puede lograrse abriendo drenajes existentes pero generalmente significa quitar el agua bombeando.

CUANDO LOS PASTOS MORIBUNDOS NECESITAN AGUA

De todas las habilidades que debe desarrollar un superintendente que aspira a más responsabilidad, ninguna es más difícil que las de la última etapa de un césped moribundo. Esto puede suceder con mucha rapidez. Los greens parecen perfectos en la mañana, frescos con su corte cuadriculado. La brisa refresca en el curso de la mañana y para mediodía ya hay un viento parejo. Mientras la temperatura sube, la humedad baja y para mediados de la tarde las plantas de pasto están perdiendo más agua por las hojas de la que pueden absorber por las raíces. Rápidamente, las plantas pierden su turgidez y característicamente se tornan azul violáceo. Las pisadas de los golfistas sobre el césped en esta etapa quedan como depresiones en el césped que no vuelve a levantarse. Un ojo avizor reconocerá los síntomas y estará preparado para detectar el problema. Operadores poco experimentados, que fertilizan, topean o que Dios lo prohiba, hacen un corte vertical cuando estas condiciones prevalecen, habrán dado el toque de muerte a las plantas de pasto.

ENFRIAMIENTO

Los pastos marchitos pueden ser resucitados rápidamente a un estado de salud aceptable con una simple regada liviana, una aplicación de agua muy ligera, administrada con una manguera con boquilla o por el ciclo de riego ligero del sistema de riego automático. De cualquiera de las dos maneras, la idea es la de aplicar una pequeña cantidad de agua sobre las plantas calientes. El agua se evaporará y en este proceso refrescará al césped. Este es un método comprobado que siempre funciona. La aplicación de demasiada agua puede ser dañina ya que resultará en una superficie barrosa en la capa superior del área de las raíces, con todos los efectos secundarios negativos anteriormente mencionados.

Y no sólo los greens pueden necesitar de una regada ligera. A menudo los collares y los ante green o approaches comienzan a marchitarse antes que los greens, estas franjas sensibles tienen que ser humedecidas constantemente, durante el curso de un día seco. La razón por la cual los ante green o approaches muestran los efectos de la falta de agua antes de los greens, se debe a que el césped de los ante green o approaches es más denso o esponjoso que el pasto de los greens. Si los ante green o los approaches se pierden repetidamente, probablemente éstos deben reemplazarse con un césped de mejor calidad. También debe de tomarse en cuenta que los ante green o approaches son sometidos a los giros de las segadoras y a la arena de las trampas cercanas. El primer factor conlleva a la compactación y el segundo al secado. En ambos casos, el ante green o approach o collar requiere reparaciones y mantenimiento adicional.

Lomas altas en el fairway también pueden requerir un poco de humedad durante días calurosos en el verano. Los superintendentes que conocen sus campos, después de muchos años de experiencia, conocen las áreas débiles que muestran el estrés más rápidamente. Dichas áreas son señaladas y muy a menudo reciben agua adicional temprano en la mañana, al filo del amanecer anticipando un día estresante. Esto debe ser la rutina de un administrador de pastos inteligente que resulta en éxito donde otros han fallado.

CUANDO REGAR

Cada campo de golf tiene áreas que son indicadoras, tal como la parte posterior de un green o una mesa de tee alta, ya que son las primeras en mostrar señales del estrés de sequía. Otra señal segura de la necesidad de regar es cuando la parte superior de los drenajes franceses se ponen azules. Los superintendentes con experiencia conocen estas señales y saben dónde buscarlas. Su manifestación hace sonar la alarma y lleva a la reacción: es hora de iniciar el ciclo de riego. Nuestra recomendación es que rieguen un poco menos de que lo que parece ser necesario y luego vayan retocando lo necesario, a la luz del día. Este método evita el sobre riego y, de hecho, mantiene todo el campo de golf en condiciones más secas y muy aptas para el juego.

Hay una cantidad de artefactos sofisticados disponibles que ayudarán al superintendente a decidir cuando es necesario regar. Nosotros preferimos aplicar nuestro propio juicio basado en años de experiencia y algunos trucos que otros nos han enseñado. De todos modos, utilizamos un pluviómetro para determinar cuánta agua ha caído durante la noche y ponemos una esponja mojada en el antepecho de la ventana de la oficina y observamos durante el curso del día para ver cuán rápidamente se seca. Esta es nuestra manera primitiva de medir la velocidad de evaporación.

MANCHAS SECAS LOCALIZADAS

La tendencia de utilizar en los greens un alto contenido de arena, tuvo su comienzo en California donde la llamada "arena sucia" sería una matriz ideal para el crecimiento de los pastos, incluyendo los putting greens. Esta arena sucia se encontraba de manera natural en muchos lugares y era un atajo fácil para el establecimiento de los greens. Cuando la arena sucia no estaba disponible, los superintendentes utilizaban arena lavada y le agregaban humus u otros elementos orgánicos parecidos, para aumentar la arena sucia. Mientras que en el principio la arena había sido uno de tres componentes, rápidamente se convirtió en el principal y en algunos casos el único componente para el medio de crecimiento.

La arena como suelo tiene varias ventajas:

- Drena bien y raramente queda demasiado mojada.
- La arena es difícil de compactar y requiere poca aireación.
- Los greens sobre arena reciben los tiros bien, aún cuando están secos.

A algunos superintendentes les gustó tanto la arena que la comenzaron a utilizar como material de topeado o cebado. Una ligera capa de arena era fácil de aplicar y aún más fácil de hacer desaparecer en el césped. Pero toda esa arena tiene un efecto secundario que es contra producente: manchas secas localizadas. Con el pasar del tiempo casi todos los greens que han sido revestidos con arena o construidos sobre una base homogénea de arena, desarrollan áreas marrones de pastos marchitos que van desde el tamaño de una toronja o pomelo a la circunferencia de un paraguas o sombrilla. Los suelos debajo de estas manchas, están tan secos que no pueden absorber agua, sin importar cuanto tiempo quedan prendidos los aspersores. Se piensa que esta condición hidrófoba es causada por unos hongos que habitan en la arena y su micelio o sistema de raíces de los hongos, cierran los poros e impiden que el agua penetre los suelos.

Las manchas marrones dañan la apariencia de lo que podría ser un green perfecto. Superintendentes cuyos greens son sometidos a estas objetables condiciones han estado luchando con diferentes medios para combatir el problema. El éxito total ha sido fugaz.

Los agentes humectantes fueron introducidos para rebajar la viscosidad del agua. Los agentes humectantes hacen más pequeñas las gotas de agua haciendo que el agua tenga menos tensión superficial de manera que pueda penetrar aún más en los poros más pequeños y proveer un alivio a las sedientas raíces. Característicamente los greens tratados con agentes humectantes amanecen sin rocío, por lo menos durante los primeros días después de la aplicación. Los agentes humectantes tienen casi el mismo efecto en pastos y suelos, como los agentes de enjuague tienen en una máquina limpia vajillas. Ambos convierten al agua en un líquido más fino. Con una lava-platos, desaparecen las manchas en la cristalería y en los suelos esto significa que las raíces pueden abastecerse con más facilidad de agua. De hecho, agentes de enjuague y de humectación están fabricados con compuestos químicos muy similares.

Se ha comprobado que los agentes humectantes son una valiosa herramienta en el cuidado y manejo de céspedes en greens, salidas y fairways. Los superintendentes que utilizaron esta herramienta nueva, rápidamente reconocieron su valor, y aunque los beneficios de los agentes humectantes son difíciles de documentar científicamente, muchos confían en su uso. Uno podría llegar a pensar que esta droga maravillosa sería el remedio ideal para manchas locales de sequedad, pero este no es siempre el caso. Últimamente las manchas, se han hecho tan persistentes que además de frecuentes aplicaciones del agente humectante, se requiere de acciones más drásticas. Perforar las areas secas con aireadores o aún con horquillas huecas que introducen agua para inundar los sectores problemáticos, parecen aliviar el fenómeno por un tiempo. Agregar un fungicida al líquido de inundación, también ayuda. Agregar hierro, nitrógeno líquido y un extracto de kelp (alga marina) parece tener un efecto benéfico en las areas secas. Pocas veces se corrige el problema por completo, a no ser después de una lluvia prolongada seguida por un período fresco.

Muchos, incluyendo los autores, han comenzado a cuestionar los beneficios de greens sobre arena y arena como topeado. Aún cuando la arena tenga un componente orgánico del 5 al 6 %, sentimos que esta, sigue siendo un medio estéril que no exhibe la vida que se ve en suelos más tradicionales. Quizás nos hemos sobrepasado y puesto demasiado énfasis en el contenido de arena de los greens y del topeado. Pregúntense; ¿Cómo construiría este green, o qué topeado utilizaría yo, si este fuese mi green y mis ingresos dependiesen de él? Quizás no seríamos tan rápidos en elegir el uso de arena.

EL AGUA COLGANTE

El ahora fallecido Dr. Bill Daniel de la Universidad de Purdue, es considerado como el inventor y por cierto el promotor del nivel de agua elevado para la construcción de greens. El Dr. Daniel ideó una capa superior de arena sobre una capa de grava y una cama de desagüe. Cuando la capa de arena se saturaba, ésta se descargaría a través de la grava al sistema de drenaje. Los greens construidos de esta manera no podían ser sobre regados y drenaban perfectamente. En su vida, el Dr. Daniel fue testigo de muchos greens y canchas deportivas construidas conforme a sus especificaciones. Para cuando falleció, algunas de éstas mostraban señales de manchas secas localizadas.

EL SISTEMA DE RIEGO

Una vez que se comprende cuán crítica es el agua para la supervivencia de los pastos, es igual de fácil comprender que el sistema de riego es el cordón umbilical en cualquier campo de golf. Ese complejo sistema de tubos subterráneos, mangueras y conductos deben funcionar a la perfección para que el agua sea aplicada todo el tiempo cuando y donde sea necesaria. Cuando por alguna razón el sistema falla, su reparación se convierte en la más alta prioridad. La reparación de fugas en los tubos, reparación de aspersores y o líneas hidráulicas o eléctricas se ha convertido en una ocupación técnica altamente especializada. Ahora la mayoría de los campos de golf emplean a alguien que está encargado del sistema de riego, alguien que conoce la estación de bombeo hidráulico, que tenga las habilidades combinadas de un eléctrico y un plomero y principalmente a alguien que esté dispuesto a trabajar en el barro y en el agua, muy a menudo, en la línea de fuego de los golfistas. Es difícil encontrar a dichas personas y una vez encontradas, deben cuidarse para que permanezcan un tiempo largo.

Fugas y Reparaciones

El primer paso en la reparación de una rotura en el sistema de riego, es determinar la naturaleza de la descompostura. ¿Será el tubo, la junta de giro, o el aspersor que está perdiendo agua? Una vez que la causa haya sido determinada, cierre la válvula(s) que controlan el área afectada. Se puede reducir la presión del agua residual con

Figura 6.2. Nunca es buena idea construir un green encima de líneas de riego. Invariablemente habrá fugas y es difícil nivelar las diferentes pendientes cuando se hacen las reparaciones.

abrir una válvula de descarga o con quitar el interior de un aspersor en una zona más baja. El resto del agua puede ser vaciada por bombeo.

Excavación

Coloque una hoja de madera terciada cerca del área que va a ser excavada. Corte el césped y remuévalo cuidadosamente con una cuchilla de mango largo especial para retirar el césped. Cave una fosa cuadrada o rectangular hasta el tubo, teniendo cuidado de no cortar la tubería del sistema hidráulico o cables eléctricos. La fosa cuadrada o rectangular es para contar con el espacio necesario para maniobrar durante la reparación. El material excavado debe ser colocado sobre la madera terciada.

Reparación de Fugas

Si la falla está en la junta de giro, lo más común es que el problema sea un niple roto. Reemplácelo utilizando cinta Teflón para sellar las conexiones con rosca, pero sólo una vuelta de la cinta. Varias capas de Teflón sobre un tubo plástico pueden llevarnos a roturas. Accesorios galvanizados son la causa principal de juntas de giro con fugas. Éstos accesorios deben ser reemplazados como rutina por accesorios de PVC (polivinílico de cloruro).

A veces, la fuga puede ser causada por una fractura en el cuerpo del aspersor. Este es el caso común en los climas del norte después de un invierno muy duro. Si un aspersor va a ser reemplazado, la nivelación del nuevo aspersor es absolutamente necesaria. El cabezal de un aspersor inclinado causa patrones de precipitación desiguales.

Las reparaciones más difíciles son las de las fugas por rotura de la línea, ya que éstas generalmente implican el retiro de un tubo largo. Invariablemente se requiere la excavación de una fosa más larga para hacer la reparación y por lo tanto estas reparaciones requieren más tiempo para completarlas. Utilice una sierra filosa para hacer un corte limpio y recto. Con una raspa o lima dele un canto a las orillas. Inserte una nueva sección de tubo utilizando una copla para reparaciones tipo Harco con empaque.

Rellenando

Una vez que la reparación haya sido terminada y la presión de agua probada, se rellena la excavación poco a poco, siempre compactando la tierra con los pies. Esto ayuda a que no haya hundimientos más adelante. Si los suelos originales son de baja calidad, se recomienda rellenar con arena. Debe ser enmendada la arena en la zona de las raíces. Reemplace el césped tan a nivel como sea posible y compáctelo con firmeza y finalmente, rellene las ranuras con material de topeado.

Se utilizan muchas herramientas diferentes para la reparación de sistemas de riego. La siguiente es una lista de todas las herramientas y las cosas que deben estar disponibles para hacer las reparaciones. Se debe llevar la mayoría de éstas en un pequeño vehículo de mantenimiento tal como un carrito Cushman o Yamaha:

1. palas, tanto las normales como una para cavar zanjas.
2. una cuchilla de mango largo para cortar panes de césped y una para cortar orillas.
3. serrucho, uno para usos generales de dientes finos y una sierra para metal.
4. martillo de carpintero, como también un macho de 5 lbs.
5. llaves: dos para tubería y una a presión.
6. un juego de desarmadores o destornilladores, uno grande plano y un Phillips o de cruz mediano de 5/16" para tuercas.
7. pinzas, dos de tipo de uso general, una mediana de mordida ancha y un par para aros de compresión.
8. herramientas para insertar válvulas de diferentes tipos para cabezales de aspersores.
9. madera terciada para mantener el lugar de trabajo limpio y una cinta de acordonamiento para que los curiosos se alejen del área. Las señales del área en reparación, mantienen felices a nuestros golfistas.

Los carritos para el mantenimiento de los sistemas de irrigación están generalmente equipados con una pequeña prensa, una mesa de trabajo, una bomba de agua de baja potencia, una bomba manual y una cubeta para desaguar. Todos los técnicos del equipo de reparaciones llevan un radio o teléfono para poder responder a las urgencias rápidamente.

La Caseta de Bombeo

Si el sistema de irrigación es el cordón umbilical del campo de golf, podemos con seguridad definir la caseta de bombeo como el corazón del sistema. Sin un corazón con un latido sano, el sistema no puede funcionar correctamente. Si el corazón a veces oscila o sufre de una angina aguda, no puede bombear correctamente y resulta en presiones fluctuantes, las cuales luego nos llevan a los golpes de ariete de agua en la tubería y al mal funcionamiento de los aspersores. Una caseta de bombeo típica en un campo de 18 hoyos puede tener varias bombas con una capacidad total de 1,000 gpm (61 l/s). Hoy en día, las bombas generalmente están totalmente automatizadas y mantienen una presión constante en todas las líneas.

No puede ser más enfatizada la importancia de las casetas de bombeo. El costo inicial de una caseta de bombeo adecuada es substancial. La necesidad de mantener la caseta de bombeo es igualmente obvia. Aún así, muchas bombas que hemos visto con tristeza en nuestros viajes, no están siendo bien cuidadas. Esto es deplorable, porque una caseta desordenada inevitablemente nos lleva a tener problemas con el sistema de riego del campo de golf.

Recordamos una vez, hace muchos años, cuando nos mostraron la caseta de bombeo en Bob O´Link cerca de Chicago por el que era entonces Superintendente, Robert Williams. Estaba impecable su sala de bombeo, como el resto de su campo de golf, y en su casa de bombas, uno podía literalmente comer en el piso el cual, circunstancial-mente, estaba cubierto casi en su totalidad por una alfombra. Los cascos de las bombas estaban recién pintados y no había rodamientos con fugas esparciendo agua sobre los motores eléctricos. La condición de esa caseta quedo grabada en nuestras mentes y todo lo de Bob O´Link, incluyendo al superintendente, ha sido desde entonces una inspiración en nuestra carrera como manejadores de césped.

LA FUENTE DE AGUA

El agua para riego puede provenir de diferentes fuentes, tales como ríos, lagos, pozos y hasta de una central municipal. De donde sea que llegue el agua, no es realmente importante mientras haya la suficiente. Algunos campos requieren tanta como un millón de galones (3.700.000 litros) en el curso de 24 horas en el período caluroso del verano. La mayoría utiliza mucho menos. Sistemas de riego controlados automáticamente por computadora, han permitido que el riego sea mucho más eficiente y por consiguiente podemos lograr los mismos resultados con menos agua.

Un depósito de agua que es alimentado por un río o por un pozo profundo debe tener por lo menos 10 pies (3,5 m) de profundidad, de manera que el agua permanezca fresca y con menos posibilidades de evaporación. Debe haber una inclinación en las orillas del depósito, con ángulo suficiente para impedir el establecimiento de malas hierbas a lo largo de la orilla. Airear el agua por medio de fuentes ayudará a retardar

Figura 6.3. Una fuente de agua adecuada es esencial para hacer circular el agua para mantenerla limpia. También se puede intentar usar fardos de heno para reducir el crecimiento de algas.

el desarrollo de algas. Si las malas hierbas aumentan, quizás tengan que ser sacadas con cosechadoras flotantes para hierbas o botes. En muchos estados, el control de las hierbas acuáticas por medio de un pesticida aprobado por estatutos estatales es un proceso tedioso.

La calidad del agua es muy importante. Aspersores, controladores, válvula, etc, tienen a menudo poca tolerancia y funcionarán mal cuando el agua contiene lodo u otros impedimentos. Si el agua sucia es un problema, será necesario instalar artefactos de filtración para no permitir el paso a los contaminantes. Al mismo tiempo, puede agregarse aditivos benéficos al agua que harán que este líquido precioso sea aún más importante para las plantas. La fertigación, aplicación de fertilizantes a través del sistema de riego, es muy utilizado como también lo es el agregar agentes humectantes. Menos común es la introducción de cultivos bacterianos por el sistema de riego como un medio de prevención de enfermedades en las plantas. En todos los casos, un agua de alta calidad es esencial para hacer que todos estos sistemas funcionen en condiciones óptimas.

RESUMEN

La aplicación de agua se ha hecho increíblemente sofisticada en años recientes, la metodología va a seguir avanzando debido a que el agua es un recurso tan precioso. La administración del sistema de agua es uno de los criterios más importantes en la descripción de trabajo del superintendente. Al mismo tiempo, es con frecuencia el menos comprendido por los golfistas, porque mucho de ello se lleva a cabo bajo tierra. Por esta misma razón es difícil para los superintendentes obtener la capitalización necesaria para las mejoras y el mantenimiento del sistema de riego. Un consejo: cuando esté buscando trabajo, un superintendente debe ser cauteloso de aceptar una posición donde el sistema de riego está en condiciones pobres. Sería difícil mejorar el césped en dicho campo de golf.

Fertilizantes

Un "foursome" que conocíamos jugaba golf cada sábado y cada domingo desde abril a noviembre, cuando sea que el campo de golf estuviese abierto. Fueron los mejores amigos durante muchos años, como sólo los golfistas pueden comprender. Se saludaban cálidamente durante el desayuno y mantenían una actitud cordial por lo menos durante dos hoyos. Luego se peleaban y discutían sobre "gimmie putts" y tiros dados o quitados. La relación del foursome estaba basada en un golf áspero, palmadas en la espalda y competencias de copas apoyadas por chistes de humor en el "Club House."

Así duró durante muchos años hasta que uno del "foursome" repentinamente falleció después de una breve enfermedad. La viuda decidió en la cremación como medio para disponer de los restos. A los tres amigos que quedaban se les pidió que esparcieran las cenizas en un lugar adecuado. Se acercaron al superintendente para pedirle si podían esparcir las cenizas en el campo de golf. Ahora, el superintendente sabía muy bien que si llevaba esto al comité, lo pasarían de lado a lado de la mesa directiva, sin llegar a ningún acuerdo. Por lo tanto, sugirió a los amigos que trajesen las cenizas al campo de golf al atardecer, cuando ya no hubiese golfistas jugando, para que las cenizas pudiesen ser esparcidas sobre el green que ellos escogiesen. Los tres golfistas escogieron el green número 11, debido a que el difunto había hecho 3 "putts" en este durante su vida de golfista. En el anochecer los tres amigos designados llevaron el ánfora, del tamaño de una lata de pintura de 4 litros, que contenía las cenizas y también llevaron un litro de whisky de la mejor malta que fue bebido en su totalidad mientras los compañeros daban comentarios inconsecuentes en conmemoración de su amigo muerto.

El superintendente estaba parado muy cerca, disfrutando del líquido dorado que pasaba por su garganta calentándole el estomago. Finalmente, las cenizas fueron esparcidas sobre el green. Fue en ese momento que el superintendente comenzó a tener sus dudas acerca del haber evitado la decisión y poder del comité de greens. Las cenizas no eran de ninguna manera cenizas, tal como él había esperado y como el nombre lo implicaba, en vez, consistían de un material finamente granulado con trocitos de hueso de los restos del esqueleto del difunto golfista cremado. Los trocitos de hueso eran demasiado grandes para filtrarse entre las hojas del pasto debajo de la superficie de putting, y para empeorar las cosas, todo el green estaba cubierto con los trocitos y se habían convertido en un área completamente incapaz de aceptar un putt. El whisky ya había hecho su trabajo y tanto los golfistas como el greenkeeper estaban disfrutando del ambiente de ese anochecer, sintiendo que habían hecho lo correcto con los restos de su amigo y estaban satisfechos de haber cumplido con los deseos de la viuda. Cuando llegó la noche, cada quién se fue a su casa.

A la siguiente mañana, Rosy la cortadora de greens, no tuvo problemas con los primeros 10 greens, las máquinas cortaban parejito y los cuchillos helicoidales cortaban a la perfección. No había importado que su jefe hubiese llegado tarde al trabajo y que pareciese más gruñón de lo usual. Su trabajo era rutina y ella lo hacía a la perfección, hasta que llegó al décimo segundo. La segadora de repente desarrolló un ruido raro que tenía su origen cerca de las unidades de corte. Siguió un poco más, esperando que el ruido se fuese, pero como esta vez empeoró, tuvo que detenerse. Rosy se dio cuenta entonces que el green estaba cubierto con pequeños trocitos de color claro, cuyo origen no comprendía. Ella estaba por regresar al taller para pedir ayuda cuando El Super con los ojos aún rojos la alcanzó y le dijo "Rosy, sáltate éste, ¡lo acabamos de fertilizar!"

DIFERENTES TIPOS DE FERTILIZANTES

Las cenizas de un golfista cremado no serían un buen fertilizante y tendrían muy poco impacto en el crecimiento del pasto. Aún así, uno de los mejores fertilizantes para un jardín es harina de hueso. Un material con alto contenido de fósforo. Para mejores resultados, la harina de huesos es trabajada mediante horquillado y por eso es rara la vez que se utiliza en un green. La harina de huesos existe de tiempos inmemorables y en los últimos años ha sido reemplazada por un sin número de productos sofisticados que requieren un certificado universitario o un diploma técnico para comprenderlos y aplicarlos. La terminología de los fertilizantes modernos es tan compleja que uno requiere un conocimiento completo de la química y ser experto en la física de los suelos. Pero después que todo está dicho y hecho, existen básicamente dos tipos de fertilizantes: Los que queman y los que no queman. Esto puede parecer una sobre simplificación, pero en términos del manejador de canchas es mejor no encubrir el problema con argumentos de jerga.

Fertilizantes que Queman

La quemadura más dramática se logra con una sobredosis de nitrato de amonio. Un kilo de este material mortal matará el pasto en un área de cien metros cuadrados. Esto no es sorprendente viendo que el nitrato de amonio puede ser utilizado para fabricar explosivos para propósitos industriales y de guerra. Una vez que comprendemos esto, no tiene sentido utilizar un fertilizante como nitrato de amonio en un green. Aún así, los granjeros utilizan este material en sus hortalizas y cuando se aplica, cae en las ranuras de la tierra, se disuelve en el agua de los suelos y queda disponible para las raíces de las plantas. Un rico y rápido crecimiento es el resultado casi inmediato. El nitrato de amonio puede ser aplicado al green con relativa seguridad si es regado inmediatamente después de la aplicación, pero ¿por qué correr el peligro cuando hay tantos productos seguros de los que se puede escoger? El nitrato de amonio es un fertilizante soluble en agua. Pongan un poco en una jarra de vidrio llena de agua fría, sacúdanla y vean como desaparece. Para hacer las cosas peores, el nitrato de amonio contiene un 33 % de nitrógeno real. Cuando los gránulos son aplicados a la superficie del pasto, estos atraen la humedad de la atmósfera y literalmente se disuelven en su propio sudor. Por esto, esta poderosa solución puede quemar el pasto con tanta facilidad. Compuestos similares como sulfato de amonio y urea actúan de la misma manera y también deben ser utilizados con extrema cautela.

Los superintendentes experimentados saben cómo manejar fertilizantes que son solubles en agua, pero aquellos que son novatos en este rubro deben llegar a usar estos productos con mucho cuidado. Muchas de estas formulaciones combinadas contienen por lo menos algunos componentes solubles en agua. Como regla general, mientras menos caro sea el fertilizante, mayores posibilidades tiene de ser soluble al agua y por lo tanto mayores las posibilidades de quemar.

Fertilizantes combinados o mezclados contienen los tres elementos nutricionales más importantes: N, P y K; nitrógeno, fósforo y potasio en diferentes proporciones. El nitrógeno anima el crecimiento y el color. El fósforo es necesario para las raíces y el potasio le da fuerza a las plantas. Los tres pueden quemar el césped, pero el nitrógeno es el principal culpable y siempre debe ser manejado con cautela. Como regla general los fertilizantes combinados deben ser completamente regados después de su aplicación. Aún entonces, es posible ver marcas alrededor del hoyo y de las marcas de las salidas al final del día, cuando se usaron fertilizantes combinados en la mañana. La aplicación de fertilizantes combinados durante la temporada más fresca minimiza el problema. Un programa inteligente debe consistir, de un fertilizante mixto durante la temporada fresca y fertilizantes que no queman durante el calor del verano.

Fertilizantes que no Queman

Los fertilizantes originales que no queman eran básicamente orgánicos, el más famoso de éstos era un subproducto del drenaje de aguas negras de Milwaukee. La mayoría de los fertilizantes orgánicos son bajos en nitrógeno y el Milorganite no es una excepción. Contiene 6 lbs. de nitrógeno por peso de 100 lbs y ninguna de sus partes son solubles al agua. Es por esto, que el Milorganite y otros productos similares pueden ser aplicados con impunidad. Puede confiarse en el miembro menos capaz del equipo de greens para la aplicación de Milorganite, sin temor de quemar un green o una mesa de tiro. Uno puede volcar un costal del producto y barrerlo, sin causar una quemadura. Es sorprendente que todo esto sea posible, sabemos que es verdad, porque hablamos por experiencia personal. El éxito de Milorganire ha llevado a varias otras compañías a copiar el producto.

Más recientemente el Sustane, un producto secundario de la industria avícola, se muestra promisorio. Además de tener todas las cualidades finas de Milorganite,

Sustane también posee algunas características preventivas contra funguicidas. Estamos convencidos que los fertilizantes orgánicos hacen mucho más que alimentar las plantas con los elementos básicos, contienen sulfato, hierro y muchos otros elementos que parecen tener un efecto positivo para el metabolismo de las plantas y su capacidad de resistir.

Debemos reconocer que existen golfistas cuyas delicadas narices objetan el olor de los fertilizantes orgánicos. Los superintendentes deben tomar en cuenta las sensibilidades de sus clientes y hacer las aplicaciones de fertilizantes con los golfistas en mente. El rendirse contra los productos orgánicos simplemente por el olor, es perder algunos de los mejores fertilizantes cuyos beneficios son mayores que las desventajas.

Fertilizantes Orgánicos Sintéticos

Los químicos especializados en fertilizantes, se han divertido produciendo urea formaldehído y sus muchos primos los polímeros, en un intento de crear un producto que pudiese ser aplicado sólo una vez por año y alimentar la planta de manera uniforme desde la primavera hasta el otoño, a lo largo de la temporada de crecimiento. Estos productos maravillosos han revolucionado nuestra industria y en el proceso, han hecho el trabajo del superintendente y del equipo de greens mucho más fácil. Los fertilizantes combinados del pasado sufrían muy a menudo de una granulación dispareja y el resultado era una aplicación difícil. Los fertilizantes modernos están caracterizados por una granulación uniforme, en la cual cada partícula contiene la fórmula descrita en su empaque. Dichos materiales pueden ser aplicados en cantidades reducidas con más certeza y aún asegurar que cada planta recibirá los nutrientes especificados que requiere. Por ejemplo: La urea es una bolita de nitrógeno de urea cubierta por una capa de azufre y la idea es que la capa del azufre se abra o disuelva y en el proceso, el nitrógeno quede disponible para el sistema de raíces de las plantas. Los fabricantes sostienen que todos estos productos sintéticos pueden ser aplicados sin temor de que ocurra una quemada y que no requieren ser regados. Nosotros creemos que es mejor regarlos para por lo menos quitarlos de las hojas del pasto. Subsecuentes ciclos de riego o lluvia natural asegurarán que las bolitas de fertilizante penetren en los suelos en donde les corresponde estar.

Fertilizantes Líquidos

Han sido formuladas, concentraciones líquidas de fertilizantes balanceados y esto hace posible que los superintendentes apliquen los nutrientes por medio de aspersión o también por el sistema de riego. Esto suena maravilloso y funciona bien hasta cierto punto. En la solución, los elementos del fertilizante se esparcen como una neblina y parte de la solución penetra en el metabolismo de la planta por sus hojas. El resto se escurre a la tierra y a las raíces. La respuesta es casi instantánea: pasto rico y verde.

Este proceso es similar a la alimentación de un paciente en el hospital por vía intravenosa. A través de un tubo el paciente recibe todo lo necesario para mantenerse con vida, pero para restaurar la salud, eventualmente el paciente necesitará una buena comida. Así también el pasto. Una dieta líquida puede ser suficiente en tiempos de estrés, pero eventualmente necesitará de una alimentación bien balanceada proveniente de un material granulado.

Hierro

La mayoría de los superintendentes agregan pequeñas cantidades de hierro al pasto. Algunos, únicamente en los greens y fairways, otros lo hacen cuando preparan la cancha para un golf televisado. El hierro aplicado con aspersor es absorbido por las hojas, entra en los jugos de la planta y en cuestión de horas las convierte en color verde oscuro. Este verde oscuro dura desde un par de días a una semana. El hierro se utiliza en vez de un fertilizante de nitrógeno; provee color sin incitar el crecimiento de un fertilizante normal. El hierro acarrea el beneficio de ayudar la fotosíntesis dentro de la planta. Si combina hierro con un agente humectante tiene la mezcla mágica que parece hacer maravillas para las plantas. Agregue extracto de kelp y hará magia. Se debe hacer experimentos con estas combinaciones en el vivero o en el green número uno, antes de hacer una aplicación a greens con problemas. Cuando nos referimos al green número uno, no estamos hablando numéricamente, si no al que está en la mejor condición; el más saludable de los 18 que invariablemente tiene pasto Bent puro y es suavecito, como las nalgas de un bebé. El "putt" siempre sale a la perfección y nunca causa problemas. En un green como éste, está bien hacer un experimento, especialmente en la parte de atrás. Las probabilidades indican que este green más saludable sobrevivirá.

Aplicar demasiado hierro espanta un poco. Demasiado puede ser un exceso de 58 a 100 gramos por cada 100 metros cuadrados. Una mal cálculo en el aspersor que resulte en 200 gramos por cada 100 metros cuadrados de aplicación, pondrá al pasto negro. En ese momento, el riego no servirá de nada: el hierro ya está en la planta y el daño ya se ha efectuado. Afortunadamente el color negro del pasto no es mortal, sólo tiene la apariencia de serlo. El pasto perderá su color oscuro en etapas y regresará a la normalidad en unos cuantos días.

APLICACIÓN DE FERTILIZANTES

Para áreas pequeñas como salidas y greens un esparcidor detrás del cual uno camina, es generalmente el más adecuado. Antes de comenzar, revise el esparcidor para asegurarse de que funciona correctamente. Muchos de los esparcidores ciclones no son tan confiables como uno quisiera. Pruebe el patrón de esparcimiento en un piso de asfalto o cemento. Asegúrese que el patrón es parejo. Ahora es un buen momento para calibrar la cantidad que se está aplicando. Mida la superficie sobre la cual se hizo la aplicación. Junte el material con una escoba y pese el material que ha sido utilizado. Puede determinar la cantidad por aplicar con estos números.

Por ejemplo, si aplica 20 libras (9 k) de material a 1.500 pies cuadrados (150 m^2), la proporción de aplicación por 1.000 pies cuadrados (100 m^2) es de 9 dividido por

Figura 7.1. Mantenga una línea recta cuando esté aplicando un fertilizante. Aplíquelo en dos direcciones diferentes para asegurar el traslape.

1,5, o sea 13 libras (6 k) por cada 1.000 pies cuadrados (100 m²). Si el green promedio en el campo de golf mide 4.000 pies cuadrados (400 m²), la calibración requiere una bolsa de 50 libras (22,7 k) por green. Si se fertiliza el green en dos direcciones diferentes, una práctica que siempre recomendamos, requeriría 100 libras (45,5 k) de fertilizante. Si el fertilizante en cuestión llegase a ser Milorganite (formulación 6-2-0), significaría que aplicó realmente 6 libras (2,7 k) de nitrógeno por cada 4.000 pies cuadrados (400 m²), o 1.5 libras (0,68 k) por cada 1.000 pies cuadrados (100 m²). Esto es una alimentación demasiado pesada para los meses de verano, pero no inusual en la temporada inactiva.

Para áreas más grandes tales como fairways y roughs, uno puede utilizar un esparcidor impulsado por un tractor con cardán, con una tolva de mayor capacidad. Estas máquinas grandes más vale calibrarlas sobre el rough, para evitar cometer un error sobre el precioso pasto del fairway. Otra vez, mida un área, llene la tolva, escoja una velocidad apropiada para el tractor. Después de que el área escogida ha sido cubierta, deduzca el fertilizante sobrante de la cantidad inicial. Un cálculo parecido al anterior debe dar la proporción de libras o kilos del material por acre o hectárea de pasto.

Como fue mencionado anteriormente, es mejor aplicar el fertilizante en dos direcciones diferentes para asegurar una cobertura completa. Operadores con experiencia pueden hacer uso de las líneas de las cortadoras en salidas y greens, de esta manera asegurarse de un traslape suficiente, evitando la necesidad de fertilizar en dos direcciones, y ahorrando tiempo. Los greens, los ante green o approaches, collares y "approaches" generalmente son fertilizados al mismo tiempo que el green.

En salidas, uno puede fertilizar la parte superior y no los lados, debido a que si sólo fertiliza los lados, promueve un crecimiento excesivo y por lo tanto la necesidad de cortes adicionales. Con las tolvas impulsadas por un tractor, es mejor esparcir de la mesa de tiro hacia el green siguiendo por el centro del fairway y luego un pase adicional a lo largo de cada lado. Pueden ser necesarios pases adicionales, conforme con el ancho del fairway. La mayoría de las tolvas ahora son del tipo ciclón, pero de vez en cuando uno ve una tolva de caída. La tolva deja caer el material sobre una placa deflectora, de donde el fertilizante se desliza sobre el pasto. Puede ser fácilmente reconocido que estas tolvas, por su propia naturaleza y diseño, pueden dejar un patrón no muy parejo en la aplicación. Por esta razón no recomendamos su uso. La tecnología en tolvas para fertilizar no está al día con las innovaciones que hemos visto en otras áreas del manejo del céspedes. Las tolvas continúan siendo casi iguales a lo que eran hace un cuarto de siglo. Esperamos ver el día en que las tolvas sean computarizadas para facilitar la aplicación de cantidades más precisas.

QUEMADURAS POR FERTILIZANTES

Cuando ocurre una volcadura de fertilizante, se requiere de una acción instantánea. Utilice una pala liviana de punta cuadrada para recoger lo más que sea posible del material volcado. Esté listo con una manguera y utilice la presión de agua para quitar el material sobrante. No importa la tentación, pero no utilice una escoba para recoger el material, las cerdas de la escoba abren las hojas lo que hace posible que el fertilizante entre a los jugos de las plantas. Esto resultara en una muerte instantánea. Aún después de una cuidadosa remoción del fertilizante y el lavado de lo que aún queda, con agua a presión, sigue existiendo una buena posibilidad de que el pasto se vaya a quemar. Realmente no queda casi ninguna otra alternativa que reparar la quemadura con cortador para panes de pasto y reemplazarlo. Bill Fach, superintendente de Rosedale Club de Golf, sugiere cortar el cuadrado sobre el cual el fertilizante se volcó y sacudir los panes, de manera que sean sacados todos los granos de fertilizante. Vuelva a colocar el pasto y riegue abundantemente. El uso de una aspiradora para la remoción del fertilizante volcado, es también una buena idea.

TOMAR MUESTRAS DE LOS SUELOS

Al comienzo de un nuevo trabajo como superintendente, le aconsejaría tomar un inventario de los suelos. Es casi imposible tomar una decisión respecto a la nutrición, sin por lo menos saber que es lo que está presente en la zona de las raíces. Un laboratorio comercial o una agencia del gobierno especificarán cómo se deben tomar las muestras. El informe resultante debe ser la base para un programa de fertilización. Los laboratorios tienden a subrayar la importancia del pH, y por cierto, un nivel entre 6,5 y 7,0 es probablemente lo mejor para el crecimiento óptimo. Los autores, han cultivado pastos excelentes con un pH tan bajo como 4,5 y tan alto como 8,1. Los pastos se adaptan rápidamente a una variedad de circunstancias y es raro que el pH sea lo más crítico.

Hay muchos diferentes "kits" en el mercado para hacer pruebas de suelos, los cuales permiten al superintendente llegar a determinar los requisitos nutricionales de los pastos. Hacer pruebas del contenido nutricional del tejido de las hojas es otra forma de saber lo que las plantas requieren para su sustento. Un pequeño laboratorio en el edificio de mantenimiento, es una posesión envidiable que ayudará a mejorar la imagen profesional del superintendente. ¿Es realmente necesario? De hecho no lo es, si el tiempo empleado en el laboratorio es a expensas de otros trabajos más importantes, como la dirección de los equipos de trabajo y el asegurarse que los trabajos se están llevando a cabo.

Superintendentes con experiencia pueden determinar con un vistazo cuando el pasto necesita ser alimentado. Reconocen cuando está bajando el color y cuándo está atrasado el retoño. Saben cuándo va a responder el pasto y cuáles son los materiales requeridos. Este conocimiento llega de la experiencia y es el resultado de muchas temporadas de largos días pasados en el campo. Combine esta experiencia con la tecnología moderna e invariablemente el resultado es de condiciones superiores y consistentes.

PROGRAMAS DE FERTILIZACIÓN

Debe establecerse un plan para alimentar los pastos al inicio de la temporada. Dicho plan debe ser cuidadosamente preparado y basarse en las pruebas realizadas de los suelos. El plan debe especificar la cantidad de aplicaciones, las fechas de aplicación, las cantidades y tipos de fertilizantes que serán utilizados. Sobre la base de este plan, puede comprar los materiales de una sola vez o cuando sean necesarios. Es preferible que el superintendente esté familiarizado con los productos que se van a utilizar. De la misma manera en que los trabajadores se acostumbran a utilizar máquinas nuevas, el superintendente debe familiarizarse con diferentes fertilizantes. Esto se puede hacer a través de pruebas en el vivero o en el rough. Jamás lleve un material desconocido al primer, segundo o ninguno de los 18 greens sin primero saber cómo funciona. Tenemos el triste recuerdo de haber aplicado un fertilizante orgánico de calibre grueso, que supuestamente era a prueba de idiotas, a los greens durante la mañana. A los participantes de un torneo importante, esa misma tarde, se les arruinó su putting por este error y el nombre del superintendente quedó enlodado durante muchos meses. Un fertilizante nuevo debe estudiarse y utilizarse de la misma manera que una máquina nueva.

En nuestros campos, el programa de fertilización comienza en el otoño con la aplicación más importante de todas: una dosis pesada de un fertilizante orgánico sobre pasto inactivo o semi-inactivo. Esto nos asegura virtualmente buenos greens en la primavera. Adicionalmente, no será necesario desperdiciar el invaluable tiempo de abril y mayo fertilizando, cuando hay tantos otros trabajos que necesitan ser atendidos. Seguimos en junio con un fertilizante mixto, después en julio y agosto, regresamos a un fertilizante orgánico y confiable que está comprobado que no va a quemar nuestros preciosos greens en el calor del verano. Probablemente nos ahorramos una aplicación de funguicida debido a la aplicación del orgánico durante el verano. Hacia fines de agosto o a principios de septiembre nos gusta una aplicación de potasio, ya sea un sulfato de potasio o una mezcla con un tercer número alto en potasio. Otra aplicación mezclada a fines de septiembre o principios de octubre, nos da greens saludables para todo el otoño. El ciclo se repite en noviembre.

La cantidad real de nitrógeno que es aplicada a nuestros viejos y bien establecidos greens por medio de este programa no excede las 5 libras por cada 1.000 pies cuadrados ($2,5$ k/100 m^2). Creemos que las salidas reciben un uso mucho más fuerte que los greens y como resultado de esto tenemos la tendencia de aplicar un poco más de materiales en estas áreas. Si las salidas son grandes y amplias, puede ser que esto no sea necesario. De hecho, la sobrefertilización de las salidas que son amplias puede llevar al desarrollo de una condición esponjosa del pasto.

En campos de golf nuevos y áreas de construcción nueva en campos de golf existentes, requieren más fertilización de la que se aplica a los pastos bien establecidos. Pastos nuevos necesitan construir una masa corporal y un sistema de raíces. Para que puedan lograrlo necesitan ser alimentados intensivamente, casi al punto de ser excesiva la alimentación. Algunos superintendentes se han convertido en expertos en el establecimiento de campos nuevos y están conscientes de las grandes cantidades de formulaciones especiales que se deben aplicar para lograr un pasto fuerte y espeso.

CONCLUSIONES

La nutrición de los pastos es un tema complejo que requiere una comprensión completa de la química de los suelos y de los materiales disponibles para la alimentación de las plantas de pasto. La mayoría de los superintendentes de ahora, son graduados de la universidad con programas de dos o cuatro años. En ambos casos están bien preparados para comprender los fertilizantes y el óptimo régimen de su aplicación. ¿Por qué entonces, hay tantos listos y dispuestos a abdicar sus responsabilidades al primer vendedor de fertilizantes que viene y toca la puerta? Sospechamos que es porque es más fácil tener a otra persona que se encargue de pensar.

Los superintendentes deben tomar sus responsabilidades con seriedad y formular sus propios programas. Son los mejor calificados y le deben a su patrón un nivel de ahorro que resulta en el mejor programa al precio más económico.

8 Arenado o Topeado o Revestimiento

Ninguna otra práctica tiene un impacto tan inmediato y positivo sobre la salud de los pastos como el arenado, cebado o topeado. Los pastos responden casi inmediatamente, ya sea que uno revista con arena pura o con una mezcla de arena, tierra y turba. Al ir filtrándose entre las hojas del pasto las partículas del arenado, las plantas reciben un descanso bienvenido de los pisotones de los golfistas y del corte de las podadoras. Las pequeñas hojas de pasto suspiran con alivio, uno casi las puede oír.

El arenado que se riega para su penetración aumenta el vigor del pasto y hace que el pasto luzca más saludable. Cuando ese césped es cortado con una podadora filosa, tiene una apariencia lisa y hace que los putts salgan a la perfección. De hecho, es imposible crear una superficie perfecta para putting sin el beneficio de un buen plan de arenado, utilizado en su momento y oportunidad correctos. El propósito del arenado no sólo es para restaurar la salud de un césped debilitado, sino también para alisar la superficie, rellenando los divots y otras cicatrices y marcas.

¿QUÉ TIPOS DE MATERIALES?

Los manejadores de cancha veteranos, durante mucho tiempo utilizaron compost y varios, especialmente en Gran Bretaña, todavía lo hacen. El compost tiene un beneficio adicional: es rico en humus y por lo tanto es un fertilizante natural. Esta práctica parece haber tenido su origen en Holanda, donde los agricultores revestían sus campos con lo que dragaban de los canales. Ese material barroso y mal oliente sí que hacía crecer al pasto.

Para greens de pateo, el material para el arenado necesita ser fino, para que pueda hundirse entre las hojas del césped y que no sea un obstáculo para el putting. Es por eso que el compost es generalmente "zarandeado" antes de su aplicación. Las partículas más gruesas son así extraídas y lo que queda es apropiado para otros trabajos. El arenado con estiércol puro, no es una buena idea porque el material es muy difícil de

Figura 8.1. ¡Los beneficios del arenado son múltiples!

incorporar en el pasto y presenta otro problema: el rico contenido orgánico del estiércol, requiere de nitrógeno para su descomposición. Este nitrógeno es extraído de los suelos, pero a expensas de los pastos. Como resultado, muy a menudo el césped lucirá amarillento y enfermo después de un arenado con estiércol. Los superintendentes que hacían una aplicación de estiércol como arenado a fines del otoño, ya casi han cesado esta práctica porque tenía muy poco valor como medida de prevención contra los daños del invierno. Al contrario, se ha comprobado que es muy eficaz una aplicación más pesada de arenado, como parte de un programa preventivo contra los daños del invierno.

Un arenado más pesado o caudaloso es un término relativo; ¿Cuán pesado es demasiado pesado? Ahogar el césped en noviembre o diciembre lo matará aún más rápido que los estragos del invierno. Después de una aplicación pesada de arenado, las hojas de pasto deben todavía ser claramente visibles para que el proceso de crecimiento continúe sin que las plantas se sofoquen.

La selección de materiales en un campo de golf recién establecido es fácil: siempre utilice los mismos materiales que fueron utilizados en la construcción original de los greens o las salidas. Justificadamente, los superintendentes temen el amontonamiento de capas de diferentes materiales para el arenado en el perfil de los suelos. Sucesivos regímenes de diferentes superintendentes, donde cada uno tenía su fórmula favorita, pueden ser documentados con un análisis de una muestra del green. Capas de

Figura 8.2. Cuando la mano de obra es abundante, el arenado puede convertirse en un proceso más intensivo (Durban, África del Sur).

diferentes materiales son negativos tanto para el crecimiento de las raíces como para el movimiento del agua en los suelos.

ARENA VERSUS MEZCLAS DE TIERRA

La arena pura como material de arenado ha sido favorecida por muchos directores del mantenimiento de pastos. Tiene ciertas ventajas obvias:

1. La arena lavada es limpia y fácil de aplicar.
2. Los golfistas pueden hacer su putting parejo sobre una aplicación ligera.
3. La arena puede ser rápidamente trabajada para incorporarla al césped existente.
4. La arena empareja muy bien la superficie de pateo.
5. El riego de la arena ¡es fácil! Desaparece en el césped después de sólo una o dos vueltas del aspersor.
6. Como resultado, hay muy pocas interrupciones del juego cuando utilizan arena pura como arenado.

¿Por qué entonces, tiene el topeado de arena tantas objeciones? Los arenados repetidos de arena pura, se amontonan como una capa encima del perfil del green. Ya que el topeado con arena es tan fácil y rápido, los superintendentes tienden a hacerlo más a menudo y como resultado la capa puede llegar a un espesor de una o

Figura 8.3. Arrastrando una malla de metal o una conexión de cepillos es ideal para trabajar el topeado de arena en el césped.

dos pulgadas (2,5–5,0 cm), después de sólo un par de años. Entonces la capa de arena causa un verdadero caos en la zona de las raíces. Las raíces tienen dificultad en crecer a través de ésta y la capa de arena impide el movimiento vertical del agua a través de los suelos.

Los greens que son revestidos con arena por un tiempo desarrollan frecuentemente áreas secas localizadas: áreas pequeñas desde unas pulgadas (centímetros) a un pié (metro) o más, donde el agua no penetra y el césped no puede sobrevivir. El topeado de arena puede o no, ser la causa directa de las áreas secas localizadas, pero los topeados de arena continuos, van seguramente a agravar la situación.

Existe otra razón por la cual a los superintendentes no les gusta la arena. Por su propia naturaleza, la arena es un material abrasivo que fácilmente daña las hojas del pasto, especialmente cuando una malla de metal es pasada por encima del green cubierto por arena. Si dicho green estuviese sufriendo de estrés, la combinación de arena, la malla de metal y la acción del arrastrado sellaría su muerte. Lo hemos visto suceder una y otra vez y aunque el topeado de arena no fuera la causa del pasto muerto, los superintendentes tienden a alejarse de ese material y a utilizar algo mucho más seguro, algo como una mezcla tradicional de tierra preparada y arena.

Mezclar los materiales para el topeado era una de las artes del mantenedor de greens, adquirida a través de la experiencia bajo la supervisión de un profesional. Diferentes proporciones de arena, tierra preparada y turba eran mezcladas, pasadas a pala por un triturador y luego harneadas o sacudidas. El manejador de greens veterano, ocasionalmente tomaba un manojo de la mezcla y la acariciaba en la palma de su mano para luego apretarla. La bola de tierra que se formaba en su mano se deshacía fácilmente, él estaba satisfecho y la magia de la mezcla recibía la aprobación para su uso. Durante el proceso de mezclar, muchos otros diferentes materiales podían ser agregados, como diferentes tipos de estiércol, harina de hueso y otros fertilizantes. Muchos guardaban cuidadosamente el secreto de su mezcla, no queriendo compartir con sus colegas, el conocimiento ganado con tanto esfuerzo.

Con el tiempo, el proceso de preparar la mezcla se hizo más sofisticado. Cargadoras y trituradoras de alta capacidad empezaron a ser utilizados en vez de usar palas sobre una malla en ángulo. Ahora es posible comprar combinaciones formuladas por compañías que se especializan en tierra y arenas preparadas. Se puede hacer un análisis físico y químico sobre el cual basar una selección del material de topeado.

El topeado con una mezcla que contiene por lo menos algunos componentes orgánicos le da a uno una confianza y seguridad. De por sí la arena es estéril, entidad sin vida que no parece ni se siente como el tipo de suelos en el cual las plantas de pasto crecerían. Indudablemente lo hacen, pero ¿por cuánto tiempo y con cuántos efectos secundarios no deseables? Ahora tomen un manojo de topeado que contiene humus mezclado con tierra preparada y arena, como los viejos greenkeepers veteranos, uno puede sentir la vida existente en esa pequeña muestra de suelos. ¡Huele a vida! Las plantas de pasto prosperarán en una mezcla como ésa.

MÉTODOS DE APLICACIÓN

Durante mucho tiempo el arenado era esparcido a pala sobre los putting greens. Había que hacerlo con cuidado para evitar grumos o terrones. Los trabajadores utilizaban palas de boca recta, aluminio u otro material liviano que hacía posible sacar una buena cantidad de la parte trasera de un camión o de una carretilla. Con un movimiento largo, un trabajador experimentado podía esparcir el topeado a la perfección. Salía de la pala como plumaje y nunca dejaba montículos. El método era difícil de aprender y lento. La maquinaria moderna para revestir reemplazó rápidamente al greenkeeper de antaño y a su pala. El topeado es aplicado con un espesor uniforme sobre toda la superficie del green. Las nuevas máquinas se parecían a una pequeña versión de un esparcidor de estiércol para granja y estaban equipadas con un cepillo rotativo de cerdas, las cuales incorporaban las partículas en el césped.

Un anexo lateral del esparcidor de fertilizante, implica una tolva cónica con un aplicador oscilante que propulsa el material de topeado a la superficie del green. Este modelo hace posible la aplicación de una muy fina capa de arena sobre toda la superficie de un green en cuestión de minutos. El topeado de todos los greens en un campo de 18 hoyos podría completarse en cuestión de unas pocas horas. Cortar los greens antes de revestirlos es una buena idea, porque significa que hay una aplicación de arena u otro topeado sobre un green seco, lo cual acelera el proceso de secado y reduce las inconveniencias para los golfistas. En vez de cortarlos, considere el uso de una vara para la remoción del rocío o el riego ligero para que el rocío penetre el green.

¿Cuánto es demasiado? Cualquier cosa más que un octavo de pulgada (tres milímetros) puede ahogar el césped. Muchos superintendentes eruditos aplican menos.

Figura 8.4. Aplicación del topeado de arena.

Generalmente, es mejor la aplicación de pequeñas cantidades a menudo que una gran cantidad de vez en cuando.

La orientación del césped puede ser controlada con topeados controlados y el cepillado posterior, pero, si el control del pelo es el propósito principal de arenar o topear, es mejor hacer un corte vertical en diferentes direcciones antes de aplicar el arenado. El topeado hasta cierto grado controla la formación de capas orgánicas, pero es una falacia creer que uno puede enterrar las capas de materia orgánica con un topeado grueso. Se requieren acciones más drásticas y trataremos éstas más adelante en otro capítulo.

Una vez aplicada, la arena se deja secar y luego es cepillada con una malla metálica o una serie de cepillos incorporándola al césped. En ambos casos, un carro de golf es utilizado para arrastrar la malla o los cepillos. Ya que los cepillos tienen la tendencia de brincar, el material de arenado puede formar ondulaciones que resultan en una superficie dispareja indeseable. El arrastre de una malla de metal impide que esto suceda, pero a veces las orillas melladas de la maya metálica pueden separar y romper el césped, lo cual deja un aspecto desagradable.

El material de topeado debe ser regado inmediatamente después de la aplicación o en el curso del ciclo de riego nocturno. El paso final del proceso, es cortar el green, preferiblemente con una segadora vieja. Es preferible usar una segadora con rodillos lisos o sólidos, ya que los rodillos Wiele o de muesca o los "groomers" de los equipos regulares tienen la tendencia de levantar las partículas del topeado y dejar una superficie desordenada, en vez de presionar las partículas hacia dentro del césped.

Invariablemente, los cilindros helicoidales de la segadora pierden el filo después de cortar un green revestido. La arena en particular, redondea los filos en las hojas de la segadora y la cuchilla de cama. Los mecánicos se quejan agriamente respecto al daño que se le está haciendo a "su equipo," lo cual es un precio pequeño a pagar por todos los saludables y positivos beneficios derivados de una aplicación del topeado. Como siempre la toma de decisiones y planificación de las operaciones, son importantes y siempre hay muchas razones por las cuales uno dejaría de hacer el trabajo, tales como:

- Los golfistas se van a quejar.
- Está demasiado mojado o demasiado seco.
- Hace demasiado calor o demasiado frío.
- Está demasiado cerca el fin de semana.
- No tenemos suficiente personal y hay muchas otras cosas que hacer.

Superintendentes con una mente simple pesarán todos los factores y seguirán adelante de todos modos. Las trampas de arena no recordarán que perdieron una rastrillada y el rough no va a extrañar la falta de un corte. Una aplicación de topeado beneficiará a todos los greens y finalmente mejorará el putting de todos los golfistas. Recuerden las necesidades prioritarias para tener greens perfectos en el esquema macro del programa de mantenimiento.

No hay necesidad de revestir todo el tiempo todos los greens en su totalidad. Ciertas partes en todos los greens son más utilizadas y requieren atención adicional. Greenkeepers perfeccionistas reconocerán esto y aislarán dichas áreas tratándolas por separado. En tales instancias, muy a menudo es mejor omitir el uso de equipos de alta tecnología y regresar a los métodos de antaño trabajando con la pala cargada de topeado y luego con un Levelawn frotar el material hasta que baje.

REVESTIMIENTO DE LAS SALIDAS

La necesidad de revestir los tees puede aún ser más urgente que para los greens. Las salidas reciben una terrible paliza de los golfistas que a menudo hacen varios disparos de práctica con sus maderas y hierros antes de pegarle a la pelota. Salidas en un hoyo par 3 rápidamente quedan heridas con divots y a no ser que sean reparadas con cierta regularidad, sufren daños permanentes. Ya que estas salidas tienden a ser cortadas un poco más alto que los greens, desarrollan con más facilidad la esponjosidad y el pelo. La aplicación sistemática del arenado sobre las salidas es obligatoria por dos razones: para la reparación de los divots y para impedir el desarrollo del material esponjoso subsuperficial.

El arenado de las salidas siempre debe ser precedido por la siembra con su semilla, especie o variedad favorita. No pierdan la gloriosa oportunidad de sembrar justo antes de aplicar una fina capa de topeado. Dichas semillas tienen una mejor posibilidad de germinar y de crecer saludablemente que cuando las siembran solas. La cantidad para el sembrado debe de ser por lo menos de una libra por cada 1000 pies cuadrados $(0,5 \text{ k}/100 \text{ m}^2)$ y una cantidad mayor no sería un desperdicio.

Se puede hacer un caso especial para la utilización de menos arena y más tierra preparada cuando uno reviste una mesa de tiro. El establecimiento de las semillas en un medio de arena pura es mucho más difícil que en una mezcla que contiene tierra preparada y materia orgánica. La arena se seca rápidamente durante el calor del día, aún cuando se riegue todas las noches. Las semillas germinan en un entorno de arena pura, pero se marchitan y mueren una vez que la arena se seca.

Se debe tener cuidado de mantener la superficie plana cuando se reviste una mesa de tiro. Existe la tendencia, especialmente sobre las salidas que son largas y angostas, de revestir solamente el centro, donde está el mayor daño. Esto es un error costoso, debido a que repetidos arenados hechos de esta manera resultan en el redondeo de la mesa. Hemos visto esto una y otra vez, incluso muchas salidas que en su momento fueron perfectamente construidas, han perdido su forma original debido al topeado descuidado. Es difícil encontrar la posición correcta para tirar topeado sobre una superficie plana en dichas salidas y los golfistas sufren como resultado de las pocas habilidades en el manejo del cesped, por parte del los superintendente.

Mientras que el topeado de los greens debe ser hecho adelante de los golfistas y el material introducido al green antes del putting del golfista, la búsqueda del momento exacto para el topeado de las salidas no es tan crítico. Puede ser llevado a cabo mientras los partidos normales están en marcha, entre grupos de jugadores, mientras haya espacio entre las marcas que han sido limpiadas. Por lo tanto, el topeado se puede llevar a cabo durante la tarde. Existe otra ventaja: el material de topeado se seca mucho más rápido y puede ser trabajado casi inmediatamente después de su aplicación.

REVESTIMIENTO DE FAIRWAYS

La aplicación de un topeado a todos los fairways de un campo de 18 hoyos es una tarea gigantesca. La maquinaria moderna ha hecho mucho más fácil esta tarea, pero la cantidad de material es enorme, de hecho puede requerir más de una carga en las tanda, para completar sólo un fairway. Esta es la razón por la cual pocos superintendentes revisten los fairways con regularidad. Se puede hacer revestido en ciertas zonas en un fairways, tales como las áreas de aterrizaje, donde pueden haber muchas cicatrices de divots. Los superintendentes deben identificar esas áreas que requieren de atención especial y éstas deben ser puestas en el programa de mantenimiento para su topeado en los momentos requeridos con arena o mezclas de tierra preparada. Ya que los fairways, generalmente, son establecidos sobre suelos naturales, el agregar arena no lleva a la creación de puntos secos localizados que prevalecen en los greens. No hemos experimentado condiciones hidrófobas en los fairways y por esta razón no tenemos ninguna objeción a la aplicación de arena pura. El efecto positivo de nivelar el arenado tiene más peso que la desventaja cuestionable de utilizar arena. Dichas decisiones están basadas en juicios establecidos después de mucha experiencia práctica.

Innovaciones recientes en equipos para topeado han hecho posible la aplicación de minúsculas cantidades de materiales sobre los fairways. Un fabricante dice que su equipo literalmente puede "espolvorear" los fairways con una muy liviana capa de topeado. Dichas aplicaciones tienen el mismo efecto rejuvenecedor en los pastos como el topeado normal tiene en los greens y las salidas. Si los fairways son disparejos debido a una nivelación incorrecta, el topeado con el uso de las máquinas modernas puede muy bien ser la respuesta para nivelar colinas y valles, pero esto llevará a repetidas aplicaciones.

Los dueños de casa que echan a pala grandes cantidades de lodo negro sobre sus céspedes, es un esfuerzo equivocado para imitar las prácticas que ven en los campos de golf y muy a menudo termina con resultados desastrosos. El material que luce tan atractivo es de pobre consistencia y difícil de esparcir a mano. El resultado, es una aplicación dispareja y a menudo ahoga todos los pastos. Adicionalmente, este lodo de alto contenido orgánico requiere mucho nitrógeno para descomponerse, lo cual es extraído del suelo a expensas del pasto. En todo momento, las hojas de pasto necesitan respirar y nunca deben ser cubiertas totalmente con material de topeado.

TOPEADO DE LOS PANES DE CÉSPED

Es rara la vez que la colocación de los panes de césped, es tan perfecta que no requiera algún topeado para llenar las juntas y posiblemente algunas huellas de pisadas. Algunos superintendentes prefieren esperar hasta que los panes establezcan sus raíces; otros aplican el topeado inmediatamente después de la colocación y el rodillado sobre los panes de césped. El topeado del césped siempre está limitado a pequeñas áreas de césped corto, en las salidas, greens y fairways. No se puede utilizar una malla metálica de alambre para colocar el topeado. Esta destruye los bordes de los panes de césped. Se debe hacer con un Levelawn o el lomo de un rastrillo de aluminio, o el lomo de cualquier otro rastrillo. Regar los panes de césped llevará el material de arenado aún más profundo en las ranuras donde es más necesario.

REPARACIÓN DE DIVOTS

Adicionalmente a las aplicaciones regulares de topeado en las salidas, se necesita a menudo, rellenar las cicatrices dejadas por los divots con una mezcla especial que se conoce como "mezcla para divots." Esta combinación maravillosa de diferentes ingredientes es la esencia del crecimiento y la regeneración del pasto. Una mezcla perfecta para divots contiene varios de los siguientes ingredientes:

ARENA + SUELO NATIVO + HUMUS + SEMILLA + FERTILIZANTE = MEZCLA PARA DIVOTS

La arena puede ser la arena para topeado, arena de bunkers o aún arena de playa. Una tierra rica será perfecta, pero para asegurarse, muchos superintendentes agregan un componente orgánico. En cuanto a semillas, utilice la especie o variedades que está en creciendo en el momento sobre las salidas. La semilla puede ser pregerminada o preparada, como la mayoría lo hace ahora. Para el fertilizante, utilice lo que se barre del piso o de las bolsas rotas, ambos son ideales para hacer la mezcla para divots. Aunque muchos superintendentes fabrican con su sello una mezcla especial para divots, en las áreas metropolitanas grandes, el material puede ser comprado a

Figura 8.5. Mezclando los ingredientes para los divots para cumplir con las necesidades individuales requeridas.

granel. Por supuesto que las semillas siempre deben ser agregadas al final. La arena coloreada como uno de los ingredientes de la mezcla divot es un invento reciente. La mayoría de los golfistas aprecian mucho el esfuerzo de un superintendente al hacer que la mezcla divot combine con el entorno del pasto. Otros ven al color artificial como algo poco natural y no deseable.

En las salidas de par 3, a los golfistas les gusta ver la mezcla para divots guardada en contenedores y disponible para los jugadores que se enorgullecen de su campo y desean hacerlo parte de su conversación. A menudo, los golfistas cuestionan la presencia de las semillas en la mezcla para divots, simplemente porque no pueden verlas, en el caso de pasto Bent. Por otro lado, las semillas del pasto ballico (Rye) en las mezclas sureñas de divot, son plenamente visibles durante los meses de invierno. Cuando los golfistas del norte regresan en la primavera, cuestionan al superintendente y dudan si las semillas han sido agregadas realmente. ¡Gente de muy poca fe!

Los divots en los fairways, especialmente en el área de aterrizaje, pueden ser preparados de manera similar, principalmente por el staff de greens, pero muy a menudo con la ayuda de los golfistas. También se pone a disposición la mezcla de divot en recipientes colocados en los carritos eléctricos; todo esto en un esfuerzo por mantener el campo de golf en condiciones impecables. En varias ocasiones en canchas de golf de Australia observamos a golfistas atar un bolso lleno de mezcla para divots a sus carritos. Rellenaban los divots al ir jugando y frecuentemente también llenaban los divots causados por otras personas.

La reparación de divots se ha convertido en una operación de mantenimiento que normalmente se hace por las tardes, excepto para las salidas, cuando la persona que

Figura 8.6 La reparación de divots es un trabajo tedioso que lleva tiempo, pero los beneficios se traducirán en mejores superficies de salidas. (Foto superior, en las Bahamas: Foto inferior, en el Board of Trade.)

cambia los bloques, también rellena las cicatrices de los divots y revisa la cantidad de material en las cajas de mezcla divot.

RESUMEN

El topeado de las áreas de pasto sobre las cuales se juega, es una parte importante del control de las áreas verdes. El topeado revitaliza y nivela la superficie, particularmente sobre los "putting greens." No puede mantenerse una superficie perfecta para putting sin un topeado oportuno. De la misma manera, demasiado material de topeado aplicado de una sola vez puede ser dañino para la salud del césped.

Aireación

INTRODUCCIÓN

El origen de la compactación y la necesidad de aireación queda demostrado, cada vez que se forma un sendero debido a su repetido uso. Sucede en los campos universitarios cuando los estudiantes encuentran un atajo de un edificio a otro. Sucede en los céspedes de los jardines del frente de la mayoría de las casas, cuando el cartero toma la misma ruta a la casa próxima, día tras día. En ambos casos sucede que: el suelo es compactado, las raíces no pueden respirar, las hojas del pasto se marchitan y mueren. El tráfico peatonal o vehicular repetido comprime el suelo, cierra el espacio de los poros y forma una costra que cierra el paso al flujo de agua y aire. Ninguna planta sobrevive bajo esas condiciones, pero mucho antes de que esto suceda, los superintendentes reconocen los síntomas y toman acciones correctivas; traen el aparato para airear los suelos, esa odiosa máquina universalmente despreciada por los golfistas en todo el mundo. ¿Por qué será que una práctica tan benéfica para los pastos sea tan mal vista por los golfistas? Esta es una pregunta que debe ser comprendida antes de llevar a cabo cualquier aireación.

AIREACIÓN DE LOS GREENS

Aprendimos los fundamentos de la aireación con la Westpoint GL 5, que era un oso de máquina, tan torpe que de hecho a veces levantaba del suelo al operador cuando hacía una vuelta. Las púas cargadas por resortes dejaban agujeros abiertos en los greens, pero de todos modos el núcleo era extraído y la compactación de cierto modo aliviada. El GL 5 fue inventado por Tom Mascoro poco después de la Segunda Guerra Mundial y fue visto como un gran paso positivo, porque reemplazaba la orquilla como herramienta para la aireación. Durante mucho tiempo fue la única máquina disponible para esto. Actualmente hay una amplia selección en el mercado. Todas tienen sus ventajas particulares que hacen posible la aireación de manera diferente para cumplir con las necesidades específicas de casi todos los superintendentes.

Figura 9.1. Una vez que se observe la concentración densa de raíces en los hoyos causados por una aireación, la necesidad de aireación jamás volverá a ser cuestionada.

Cuando los greens se compactan, los pastos benéficos tales como el Bent, son los primeros en desvanecerse y dan lugar a la *Poa annua.* Se puede sentir la compactación en la planta de los pies, especialmente cuando uno usa zapatos de tenis. Un superintendente con experiencia no necesita consultar un medidor de compactación, artefacto que mide la dureza de los suelos. Por el contrario, el experto cruza caminando el green, frecuentemente con los ojos cerrados como si estuviese en un trance y sentirá la necesidad o no de aireación. Hay una diferencia entre un green seco y firme y un green húmedo y duro. La primera condición es deseable, tanto para los golfistas como para las plantas. La segunda puede mantener la pelota, pero el pasto Bent será reemplazado por la *Poa annua* y morirá, ya sea durante el calor del verano, o bajo el hielo del invierno.

No todos los greens son iguales, algunos requieren aireación más a menudo que otros. Los greens pequeños se compactan más rápido que los grandes por razones obvias. Mientras que los greens medianos pueden necesitar una aireación anual, los pequeños pueden requerir dos o tres aireaciones y a veces se pueden quitar en su totalidad del programa, los greens grandes. Al igual que con el topeado, no es siempre necesario airear la totalidad del green. Escoja las áreas de los hoyos más populares y reserve un tratamiento especial para esas porciones de los greens. Debe tomarse cualquier medida posible por evitar la intrusión agresiva de la *Poa annua* y nada es más importante y eficaz que una aireación oportuna. Esto merece ser repetido: el único pasto que crecerá en suelos compactados es la *Poa annua*. De hecho, la *Poa*

Figura 9.2. La aireación de un green puede comenzar a lo largo del perímetro, pero finalmente los círculos se hacen demasiado chicos para dar la vuelta y la máquina debe ir hacia atrás y adelante.

annua levanta su espiguilla llena de semillas, probablemente por la compactación de los suelos.

El Momento Justo para la Aireación

La aireación completa de un green se hace una vez durante la temporada, el momento se escoge de manera de no causar inconvenientes a los numerosos golfistas, pero que también sea óptimo desde el punto de vista agronómico. En Chicago, Michael ha escogido la primera semana después del fin de semana del Día del Trabajo. Las plantas aún están creciendo activamente y se recuperan con rapidez del daño infligido. A los golfistas de el club Inverness se les avisa con mucha anticipación y muchos se alejan durante ese período. En Toronto, Gordon ha escogido la primera semana de agosto como el momento más conveniente para la mayoría de sus golfistas. Aunque agosto puede ser bastante caluroso, las noches ya refrescan y el pasto puede soportar la golpiza de la aireación. Se le avisa al Comité de Trade Golfers del trabajo de la semana de aireación vía un boletín, los tableros en el campo de golf y hasta al directorio del club, para que tomen conciencia de la aireación pendiente. Aún así, en ambos campos de Chicago y Toronto, algunos golfistas parecen sorprendidos y molestos cuando vienen a jugar y los greens están en proceso de aireación. Es crítico que el superintendente avise a los golfistas de los trabajos pendiente con el tiempo necesario, para que no haya sorpresas.

La aireación de un green es como una cirugía mayor a las plantas de pasto que forman el césped. Es un choque a su sistema metabólico, porque generalmente el pasto es arrancado desde sus raíces. A veces esto es un atraso, en vez de la mejora anticipada para el césped. Sucede así, especialmente, si para empezar el césped se encuentra debilitado. Por lo tanto, como regla general, es mejor llevar a cabo la aireación de un green cuando el césped está fuerte y saludable. La aireación se convierte entonces, en una medida para asegurar su supervivencia cuando se manifiestan momentos más estresantes. La aireación de un green enfermizo, de un césped débil y anémico, se intenta únicamente como último recurso, cuando la causa del problema ha sido establecida definitivamente, que es en este caso, la compactación. La aireación nunca debe ser una cura-todo para todos los tipos de problemas y malestares que sufren los pastos durante el curso de la temporada de crecimiento.

La aireación tardía en el otoño, justo antes de las primeras heladas, es un error. Algunos superintendentes lo han intentado bajo la equivocada idea de abrir los suelos y dejar los cilindros en la superficie, como una manera excelente de evitar los daños del invierno. ¡No es tal el caso! Los hoyos abiertos sufrirán una desecación a lo largo de la periferia y los cilindros desparramados causarán desastres sobre la superficie de putting, que luego en la primavera son difíciles de limpiar y de hecho no ofrecen ningún beneficio.

En los campos de golf del norte, la naturaleza tiene su propia manera para la aireación de los suelos. El congelamiento y descongelamiento del perfil de los suelos aflojan suelos apretados y da lugar a que el aire y el oxígeno pasen otra vez por los poros. Por esto, la aireación en la primavera raramente es necesaria, sin embargo, a veces la aireación en la primavera puede ser benéfica cuando los daños invernales han reducido la densidad del césped. En estos casos la acción cultivadora por las púas de la máquina para la aireación, estimula el crecimiento al romper la costra. Si en ese momento se hace una aplicación de semillas y fertilizante, se promueve aún más el crecimiento del césped. Los superintendentes deben determinar al comienzo de la temporada, cuáles son los greens que necesitan aireación, cuán a menudo y marcar éstos en el programa de mantenimiento global.

Cilindros de Púas Huecas y Tamaño de estas

El propósito de la mayoría de los métodos de aireación es la extracción de un núcleo cilíndrico de los suelos de los greens. El cilindro puede variar de tamaño desde una pulgada a un cuarto de pulgada con mini púas; en largo y profundidad

Figura 9.3. (Superior) El aireado llevado a cabo por esta máquina impulsada por un tractor con cardán, puede ser utilizada para greens, mientras el tractor esté provisto de llantas para césped y el green sea firme. Los ojos del operador como los del supervisor están sobre la máquina para la aireación, demostrando la preocupación por el frágil césped. (Inferior) Una alternativa: El vertidrain (drenaje vertical) hace hoyos de 10 pulgadas (25 cm) de profundidad para mejorar el perfil de los suelos.

Figura 9.4. Las semillas germinan rápidamente en el benéfico ambiente de los hoyos de aireación. Brotes de pasto saldrán en unas pocas semanas.

desde media pulgada (2,5 cm) a un pie (30 cm). Todo depende de lo requerido y qué se necesita para lograrlo. Para el sembrado de semillas sobrepuestas y una mínima interrupción utilice las mini púas. Para problemas serios de una costra endurecida y problemas de drenaje, puede ser mejor utilizar las púas más grandes de la máquina "vertidrain" (drenaje vertical). Los autores, encontramos que las aplicaciones más comunes alivian la compactación en la media pulgada superior del perfil del suelo. Para este propósito, la selección de púas es generalmente de media pulgada, en espacios separados desde los centros a dos pulgadas (5 cm).

Si los suelos de los greens que se están aireando son óptimos, los cilindros deben ser pulverizados por un corte vertical e incorporados entre el césped como topeado. Si por el contrario, los suelos debajo de los greens son indeseables, los cilindros deben ser retirados de allí. En ambos casos los hoyos que deja la aireación deben ser rellenados, preferiblemente hasta el nivel superior, aunque esto puede ser difícil y casi imposible. Varios topeados seguidos, combinados con cepillado y el pase de la malla metálica, llenará el hoyo y restaurará la superficie de pateo a su condición original. Los golfistas tienen razón al molestarse cuando el trabajo de aireación no se termina correctamente y el pateo se hace errático.

Aireación a Través de la Destrucción de los Cilindros

En vez de utilizar sacabocados huecos, algunos superintendentes los han sustituido por chuzos de acero sólido. Cuando dichos picos son forzados a penetrar dentro del green, literalmente, rompen el perfil del suelo al entrar en la superficie del green. Se crean hoyos a medida que la máquina avanza y estos necesitan ser rellenados con topeado. Muchos consideran que el uso repetido de picos sólidos crea una costra sólida justo debajo de la superficie del green, capa que impide el movimiento tanto de agua como de aire. Por esta razón, nunca ha sido completamente aceptada la popularidad de esta novedosa práctica.

El Hydro Ject

A principios de esta década, la compañía Toro introdujo el "Hydro ject," una máquina de propulsión automática que inyecta corrientes de agua presurizada en los suelos sin causar disturbios en la superficie. Obviamente, los chorros presurizados crean canales dentro del perfil de los suelos a través de los cuales el agua se puede mover. El resultado es sorprendente en greens que están compactados; hay un alivio inmediato para las plantas de pasto que están afectadas, las cuales como por magia son provistas de las necesidades para la vida. Al principio se pensó que el "Hydro ject" reemplazaría la aireación por la labor de la extracción de cilindros, porque aparentemente tenía todos los beneficios de una aireación normal sin la agitación traumática de la superficie. Aunque muchos superintendentes utilizan el "Hydro ject" con regularidad y lo han incluido en su programa de aireación, no siempre reemplaza la aireación mediante sacabocados.

El Vertidrain (Drenaje Vertical)

Los holandeses inventaron el "vertidrain" y lo utilizaban al principio para campos deportivos, con la intención de mejorar el movimiento vertical del agua a través de los suelos. Los enormes picos penetraban el suelo entre 10 y 12 pulgadas (25–30 cm), se mecían de adelante hacia atrás en su máxima penetración y literalmente sacudían la tierra que los rodeaba. En poco tiempo los holandeses descubrieron que su nueva máquina era ideal para romper capas de suelos compactados en los "push-up" greens de los Países Bajos. Los méritos de este monstruoso tractor con cardán, fueron rápidamente reconocidos en otros lugares del mundo desarrollado y la máquina ahora está siendo fabricada y copiada en América del Norte. Puede ser modificada con diferentes tamaños de picos y espacios entre ellos. Muchos superintendentes utilizan ahora el "vertidrain" en fairways, roughs como también en greens.

Recientemente, Floyd MacKay desarrolló un aparato novedoso que consiste de una serie de taladros montados en un armazón de metal, que puede ser bajado y levantado. Los taladros, funcionando simultáneamente, taladran hoyos en el green o en el tee y extraen material cuando penetran. Una vez que se alcanza la profundidad deseada, la que puede ser de un par de pulgadas a un pié (30 cm) , el hoyo es rellenado con arena u otro material adecuado. Este método único de aireación está encontrando preferencia por superintendentes que quieren modificar y mejorar el medio de crecimiento en sus greens de manera drástica. Puede parecer un método tosco pero es bastante efectivo.

AIREACIÓN DE LAS SALIDAS

Ya sabemos cuán rápidamente pueden recibir heridas y cicatrices durante la temporada de juego. No importa cuán a menudo cambie las marcas, el césped de las salidas recibe una tremenda paliza, especialmente si las salidas son de un tamaño inferior al recomendado. Un programa de aireación para las salidas debe ser una medida de prevención. Cuando una mesa de tiro pequeña queda completamente desgastada, la aireación no la va a restaurar, la colocación de panes de césped será la única alternativa. Antes de que esto suceda, utilice la aireación y vuelva a sembrar.

Los patrones de desgaste en las salidas son rápidamente establecidos y son estos puntos de desgaste los que necesitan atención especial. Una vez que los superintendentes comenzaron a comprender que sólo una pequeña parte de la mesa necesitaba aireación, la tarea de manejar las salidas se hizo mucho más manejable y a menudo puede hacerse en un tiempo muy corto.

En las salidas, es importante no pasarse en el tamaño de las púas. Es mejor utilizar picos de media pulgada o a veces más pequeños. Si una salida es aireada con regularidad con picos más largos, los golfistas tendrán dificultad en encontrar suelo firme para plantar sus "tees." Debe usarse picos largos sólo si los suelos requieren modificación, en tal caso debe retirarse los cilindros y los hoyos ser topeados con la mezcla deseada.

DISPOSICIÓN DE CILINDROS

Si los cilindros son rastrillados fuera de las salidas y los greens o recogidos por un artefacto, ellos pueden ser utilizados para un buen propósito en la mayoría de los campos de golf. Agregar los cilindros al montón de "compost" es una idea maravillosa. En la mayoría de los casos, los cilindros son una combinación de algún tipo de tierra preparada y material orgánico. Es un ingrediente ideal para mezclar con hojas caídas y otros desechos orgánicos.

Cuando la parte de pasto de éste núcleo es de buena calidad, tal como lo es el pasto Bent, los cilindros pueden ser utilizados para rellenar áreas bajas del fairway. Cuando estas áreas son elevadas, deben ser apisonadas y acordonadas. Llevará una semana o dos para que la mezcla crezca y forme una carpeta de césped. En el otoño, este método para la reparación de áreas de divots, raspadas y zonas demasiado bajas, es particularmente eficaz, debido a que las condiciones de crecimiento son tanto mejores que en el verano. Existe una preocupación ... si la porción de pasto del núcleo es *Poa annum* es mejor agregarlos a la pila de "compost," por razones obvias.

Cuando los suelos son aceptables en el área aireada, no se necesita remover los cilindros. Es mucho mejor pulverizar los cilindros allí mismo y utilizar el material resultante en topeado, así mata dos pájaros con un tiro. En áreas pequeñas, los cilindros pueden ser aplastados e incorporados al césped existente con el confiable "Levelawn." En áreas más grandes será necesario utilizar otros medios, tal como la segadora "verticut" (corte vertical). Generalmente, con dos pases en diferentes direcciones sobre el área que ha sido aireada, desaparecen los lúlos. Continúe arrastrando la malla metálica atrás de un carrito de golf o una "Cushman" y lo que queda será un rollo de pelusa. La pelusa es material vegetal que fue en su momento raíces, rizomas y hojas del pasto. Para quitar la pelusa, simplemente amontónenla con un soplador y acarréela por el camino tan conocido, de la pila de "compost."

Aunque la limpieza después de la aireación en una mesa de tiro no es urgente, finaliza el trabajo y hace que la labor luzca completa. Cuando riega la mesa y el área aireada luego de la rutina anterior, el trabajo está terminado y el proceso de crecimiento sano puede comenzar a restaurar el área dañada a su estado anterior de perfección.

AIREACIÓN DE LOS FAIRWAYS

Los fairways comprenden un área mucho más grande que las salidas y los greens, por lo tanto presentan un problema mayor para el mantenedor de la cancha. Para no desanimarse por la magnitud del proyecto, es mejor emprender el proyecto paso a paso, ¡un fairway a la vez! Pongan un informe del progreso en el tablero de avisos y vayan marcando cada fairway que se completa. El progreso del trabajo se convierte en un juego, con todos los implicados ansiosos de ver el proyecto terminado.

Algunos superintendentes afortunados pueden cerrar 9 hoyos mientras la aireación de los fairways se lleva a cabo. Otros cierran todo el campo de golf durante la semana de aireación y ponen todos sus recursos a trabajar para completar no sólo los greens, sino también las salidas y los fairways. El proceso puede ser acelerado por diferentes medios. Los equipos contemporáneos tienden a ser más rápidos que la maquinaria que teníamos hace sólo unos años. Si agrega unidades adicionales, ya sea prestadas o alquiladas, va a hacer que la operación sea más rápida. Trabajar horas extras sin la interferencia de los golfistas también hará que el trabajo vaya más rápido. Una aireación total con picos bastante juntos, a una penetración de tres pulgadas (7,5 cm) tomará más tiempo que el uso de una máquina cuyos picos tengan una separación de seis pulgadas (15 cm) y que penetren apenas una pulgada (2,5 cm). La selección debe estar basada en la experiencia, la disponibilidad de equipos y el grado de perfección requerido.

Una vez que un fairway es aireado, necesita ser limpiado. Los cilindros pueden ser removidos, pero generalmente son pulverizados con un "verticutter" o con una malla de alambre, luego incorporados como topeado. Puede barrer los residuos con un soplador montado en un tractor. El corte del fairway, quizás sin los cestos, pone los toques finales a un trabajo bien hecho.

Completar la operación de la aireación con éxito depende mucho del clima. Debe estar lo suficientemente seco para que los cilindros no atoren los cabezales del "verticutter" o no embarren la malla de metal. Un día soleado con un poco de viento, y no demasiado caluroso provee de las mejores condiciones. Un consejo: no espere las condiciones perfectas antes de comenzar el trabajo. Pónga en marcha y termine el trabajo.

Una vez que los fairways han sido aireados, los superintendentes notarán una mejoría inmediata en la absorción del agua durante el ciclo de riego. La multitud de hoyos causados por la aireación ayudará a la absorción del agua llevándola a las raíces. Las plantas demuestran su agradecimiento creciendo más vigorosamente.

Existen áreas en el rough que también se benefician por la aireación. Los superintendentes atentos, reconocen dichas áreas rápidamente durante su recorrido

Figura 9.5. La aireación de los fairways es un trabajo que consume tiempo. Lleva varias horas airear un hoyo par 5. El proceso de limpieza también consume mucho tiempo.

diario por el campo de golf. Pueden ser áreas de tránsito concurrido cerca de las trampas de arena, causadas por los carritos de golf. Cerca de los greens, frecuentemente existen espacios congestionados entre las trampas y el collar, que sufren mucho tránsito. En tales casos, el tránsito debe ser desviado y el área compactada aireada, fertilizada y tratada con un agente humectante para restaurar la vida y mejorar la superficie de juego.

Aunque la aireación es un proceso maravilloso de rejuvenecimiento que puede ser utilizado con muchas ventajas, no es un cura-todo. Pastos esparcidos en los fairways, pastos bajo estrés y pastos con raíces minúsculas probablemente quedarán en peores condiciones después de la aireación. Los pastos débiles no toleran la severidad del proceso de aireación y a menudo mueren en vez de recuperarse. Es mejor dejar esas áreas solas y airearlas cuando las condiciones mejoren.

Otro peligro latente de la aireación ocurre cuando los hoyos se dejan abiertos y el pasto se reseca alrededor de las orillas. Esto puede suceder durante el invierno, cuando la aireación se lleva a cabo como el último proceso antes de la helada (a lo mejor una práctica cuestionable), o durante el verano cuando los vientos secos, marchitan los pastos.

La aireación cultiva los suelos casi sin alterar la superficie. Como tal anima, un vigor renovado para los sistemas de raíces y el crecimiento sobre la superficie que lo acompaña. Uno no puede seguir aireando sin fin, esperando un crecimiento continuo de las plantas. En algún punto la planta debe ser alimentada. Las fertilizaciones llevadas a cabo oportunamente, combinadas con aireación resultarán en una sana cobertura de pastos.

RESUMEN

Cuando los suelos se compactan deben ser aireados. No existen atajos o remedios sin dolor. Posponer lo inevitable conlleva un precio. Puede ser estrés de verano o daños invernales. Greens, salidas y fairways deben ser aireados con regularidad siguiendo un programa bien calculado. Pastos saludables son el resultado de mucho trabajo que sigue un plan y ese plan siempre incluye la aireación.

10 Pulverización Líquida

INTRODUCCIÓN

Entre la erradicación del despreciado diente de león y la aplicación de soluciones micróbicas para la mejora de los suelos, se encuentra toda la gama de métodos para: pulverizar destruir, prevenir, curar y controlar enfermedades, plagas y deficiencias. Sin importar cuál sea la actividad, o cuáles sean los medios, generalmente estará implicado algún tipo de pulverizador para lograr los resultados deseados. Es difícil ser un superintendente y no saber como operar un pulverizador, ya sea uno que se lleva en el hombro o uno jalado por un tractor, o un tanque para pulverizar controlado por computadora con un aguilón recubierto. No sólo necesita uno conocer las medicinas para ser un doctor de pastos, uno necesita saber como aplicar las medicinas de manera eficaz y segura. El rocío que se dispensa bajo la presión de una sola boquilla contiene las partículas por millón necesarias para hacer el cambio. Es pequeño y fino, cae suavemente sobre las hojas del césped o la mala hierba. ¿Cómo puede esto hacer alguna diferencia? Sorprendentemente, lo hace. En ciertos momentos la solución mágica para lograr el óptimo beneficio nos elude y el resultado es una muerte devastadora debido a una sobredosis, un horror que todo superintendente que se respeta a sí mismo teme, pero inevitablemente lo encara durante el curso de su carrera. De la misma manera, la pulverización puede parecer que no hizo ninguna diferencia y el superintendente puede temer haber desperdiciado el costo de la aplicación. Uno nunca sabe con toda seguridad, a no ser que se deje un área sin tratar, para comparar los resultados.

La tecnología de la pulverización en todas sus complejidades es un tema fascinante que vamos a pasar de largo. En vez, vamos a concentrar nuestra atención en el trabajo con sentido común para la aplicación de pesticidas y otros servicios que promueven plantas de pasto saludables.

Figura 10.1. La aplicación de un mata-hierbas alrededor de la base de un árbol es una operación que a menudo conlleva a errores...

PROBANDO EL EQUIPO

Todo campo de golf debe tener en su arsenal varios pulverizadores portátiles. Son muy prácticos para el tratamiento de manchas, para aplicaciones alrededor de la base de las salidas, en los postes del lavapelotas y a lo largo de las cercas donde las malas hierbas necesitan ser tratadas o el pasto completamente erradicado. Dichos pulverizadores deben estar en buenas condiciones, preferiblemente casi nuevos, porque con el pasar del tiempo llegan a funcionar mal. Los pulverizadores portátiles deben ser llenados con agua y probados sobre una superficie de asfalto para que pueda ser observado el patrón de dispersión. Los operadores novatos deben ser enseñados cómo operar el pulverizador lleno de agua. La importancia de aprender a abrir y cerrar el chorro no puede ser sobre enfatizada. Un feo trazo de pastos muertos es una evidencia de mal pulverizado, después de muchas semanas de haber cometido

Figura 10.2. La cual se hace muy visible después de unos días.

Figura 10.3. No había temor de los efectos dañinos de los pesticidas en los viejos tiempos. Aplicación de PMAS por un operador sin camisa y descalzo a mediados de los '60.

el error. Cuando el superintendente está satisfecho con el entrenamiento de el nuevo operador, lo puede dejar libre en el campo. Pero un supervisor diligente continuará observando con regularidad a los nuevos reclutas.

Pulverizadores con tanques más grandes, montados en una "Cushman" o jalados por tractores también deben ser revisados y probados que trabajan a la perfección. Otra vez, con el pulverizador lleno de agua, ponga en marcha el motor que hace funcionar la bomba y revise el mecanismo de partida y apagado para asegurarse de que funciona parejo. Limpie todos los filtros y revise el patrón de dispersión de cada boquilla individual y determine su traslape. Después, conduzca el equipo sobre un área de asfalto otra vez y haga los ajustes necesarios hasta quedar completamente satisfecho de que el equipo está funcionando como debe.

CALIBRACIÓN

El objeto de calibrar un pulverizador es calcular la proporción de la aplicación. Una vez que esto es comprendido, es un procedimiento relativamente sencillo. Seleccione una velocidad de tractor que le sea cómoda; el equipo debe sonar parejo a una velocidad que logre el trabajo en un tiempo razonable. No demasiado lento, o le llevará una vida tratar un solo fairway, no demasiado rápido, o el tanque rebota, las conexiones se aflojan y pueden aparecer fugas. La mejor velocidad, probablemente, es un poco más rápido que una caminata rápida.

Si la barra pulverizadora tiene 20 pies (6 m) de ancho, uno necesita recorrer más de 2000 pies (610 m) para cubrir el área de un sólo un acre (4.400 ha). Esto es demasiado y puede ser poco práctico. De hecho tiene más sentido viajar una distancia de 500 pies (152 m) cuatro veces. Ponga dos estacas en el rough exactamente a 500 pies (150 m) una de la otra. Llene el tanque del pulverizador con agua hasta el tope y pulverice el área marcada cuatro veces. Al completar esto, mida cuánta agua es requerida para rellenar el tanque a su nivel anterior. Si requiere 30 galones (113 l), sabremos entonces que el pulverizador aplicará 30 galones por acre ($113 \, l/4.400 \, m^2$). Si el pulverizador está equipado con un tanque de 300 galones (1134 l), sabemos entonces que podemos cubrir 10 acres (4,4 ha)con un tanque lleno hasta el tope a la velocidad previamente especificada.

Los pulverizadores modernos están equipados con controles por computadora para monitorear los porcentajes de aplicación a diferentes velocidades. Un pulverizador que asciende una loma pierde velocidad; la computadora reconoce la pérdida de velocidad, analiza la información y la traduce a un porcentaje de aplicación reducido. Los pulverizadores operados por computadoras funcionan mejor cuando son programados con la información correcta. El porcentaje de aplicación, el ancho de la barra pulverizadora y la velocidad del vehículo deben ser ingresados en la computadora. Un pulverizador controlado por computadora aplica exactamente la misma cantidad de líquido a cada pie cuadrado (m^2) de pasto. Estos equipos de pulverización conllevan resultados de gran precisión para llegar a la plaga indicada y adicionalmente se logran ahorros debido a la mayor eficiencia. Las computadoras simplifican de manera importante el proceso de calibración, pero los superintendentes modernos no deben olvidar los cálculos básicos.

REGLAS Y REGLAMENTOS

Virtualmente todos los que hacen aplicaciones de pesticidas, tienen una licencia del estado para hacerlo o trabajan bajo la supervisión de alguien que la tiene. El proceso de licencias entrena a los operadores a seguir las reglas, la mayoría de las cuales, implican el sentido común con respecto a las operaciones de pulverización. Ya que las reglas han sido escritas por gente que casi nunca hace el trabajo, el lenguaje tiende a ser un poco torpe y difícil de comprender. Repetiremos lo que sabemos en un lenguaje común:

1. ¡Lea la etiqueta! Mucho de la terminología es para proteger al fabricante de responsabilidades, pero hay pequeñas indicaciones informativas que pueden ser útiles. El producto puede tener ciertas exclusiones para plantas específicas o puede haber información respecto a alergias que sean de interés para los golfistas. Además de la información en la etiqueta del recipiente, muchos productos están acompañados por un libreto que puede ser un tesoro de información. Generalmente es mejor leer todas las instrucciones la noche anterior, para que no se atrase el trabajo en la mañana.

2. Esté completamente familiarizado con el producto que se va a aplicar. Uno debe llegar a conocer el nuevo pesticida, al agente humectante o a la formulación bio-estimulante, exactamente de la misma manera que uno llega a conocer una máquina nueva. Haga pruebas en el vivero, o en un fairway abandonado, o en el rough. Nunca, jamás, aplique un producto nuevo sobre un green que tiene problemas. Invariablemente hay una alta probabilidad de error y el green con problemas empeorará en vez de mejorar.

3. Determine el porcentaje recomendado para la aplicación y considere aplicar la mitad de la cantidad recomendada. Ha sido nuestra experiencia que la mitad del porcentaje recomendado funciona muy bien. Frecuentemente, las plagas no requieren una dosis completa para ser exterminadas. Considere los ahorros que así se pueden lograr por este simple expediente. La aplicación de un pesticida que no está registrado, es ilegal en la mayoría de las municipalidades de Estados Unidos y puede resultar en penalidades serias para el operador.

4. Evite mezclar pesticidas para ahorrar tiempo y mano de obra. Pocos mezclarían un mata-hierbas con un insecticida, pero algunos intentarían agregar un funguicida a un insecticida. Aunque algunos pesticidas son compatibles en mezclas de tanque, la mayoría no lo son y es mejor estar seguro que arrepentido.

5. Siempre agregue un agente anti-espuma mientras llena el tanque, para que no se desborde con grandes glóbulos de espuma. Agregar un tinte tal como "Blazón" es también una buena idea. Facilita al operador del equipo de pulverización, el ver dónde ha sido aplicado el pesticida y dónde aún necesita hacerlo.

6. Cuando está llenando el tanque, es mejor hacerlo hasta la mitad con agua, luego ir agregando el producto mientras el agitador esté en marcha y finalmente terminar de llenar el tanque. Los contenedores de pesticidas deben ser lavados tres veces y el enjuague regresado al tanque del pulverizador. Los recipientes deben ser cortados o aplastados antes de descartarlos, aunque sean perfectas cubetas para la reparación de divots.

7. La mejor hora para pulverizar es al amanecer. A esahora, el viento generalmente es poco significativo, uno puede ver las huellas en el rocío y no hay golfistas en los alrededores. A menudo es posible completar los 9 hoyos antes de que alguien comience su juego. Consideren llenar el tanque parcialmente la noche anterior para aprovechar el precioso tiempo de la mañana.

8. Hay muchos artefactos que dejan una marca en el pasto para ayudar al operador a decidir cuales áreas han sido completadas. La más sencilla quizás, es una pequeña cadena arrastrada atrás de la barra pulverizadora, la cual ésta deja un ligero sendero. Existe la necesidad de un artefacto electrónico que ayude a dirigir el equipo de pulverización de tal manera que el traslape sea perfecto. De hecho es posible operar los pulverizadores por control remoto.

9. Cuando el trabajo está terminado y el tanque vacío, es hora de limpiar. Llene el tanque parcialmente con agua y pulverice el rough. Revise todas las boquillas y filtros y guarde el equipo de tal manera que esté listo para salir la próxima vez que haya una urgencia.

10. Preparar un informe por escrito documentando la pulverización es absolutamente esencial. Dicho informe es una de las piezas más importantes del mantenimiento de archivos en la bitácora del superintendente. Los informes deben incluir fecha y hora, condiciones climáticas, el nombre de los productos y deben ser anotadas las calibraciones de aplicación y del pulverizador. Debe ser descrita la plaga que está siendo tratada y el alcance del daño. De hecho, cuanta más información es incluida, más valor tendrá el documento para referencias futuras.

MOMENTO DE DECISIÓN: ¿CUÁNDO PULVERIZAR Y CUÁNDO ESPERAR?

Es una parte importante de los deberes de un superintendente, el inspeccionar con regularidad el campo de golf en su totalidad. Dicha inspección incluye salidas, fairways y greens. Durante la temporada de crecimiento, uno debe de estar constantemente alerta a las señales y síntomas de las enfermedades. Existen, en todo campo de golf, ciertos greens que debido a su ubicación son indicadores. Las zonas con falta de movimiento de aire, o la sombra, son invariablemente los primeros lugares para la manifestación de enfermedades o plagas. No necesita ser un green, puede ser el lado posterior de una mesa de tiro o un área baja en un fairway. Los superintendentes que están establecidos por un tiempo prudente en un campo de

Figura 10.4. Un pulverizador con barra de pulverización operado por computadora aplica un fungicida mezclado con un agente colorante.

golf saben por propia experiencia dónde están estas áreas y basan su decisión de cuándo pulverizar, según lo que está sucediendo en estas áreas indicadoras.

Cuando se manifiestan las primeras señales de Dollar Spot, *Sclerotinia homeocarpa* en los lugares usuales, un superintendente sabio, aplica un fungicida justo antes de un fin de semana de tres días. De manera similar, si prevalecen señales de "Pythium" en un bajío húmedo expuesto hacia el sur, suenan alarmas de peligro en la cabeza del superintendente y no sería capaz de abandonar la propiedad, especialmente si se pronostican días calurosos y noches tibias.

Muy a menudo nuestros asistentes nos preguntan ¿qué es lo que nos hace tomar la decisión de cuándo pulverizar y cuándo esperar? Han observado que generalmente tomamos la decisión correcta y se preguntan acerca de qué secretos tenemos que nos permiten misteriosamente tomar las decisiones correctas. Nuestro sexto sentido en el cual a menudo nos apoyamos cuando tomamos decisiones difíciles, ha sido cuidadosamente alimentado por años de experiencia, con el sabor de muchos errores del pasado y cubierto por la salsa del éxito. En la medida que hemos madurado con el pasar de los años, nos sorprendemos a nosotros mismos con lo listos que hemos llegado a ser, o ¿podría ser de pura suerte? Y luego recordamos que ¡tenemos suerte porque hemos trabajado muy duro!

Hubo un tiempo cuando nosotros pulverizábamos de cerco a cerco con la primera señal de cualquier tipo de problema. Éramos arrebatados, eran días en que los pesticidas eran abundantes y baratos y había muy poca preocupación respecto al impacto ambiental que nuestras acciones podían tener en la tierra y en la gente que sobre ella trabaja y juega. Al mismo tiempo, siempre ha habido superintendentes frugales que utilizaban sus pesticidas escasamente y sólo como último recurso. Siempre están alertas de las primeras señales de un ataque incipiente y de las etapas iniciales de una infestación de plaga, pulverizaban sólo el área afectada. Dichos superintendentes saben que los pastos saludables tienen mucha menor posibilidad de ser infectados y por lo tanto se encargan de hacer crecer pastos fuertes que no enferman fácilmente. Han tomado nota de que el césped vigoroso de las salidas, greens y fairways raramente están infestado con malas hierbas y casi nunca requieren una aplicación de herbicidas. Esto es el llamado IPM o "Integrated Pest Management" (Control Integrado de Plagas) y se supone que aplaca el clamor de los activistas medio ambientales que quieren que se cultiven pastos sin pesticidas. Todos nosotros sabemos, que hemos practicado el IPM con todas sus complejidades desde el Día Uno. Fuimos cuidadosos con los gastos y no deseábamos desperdiciar dinero innecesariamente. En el proceso protegimos el medio ambiente sin tomarlo en cuenta. No nos molesta ahora, que nos planteen el IPM con buenas intenciones de parte de los expertos en relaciones públicas, porque realmente no infringe en el desarrollo del tan importante sexto sentido, el tomar en cuenta el momento exacto y la experiencia como un todo.

Para Tim Hiers, Superintendente en "Colliers Reserve en Naples, Florida" el IPM se ha convertido en una religión. Tim está tan dedicado a la conservación y preservación que habla acerca de eso todo el tiempo, incluso su "staff" incluyendo su secretaria, gobierna sus acciones y su trabajo por los principios de IPM. Excepto que Tim no lo llama INTEGRATED PEST MANAGEMENT, sino INTEGRATED PLANT MANAGEMENT (Control Integrado de Plantas), además la palabra plantas no se refiere sólo a las plantas de pasto, sino a toda la operación del campo de golf, como si fuese una fábrica. A continuación les presentaré algunas de las prácticas a las cuales Tim y su grupo se adhieren con fervor religioso:

- El verticorte aumenta la efectividad de los pesticidas impidiendo que sea atrapado por el bálago, así se reduce su uso.
- Una alta frecuencia de cortes con helicoidales filosos reduce el daño mecánico al pasto y por lo tanto su susceptibilidad al daño de plagas.
- Los senderos para los carritos alivian el daño causado al pasto por éstos.
- Los análisis de los suelos permiten aplicar sólo lo que las plantas requieren.
- Haga pruebas del pH del agua de las pulverizaciones. Tiene un gran efecto respecto a la eficiencia del producto.
- Anticipe el peor de los escenarios cuando pulveriza cerca del agua. ¡Hágalo seguro!
- Utilice flores silvestres y vegetación nativa para reducir los requisitos de mantenimiento y agua.
- Practique la conservación de los animales silvestres instalando casitas para aves y dejando ramas secas.
- Promueva el mantenimiento en los edificios de artefactos de energía eficiente, incluyendo lámparas fluorescentes, ventanas térmicas y tubería de agua caliente forrada con aislamiento.
- El manejo de los desperdicios incluye "composting" y reciclaje.

- Lo más importante, inicie un programa de entrenamiento para todos los empleados para que el "staff" sea consciente y comprenda y utilice los conceptos de IPM. Luego asegúrese de que el entrenamiento del "staff" sea algo que continúa con regularidad.

Estas sólo son algunas de las reglas por las cuales viven Tim Hiers y su personal de staff de greens en "Collier´s Reserve." Tal dedicación es notable, pero no poco común en la carrera de superintendentes.

ERRORES FATALES

En el proceso de la aplicación de pesticidas han sucedido algunos errores horrendos que han resultado en no sólo la muerte de un green, sino de varios y a veces hasta de todos los greens en un campo de golf, debido a una sobredosis, el pesticida equivocado o la combinación letal de pesticidas. No hace mucho tiempo era una práctica común mezclar Calo Clor con arena o Milorganite para la prevención del "snow mold" (Typhula incarnata). El porcentaje de Calo Clor variaba desde una onza por cada 1000 pies cuadrados ($30 \text{ g}/100 \text{ m}^2$) hasta como 8 onzas (240 g). El nivel de dosis más alto puede ser bastante fitotóxico, pero cuando es aplicado sobre el pasto inactivo (pasto congelado) como en la parte norte del Medio Oeste de Estados Unidos, generalmente es bastante seguro y muy eficaz. La arena, siendo un material inerte, no afecta la mezcla. Milorganite, un compuesto orgánico, tampoco daña los pastos, al contrario, es benéfico para el proceso de crecimiento y de hecho acelera el crecimiento y el color en la primavera. Ahora, se ha creado urea formaldehido como un substituto para el componente orgánico y por consiguiente una dosis potencialmente letal. Cuando se aplica sobre pastos inactivos o durmientes, casi seguro que los matará. Si cae una lluvia fuerte después de la aplicación y llegase a lavar el producto arrastrándolo hacia una zona baja, duplicamos el problema.

Otro de nuestros pesticidas favoritos que proveen oportunidades gloriosas para hacer errores espectaculares es PMAS, acetato fenileno mercúrico. Es un fungicida originalmente, utilizado casi exclusivamente en greens y salidas. Cuando el "Dollar Spot" comenzó a prevalecer en los fairways, podía ser controlado con poco menos de media onza por cada 1000 pies cuadrados ($15 \text{ g}/100 \text{ m}^2$). Pero no por mucho tiempo; la dosis necesitó ser aumentada para hacer desaparecer los "Dollar Spots" y el período de control fue reducido. PMAS es bastante seguro sobre pastos Bent, pero muy tóxico para los Bluegrasses (*Poa pratensis*). Mientras más alta la temperatura, más rápido el color pasto se convertirá en un color castaño dorado. Esto sucede en el green de *Poa annua* y también en los roughs intermediarios o primarios los cuales generalmente contienen una gran cantidad de tanto *annua* y Bluegrass común. La quemazón es particularmente pronunciada donde el pulverizador realiza su traslape; rayones marrones decoran los roughs. El PMAS ya no está disponible y ha sido reemplazado con productos más amigables al medio ambiente, lo cual puede haber sido una bendición para el golf.

Algunos insecticidas como Diazinon son bastante seguros si se los usan solos, pero en combinación con otros químicos se vuelven muy fitotóxicos. Superintendentes que toman atajos queriendo hacer un tratamiento para "cutworms" al mismo tiempo que tratan una infestación de hongos, a menudo se encuentran en problemas. El césped que probablemente ya esté estresado por diferentes razones no debe ser expuesto al doble golpe de posible químicos sinérgicos. Es mucho más seguro aplicar estos químicos por separado y con un par de días por medio, no queda otra. En todo caso revisen esas etiquetas difíciles de leer y difíciles de comprender para realizar mezclas de tanque registradas y compatibles.

Los greens y los tees problemáticos ubicados en microclimas difíciles están estresados más a menudo durante el calor del verano. Para complicar más la situación, el césped en dichos lugares, a veces, recibe más pesticidas de lo que requiere. Cuando ésto sucede, muy a menudo, es mejor practicar una ¡abstinencia total! La población de pastos es tan rala que la aplicación de químicos por planta es varias veces más alta de la dosis recomendada. Detenga las pulverizaciones, permita que el pasto se recupere por medios naturales. En tales situaciones, más químicos es definitivamente una mala decisión.

Muy a menudo se culpa a enfermedades misteriosas por la muerte de los pastos, el culpable más popular es Pythium, seguido de cerca por Antragnosis, *Colletotrichum graminicola*. Los laboratorios de investigación están dispuestos a cooperar y generalmente no tienen ningún problema para encontrar evidencia del organismo de Phythium en la muestra de pasto muerto enviado para ser analizada. Esta plaga común ataca inesperadamente y puede matar montones de plantas de la noche a la mañana. Encontramos extraño, que Phythium mate los pastos en una línea recta parecida a los patrones de las segadoras o en círculos concéntricos, iguales a los de problemas de distribución de los aspersores. Phythium solía atacar durante el calor húmedo del verano con temperaturas nocturnas digamos de 80° Fahrenheit o 26°C. Crease o no, ahora existe un Phythium de clima frío que puede ser culpado por errores en la temporada otoñal.

Pensamos que muere más pasto por accidentes mecánicos o malas aplicaciones que todas las plagas y enfermedades combinadas. Una y otra vez hemos visto ejemplos de segadoras mal ajustadas pelando el césped, segadoras cortando y matando pastos que estaban bajo estrés de riego, o el tránsito de los carritos dejando sus marcas sobre césped estresado. En todas las instancias el error es "error del piloto" y puede evitarse si el superintendente hace su trabajo, dirigiendo correctamente a su "staff" en el arte de la manutención de greens.

O.J. Noer, un veterano agrónomo viajero para "Milwaukee Sewage Commission" decía las cosas tales y como eran, en especial cuando tenía que decirle a los superintendentes lo que necesitaban saber. O.J. mantenía que más pasto se perdía en un domingo por la tarde que en cualquier otro día de la semana. El mensaje era implícito; el manejar una cancha de golf era y es un trabajo de 7 días a la semana y aquellos que dejan sus campos descuidados por un rato mientras juegan en la playa están evadiendo sus responsabilidades. Aunque O.J. Noer falleció hace muchos años, uno ocasionalmente escucha la frase: "la enfermedad de los domingos por la tarde" haciendo referencia a los pastos que "misteriosamente" murieron en el Día del Señor. El césped no se toma vacaciones, ni fines de semana largos.

EDUCACIÓN

El espectro de las enfermedades de los pastos causada por hongos o insectos es muy complejo y requiere un flujo continuo de información de colegas y centros de investigación. Agregamos a esto la infestación de malas hierbas y deficiencias nutricionales y rápidamente se hace aparente que los superintendentes, sus asistentes, y personal clave necesitan continuamente poner al día sus conocimientos acerca de los pesticidas y sus aplicaciones.

La temporada invernal es ideal para regresar a los estudios, repasar lo que se sabe y para estar al día con lo último. Tenemos mucho que aprender.

RESUMEN

Al mismo tiempo que las enfermedades de los pastos se ha hecho más complicadas se han retirado del mercado una cantidad importante de pesticidas. Se hace cada vez más difícil controlar e impedir las plagas en los pastos con los pocos remedios restantes que aún están disponibles. Más que nunca, los superintendentes necesitan cultivar pastos fuertes y sanos que puedan soportar las arrebatadoras enfermedades. En algunas partes del mundo, ni pesticidas ni fertilizantes químicos pueden ser aplicados al césped de un campo de golf. Aterra pensar que dichas doctrinas filosóficas puedan llegar a ser comunes en América del Norte. Debemos estar preparados, los métodos a la antigua, de la manutención de greens puede bien ser la punta de lanza.

Banderas y Marcas de Salidas

Cuando todo el trabajo ha sido efectuado y los golfistas vienen a jugar y caminan a la primera mesa de tiro, es esencial que las marcas apunten al centro del fairway y que la bandera en el green esté justamente en el lugar correcto. Nada es más molesto para ese empedernido jugador que un campo que ha sido armado de manera desinteresada. La mayoría de los golfistas son delicados acerca de estas cosas y un descuido respecto a sus deseos y necesidades arriesga el estatus profesional del superintendente de un campo de golf. Delegar el armado del campo a un trabajador sin experiencia demuestra poca experiencia directiva y también muestra una falta de preocupación respecto a las necesidades de los golfistas y de la integridad del juego. Cómo se disfrute del juego todos los días, no sólo depende del estado mental del golfista individual, sino qué también de la preparación del campo de juego por parte de el superintendente y sus trabajadores.

EL COMPLEJO SALIDAS

La mayoría de los campos de golf tienen diferentes salidas. Las de adelante son para las damas y los hombres de más edad. Las salidas del centro son para el juego normal y las de más atrás son para torneos. Las salidas de más atrás tienen una importancia particular porque son usados por golfistas con un handicap bajo, quienes, por sus proezas golfísticas, se consideran a sí mismos como expertos. Dichos jugadores tienden a encontrar fallas en la más mínima imperfección y no piensan dos veces antes de expresar su descontento. Estas salidas son generalmente pequeñas ya que reciben poco uso. Las mismas, deben segarse cuidadosamente; no sólo la mesa de tiro, sino sus alrededores, hasta una altura aceptable, para que el largo del pasto no interfiera con el swing del palo, ni que haya la posibilidad de obstruir y desviar la pelota por un alto crecimiento enfrente de la mesa.

La mesa de tiro central es la más grande debido a que recibe la mayor cantidad de jugadores. Debería haber suficiente espacio para mover las marcas de las salidas.

Figura 11.1. Una escuadra T hecha de tubo de PVC es utilizada para alinear las marcas de la mesa de tiro con el centro del fairway.

Como regla general, la mesa de tiro que es más utilizada debe ser del mismo tamaño que el green. En hoyos par 3, el centro de la mesa de tiro debe ser dos veces más grande que la superficie de "putting" en el green. La mesa de tiro delantera es utilizada principalmente por damas golfistas y señores de edad avanzada. Ellos pueden ser tan exigentes como los golfistas que tiran de la mesa de campeonato. Satisfacer sus deseos y requisitos, de por sí es toda una formación y una habilidad que debe ser adquirida.

Las personas que arman un campo de golf, con regularidad, utilizan diferente métodos para alinear las marcas de las salidas con el centro del área de aterrizaje. A menudo se hace abriendo los brazos, con una mano apuntando hacia cada marcador. Luego, los brazos se unen en un movimiento no interrumpido y cuando las manos se encuentran los dedos deben estar apuntando al centro del fairway. Otro método que no es tan utilizado implica el uso de una escuadra T fabricada de tubos de PVC. No necesita ser demasiado larga; 6 pies (2 m) son suficiente. Ubique la barra en cruz entre las marcas, el largo debe estar apuntando hacia el centro del hoyo. El problema a menudo aparece en hoyos con un ángulo de "pata de perro." El centro del fairway para aquellos que pegan desde una buena distancia es diferente que para los que pegan tiros más cortos. En el caso de "patas de perro," primero determine dónde está el punto de pivote—el punto de pivote es donde el hoyo cambia de dirección—y debe alinear el marcador con el punto de pivote. Algunos de los jugadores necesitarán un driver para alcanzar el punto de pivote; para otros puede ser un hierro largo, pero el centro del fairway en el punto de pívote, será el mismo en ambos casos.

La ubicación de las marcas de los tees es muy importante. Existe una escuela de pensamiento que considera que la longitud del hoyo no debe variar de día a día.

Cuando las marcas están en el frente, las banderas en el green deben estar atrás. Este método asegura que el largo global del campo, sea siempre el mismo. Hay otros métodos que crean una gran variación en la distancia entre diferentes hoyos individuales, aún así el largo del campo de golf permanece el mismo. Un cambiador de hoyos diligente, mantiene un archivo de las yardas totales mientras procede de hoyo en hoyo. Un hoyo puede ser armado un poquito más cerca que lo indicado en la tarjeta y el próximo puede estar un poco más lejos. Pero al final de los 18 hoyos las yardas totales siempre serán las mismas que las establecidas en la tarjeta. Desde el punto de vista de la manutención de cancha, el desgaste debe ser distribuido de la manera más eficiente posible para que no se desarrollen áreas sin pasto. A veces puede ser necesario forzar a los golfistas a utilizar una esquina o un lado de la mesa de tiro, para darle a las otras secciones tiempo para recuperarse. A no ser que el juego sea muy ligero, las marcas de las salidas deben ser cambiadas diariamente. En algunos campos de golf donde los juegos exceden las 3000 rondas o salidas de jugadores por día, puede ser necesario cambiar las marcas dos veces en el mismo día, excepto durante un torneo donde no pueden ser cambiadas, porque el campo debe ser el mismo para todos los postulantes.

UN TOQUE INUSUAL

En varios campos de golf tanto en los Estados Unidos como en Canadá, los superintendentes durante años han reemplazado las marcas de tees para el Día de las Damas. Sin duda este esfuerzo especial del superintendente de greens ha sido muy apreciado. En el Inverness Club al norte de Chicago, el superintendente Mike Bavier ha seguido esta práctica durante más de 25 años. Todo comenzó con unos geranios de 4 pulgadas (10 cm), pero tanto el tamaño de las macetas como el de las plantas ha ido aumentando con el pasar de los años. El Día de las Damas en Inverness se ha convertido en un despliegue floral. A las damas les gusta esto. Otro ejemplo de los esfuerzos que hacen los superintendentes para complacer y mimar a sus golfistas.

OTROS ACCESORIOS

Además de las marcas de las salidas, hay varios accesorios en la mayoría de las salidas que son normales en muchos campos de golf:

1. Las bancas son para el confort y para que los golfistas descansen mientras esperan hacer su tiro. Sorprendentemente, algunos golfistas se trepan sobre las bancas para tener una mejor vista del hoyo. En el proceso las bancas son dañadas por las púas metálicas de los zapatos de golf. Las bancas deben ser posicionadas en la sombra, para que los golfistas estén frescos mientras descansan y fuera del camino de tiros errantes desde una mesa de tiro trasera. Las bancas deben ser ligeras para ser fácilmente movidas, pero no demasiado ligeras o alguien las va a mover o caerán con el viento fuerte. Las bancas deben ser duraderas porque estaran expuestas a la intemperie, al

viento y la lluvia. Deben ser lavadas, raspadas y pintadas con regularidad para que mantengan una apariencia atractiva. Lo que dá la peor apariencia en una mesa de tiro, es ver el pasto creciendo entre las tablas del asiento de una banca. Mantenga el pasto podado alrededor de las bancas y muévalas seguido, para que no haya manchas de desgaste donde los pies de los golfistas son arrastrados en el césped.

2. Los lavapelotas son un ingrediente importante en cualquier complejo de salidas. Recordamos durante nuestro primer año como superintendentes de planta en un campo de golf, recibir una llamada de un golfista furioso, un domingo por la tarde, informándonos que no había agua en el lavapelotas. En el momento, la queja nos pareció frívola; cuatro años de universidad y un diplomado en agronomía ¿para ir a llenar de agua un lavapelotas? ¿Era para eso que habíamos estudiado tanto y durante tanto tiempo? Una y otra vez durante nuestros años formativos como greenkeeper nos llegaron las lecciones: lo nuestro es una industria de servicio, lo que significa atender a la gente y a todas sus necesidades en todo momento, aún los domingos por la tarde.

Los lavapelotas pueden ser una fuente de irritación para los golfistas regulares. Muy a menudo les faltan agua y jabón. A veces el mecanismo está roto y los cepillos desgastados. Los lavapelotas deben ser revisados con regularidad, por lo menos una vez por semana. Deben ser completamente lavados quitándolos del poste y enjuagados con agua y jabón. Algunos superintendentes utilizan una lavadora a presión portátil para quitar toda la mugre. Otros agregan cloro a la mezcla como desinfectante. Por cierto que el cloro ayuda a reducir el aroma que emana de un lavapelotas sucio. Sin embargo, demasiado cloro puede salpicar la camisa o pantalones del golfista causando descoloraciones. Después que la parte interior del lavapelotas haya sido limpiada, no se olviden de fregar la parte superior y lavar los lados para que parezca recién pintada.

Agregar jabón al agua en el lavapelotas es requerido por la mayoría de los golfistas. El jabón ciertamente hace que las pelotas brillen, pero demasiado jabón aumenta la acumulación de mugre y su acompañante aroma desagradable. Intenten agregar una pequeña cantidad de agente humectante a la mezcla, u omita el jabón totalmente. El bien conocido superintendente Robert Williams en Bob O´Link en Chicago hizo exactamente eso durante muchos años y mantuvo sus lavadoras de pelotas, limpias y brillosas a la satisfacción de la exclusiva membresía.

Hay un campo de golf en Canadá que no ofrece lavadoras de pelotas en ninguna de sus salidas. Cuando le preguntamos al Superintendente Ken Wright en Devil's Point Brush, al norte de Toronto acerca de la ausencia de lavapelotas, él respondió con las siguientes preguntas y una sonrisita picaresca en su rostro: "¿Harías tú un putt con una pelota sucia?" La respuesta es auto-evidente, y viendo que el pateo es la última acción antes del tiro del tee, Wright estaba convencido que los lavapelotas no eran necesarios y hasta el día de hoy no los ha instalado. Todos los golfistas experimentados llevan una toalla para limpiar sus palos después de usarlos, ¿por qué no usar la misma toalla para limpiar la pelota antes del putt?

Figura 11.2 Una marca de distinción es tener los lava pelotas impecablemente limpios (Bob O'Link Golf Club, Chicago.)

Los lavapelotas, a menudo están equipados con cepillos en su base para que los golfistas limpien los tacos o púas de sus zapatos. Dichos cepillos para púas también deben ser limpiados con regularidad. Finalmente, el lavapelotas debe ser ubicado fuera del camino de las jugadas. Los jugadores de primera han jugado un tiro errante desde el tee de campeonato y si rebotan en el lavapelotas, será culpado el superintendente.

3. Las marcas permanentes son fabricadas de granito, cemento, u otro material durable y son enterradas en la mesa de tiro justo debajo de la superficie para que las segadoras no las toquen. Las marcas permanentes son ubicadas precisamente en el punto desde donde el hoyo es medido, generalmente a un lado de la mesa de tiro, pero claramente visible. La distancia en yardas del hoyo como también el número son parte del marcador permanente. El marcador permanente debe estar ubicado entre el frente y la parte posterior de la mesa de tiro, debido a que se juega tanto por delante como por detrás

de éste. Si llega a ser evidente que hay más desgaste enfrente de todas las marcas permanentes, significa que habitualmente se está jugando un juego más corto que el indicado en las tarjetas de puntaje. Esto se traduce en que los handicaps o sus índices están fuera de regla.

4. Los basureros sobre o a un lado de la mesa son una necesidad. Los golfistas eternamente desenvuelven pelotas de golf, dulces y utilizan pañuelos de papel. Toda esta basura necesita ser puesta en algún lugar y a no ser que un receptáculo esté disponible terminará sobre el césped y ensuciará el campo de golf.

   Dichos contenedores deben, como regla, ser pequeños y no sobresalientes para que no dominen el panorama alrededor de la mesa. En ciertas ocasiones un contenedor de basura es necesario en un fairway ubicado estratégicamente, donde los golfistas terminan sus refrescos y cafés que compraron en la cantina. Donde sea que los basureros sean ubicados, éstos deben ser vaciados todos los días, generalmente por la persona que da la vuelta cambiando hoyos y marcas.

5. En la mayoría de las salidas se encuentran señales que indican el número del hoyo, el par, el handicap y la distancia. A veces se fabrican señales muy elaboradas, proporcionando un temprano e ilustrado marcador. Dicha información es valiosa para los que vienen por primera vez y para huéspedes. Miembros que juegan el mismo campo de golf día tras día, tienen menos necesidad de una información tan detallada. Además de las señales en las salidas, muchos campos exhiben señales recordando a los golfistas que reparen los divots, marcas o picadas de pelotas y que borren las pisadas de la arena. Mientras que toda esta información es importante, hay una tendencia de llenar las salidas con demasiado accesorio, que dando todo el complejo desordenado y parece más una venta de garaje en un suburbio. Nuestra experiencia ha sido que el mobiliario más lujoso de una mesa de tiro puede ser encontrado en los campos de golf con la peor manutención. El dinero gastado en estos rótulos multicolores, lujosos lavapelotas y bancas, pudiera haber sido puesto a mejor uso en la compra de fertilizantes y material de topeado para tener un césped superior.

EL GREEN

El mover el hoyo en un green contribuye mucho a la calidad global del césped. En un green grande esto no es necesariamente tan crítico porque el desgaste se esparce con facilidad, pero en uno pequeño, mover el hoyo y mantener la calidad del césped es difícil y a veces una tarea casi imposible. El problema se hace aún más difícil por las ondulaciones de la superficie de pateo que limitan la ubicación de los hoyos. Se tiene que elegir preservar las mejores ubicaciones para los fines de semanas y días principales. Durante el resto de la semana los golfistas deben aceptar ubicaciones difíciles y a veces "injustas" de los hoyos. El superintendente va a tener que aprender a sonreír y aguantar el enojo de los golfistas disgustados para poder mantener la calidad del green. No queda otra alternativa.

Todos los sistemas que han sido inventados e instituidos para organizar un movimiento regularizado de la ubicación de los hoyos del frente al centro y al fondo, funcionan bien sobre greens amplios. El hoyo puede ser ubicado en casi cualquier lugar con impunidad mientras la superficie sea razonablemente nivelada y la ubicación esté alejada de las orillas y de las trampas. Al día siguiente el hoyo puede moverse 30–40 pies (9–12 m) a otra ubicación similar y así sucesivamente. Mientras tanto, el césped no sufre debido a que recibe el suficiente descanso entre períodos de juego. En los greens pequeños, de 5.000 pies cuadrados (500 m^2) o menos, los cambios van a ser no más de 15 a 20 pies (4,5–6,0 m). El hoyo a menudo necesita estar más cerca de la orilla del green, a veces dentro del límite de los 15 pies (4,5 m). Casualmente, el límite de 15 pies (4,5 m) no es una Regla de Golf, contrario a lo que muchos golfistas piensan, es una recomendación para el manejo de greens a la cual la mayoría de los superintendentes se adhieren para los greens de tamaño mediano. En greens pequeños el límite de 15 pies (4,5 m) no es aplicable porque no es práctico.

Como regla general, los superintendentes armarán el campo con seis ubicaciones para los hoyos en el primer tercio del green, seis en el centro y en el fondo. Existen algunas desviaciones de este sencillo y directo método. Éstas implican la división de la superficie de pateo en diferentes sectores o cuadrantes. Las secciones son numeradas para que coincidan con los días de la semana, pero en este proceso siempre hay un equilibrio entre las ubicaciones del frente, centro y fondo. En otras palabras, la distancia total del campo no cambia en el green.

Se han inventado diferentes sistemas para ayudar a los golfistas a determinar la ubicación del hoyo en el green.

a. Banderas de colores. Azules o amarillas cuando el hoyo está atrás, blancas para el centro y rojo para el frente. Este método requiere que el que cambia los hoyos lleve consigo banderas adicionales o astas con banderas conectadas.

b. Banderas "Pindicator" son conectadas al asta y resbalan con facilidad excepto que su movimiento hacia abajo es impedido por un aro grueso de hule. Ha habido golfistas que por hacer una broma a sus compañeros competidores mueven las banderas "pindicator" hacia arriba o hacia abajo, confundiendo así a sus oponentes. Para una variación de las banderas, se utilizada a menudo, una pelota redonda que también se desliza de arriba hacia abajo sobre el asta, pero su movimiento es restringido por una clavija en el pin.

c. El método de alta tecnología es medir la distancia por medio de láser a la bandera con exactitud, con un artefacto electrónico. Se conecta un recibidor al pin y un rayo de una pistola de mano mide la distancia instantáneamente e imprime la distancia en yardas con exactitud. Este método es preciso y rápido y quita toda duda sobre la selección del palo. También es ilegal, ya que la United States Golf Association no lo ha aprobado. Vale la pena recordar que los árboles que marcaban las 150 yardas también fueron ilegales durante mucho tiempo.

Bajo la influencia de torneos de golf, los superintendentes han estado mimando a sus clientes con "pin sheets" que muestran la ubicación exacta de la bandera en el green, medidas en yardas, pasos, o pies. Los "Pin sheets" son preparados para eventos especiales como campeonatos del club o días para los huéspedes de los miembros. Se debe tomar nota que la cantidad de dichos acontecimientos está paulatinamente aumentando y los golfistas ahora quieren ser mimados con regularidad. En algunos campos la ubicación de los hoyos está a diario disponible para todos los golfistas y frecuentemente presentada en el parabrisas del carrito.

CORTAR UN HOYO PERFECTAMENTE

En ningún lugar queda demostrada la habilidad de un trabajador competente con más prominencia que cuando un nuevo hoyo es cortado en el green y el viejo rellenado y reparado. Es sencillo, pero aún así tantas cosas pueden salir mal. Erróneamente, el hoyo puede ser cortado en un ángulo, lo cual hace que el hoyo quede oblongo en vez de circular. El forro puede quedar demasiado por debajo de la superficie del green, o peor, demasiado cerca de la superficie. Cuando el borde del forro del hoyo está a menos de una pulgada (2,5 cm) por debajo de la superficie del césped, las pelotas destinadas a caer al fondo pueden ser desviadas y permanecer fuera. Si esto sucede en el disparo de una mesa de tiro a un hoyo par 3, puede quitar la emoción de un tiro en uno. Con frecuencia se reemplaza el tapón del hoyo viejo dejándolo demasiado profundo o sin la profundidad necesaria. Cualquiera de estas instancias es inaceptable. Se deben seguir, estos siete pasos en forma estricta cuando se está cambiando un hoyo.

1. El corta hoyos debe estar en buenas condiciones, la hoja debe estar muy filosa y para mantenerla de esa manera, debe ser afilada con regularidad. Si el trabajador cortador lo ha utilizado a diario durante más de cinco temporadas, es hora de pasárselo a un inocente vecino o a un amigo que viva bien lejos.

2. Además del importantísimo cambiador de hoyos, hay varias cosas que son parte de la utilería que uno lleva consigo. Estas son:

   a. Un saca taza y un colocador de taza
   b. Una esponja para limpiar el forro del hoyo
   c. Una botella de agua para regar los tapones que estén bajo estrés
   d. Un cuchillo o un destornillador plano

   Todo lo anteriormente mencionado se lleva en una cubeta de 20 litros o, todavía mejor en una "cubeta blanda," un bolso de lona echo por un superintendente ambicioso en Thayne, Wyoming (Jett Enterprises). Este equipo de marido y mujer, además de actuar como superintendente y asistente en el campo de golf de esa localidad, fabrican cubetas blandas para hacer la vida más fácil a sus compañeros superintendentes.

3. Seleccione el lugar sobre el green dónde se ubicará el nuevo hoyo. En muchos casos esta ubicación ha sido predeterminada o su selección ha sido programada. En todo caso, el área en su entorno inmediato debe ser plana. Ahora hunda el cortador de hoyo verticalmente en el green. Tuérzalo hacia abajo unas pulgadas más y cuidadosamente extraiga el tapón. Quítelo del

cortador y póngalo en la cubeta blanda. Haga el próximo corte con el cambiador de hoyos hasta la profundidad deseada. Para cambiadores de hoyos sin experiencia o novatos, una marca blanca es generalmente pintada en la hoja de corte para este propósito.

4. Remueva el forro del hoyo viejo y utilice una esponja húmeda para limpiar perfectamente el interior de la taza. Coloque la taza nueva en el hoyo nuevo y presiónela con firmeza hasta la profundidad deseada, utilizando el colocador de taza. Sacuda los trocitos de tierra de alrededor del hoyo nuevo. Greenkeepers que son muy exigentes utilizarán tijeras para recortar cualquier hoja mal colocada que cuelgue sobre el borde del hoyo. Si la hoja del cortador estaba filosa, esto no debe ser necesario. Es buena práctica tener a mano copas nuevas adicionales para cambiar las copas por lo menos una vez por temporada. El tener copas limpias todo el tiempo, siempre lo hará ganar simpatías con los golfistas.

5. La reparación del hoyo viejo es ahora el paso final de un trabajo bien hecho. El hoyo viejo debe ser rellenado hasta su nivel justo; demasiado poco y el tapón de césped se hundirá, demasiado salido y el tapón será rapado por la segadora. Utilice un cuchillo o un destornillador para romper los terrones entre el tapón inferior y el superior. Esto ayuda a que las raíces encuentren su camino hacia abajo. El tapón superior debe ser roto en sus orillas para que quepa apretado y comprimido hasta llegar al nivel del césped que lo rodea. De su botella, échele un poco de agua al tapón para asegurarse que sobrevivirá el calor del día. Limpie cualquier tierra que pueda haber quedado, asegurándose de eliminar y hacer desaparecer toda evidencia de que un hoyo había estado allí.

6. Colocando la bandera "pindicator" o la pelota al nivel deseado, completa el trabajo de cambiar la taza en el green, pero no completamente. Es una buena idea revisar cómo cabe el pin en el hoyo de la taza. Si la conexión está suelta, probablemente quiere decir que el pin o la taza deben ser reemplazados. Un pin que queda suelto puede fácilmente ser volado por el viento y a veces se puede inclinar dentro de la taza de tal modo, que impida a la pelota de golf entrar en el hoyo.

7. Finalmente, cuando el hoyo ha sido cambiado perfectamente, revísenlo una vez más, desde la distancia, para asegurarse que el asta de la bandera está vertical sobre el green.

Además de cambiar el hoyo, la persona encargada con esa responsabilidad debe estar consciente de funciones adicionales que pueden ser llevadas a cabo dentro de las rondas de sus deberes. Pequeñas cicatrices en los greens pueden ser reparadas con el corta hoyos con sólo sacar pequeños tapones de la parte posterior del green. De igual manera, tapones viejos que no retoñaron y están marrones, puedan ser de esta manera reemplazados. El cortador de hoyos debe reparar la mayoría de las marcas de pelotas más obvias y siempre debe estar vigilante para señales de enfermedades.

El cortador de hoyos, más que nadie, sabe por experiencia propia la necesidad de agua en cualquier green. La necesidad de agua en los greens o en las salidas debe ser comunicada al superintendente o a la persona responsable del riego. El hoyo en un

Figura 11.3. El cambiador de hoyos lleva consigo las herramientas necesarias en una bolsa conveniente. Tomen nota del cortador de hoyos de impacto, desarrollado en Suecia, que permite la remoción de la totalidad del tapón en una sola operación, de allí su nombre: HOYO EN UNO.

green debe ser cambiado después de que 250 jugadores hayan pasado por él. En la mayoría de los casos, esto significa el juego de un día. De hecho, cambiar hoyos es una tarea cotidiana excepto en la temporada otoñal, cuando se pueden saltar algunos días. Cambiar los hoyos en algunos greens y no en otros es una práctica peligrosa que nos lleva a inconsistencias. Si el borde del hoyo ha sido dañado, debe ser cambiado, no importa cuanta gente haya pasado por él.

RESUMEN

Los golfistas vienen a jugar con sus amigos y valorizan la amistad de sus compañeros aún más que las condiciones del campo de golf. Sus partidos son ocasiones memorablemente recordadas durante mucho tiempo. La forma del campo de golf es rápidamente olvidada. Tanta más razón, pues, de que debemos hacer que sus visitas sean felices: que metan muchos putts largos, que los puntajes bajos adornen sus tarjetas. No hay lugar donde los superintendentes tienen una mejor oportunidad para afectar directamente el estado mental de los golfistas que cuando cambian hoyos y ubican marcas en las salidas Asegurémonos de sacar todo el provecho posible de esta labor.

Drenaje

INTRODUCCIÓN

Si tuviesen que elegir, la mayoría preferirían jugar golf en tierras altas en vez de bajas. Las tierras altas equivalen a tierras secas, con colinas ondulantes desde donde el agua fluye a los valles, ríos y arroyos. Las tierras bajas invariablemente significan tierras húmedas, ¡a no ser qué sean drenadas! Rara vez hay una elección, los superintendentes de los campos de golf enfrentan la tarea de hacer tierra seca de tierra húmeda. Jugar al golf significa jugar de fairways y greens firmes, en tierras bajas esto sólo puede ser logrado con la instalación de una red de drenaje, zanjas y sumideros que faciliten la remoción rápida del exceso de las aguas. Un buen drenaje alarga la temporada de golf y puede reducir o eliminar la necesidad de clausura de los campos y de los días que no se permiten los carritos.

DRENAJE DE LA SUPERFICIE

El drenaje superficial natural es adecuado cuando el agua corre sin impedimento desde la tierra cubierta por pasto, porque existe una caída entre las áreas altas y las áreas bajas. Una pendiente del 1% (1 pie vertical en 100 pies horizontales o un metro vertical en 100 m lineales) es el mínimo para el movimiento libre del agua superficial. Una pendiente más aguda es mucho más deseable.

El drenaje superficial es a menudo obstruido por métodos inadecuados de construcción de hace mucho tiempo. Los surcos de arados quizás no fueron nivelados adecuadamente. Los bajíos no han sido rellenados para combinarse con el terreno que los rodea e invariablemente resultan en pastos muertos. Adicionalmente las superficies que no son lisas son difíciles de mantener y mucho más de jugar. La altura de corte de media pulgada (12 mm) o menos puede causar peladas severas y los golfistas quisieran fairways parejos y lisos. Se anticipa que el superintendente va a remediar el problema. Deben ser estudiadas las pistas con severas ondulaciones. Si el

Figura 12.1. El problema: una zona baa en un green.

pasto es de una calidad aceptable, tal como una cama de puro pasto Bent, puede ser levantado, los suelos alisados con la maquinaria requerida y luego los panes de césped vueltos a colocar. En áreas mayores el proceso se hace más pesado, quizás implique la opinión del arquitecto del campo de golf y a un contratista con experiencia. En ambos casos el resultado debe ser un fairway parejo que permita el drenaje adecuado y que sea compatible con las condiciones contemporáneas.

En greens y salidas el asentamiento de los suelos puede suceder muchos años después de que la construcción se haya terminado. Estos bajíos deben ser reparados y el mejor momento es en el otoño hacia el final de la temporada de golf. Para entonces la cantidad de golfistas por día es drásticamente reducida como también las operaciones regulares de mantenimiento para los greens. El trabajo puede ser realizado en corto plazo, quizás en un día sin mayor interferencia al juego.

Paso 1

Identifique el área y márquela con una pistola de pintura. Coloque un nivel de agrimensura a un lado y tome las lecturas para determinar la cantidad de relleno necesario para facilitar el drenaje de la superficie adecuada con la caída adecuada. Marque la periferia del área a trabajar, asegurándose de que es 2–3 veces el tamaño del bajío.

Figura 12.2. Midiendo niveles

Paso 2

Es necesaria un área de trabajo amplia para asegurarse de que el acabado final se combina correctamente con el resto del green. Quite el césped cuidadosamente y almacénelo a un lado. Descarte el césped de baja calidad, tal como césped infectado por *Poa annua*.

Paso 3

Realce el área de trabajo con una aceptable mezcla para green, similar a la mezcla existente. Esto debe ser un proceso gradual. Unas pocas pulgadas de material a la vez está bien, para poder compactarlo. A los trabajadores se los debe animar a "bailar" sobre el material suelto. Rastrille la superficie pareja y compáctela aún más con un

Figura 12.3. Revisando los niveles.

rodillo lleno de agua. Mida el progreso tomando lecturas con el nivel de agrimensor mientras progresa el trabajo. Si es necesario, agregue más material de topeado.

Paso 4

Cuando el nivel deseado se ha logrado, aplique un fertilizante en su dosis recomendada. Luego continúe rodillando y rastrillando, preferiblemente con un rastrillo ancho de aluminio. Los trabajos de reparación de este tipo ejemplifican la esencia de la manutención de canchas: la restauración de céspedes pobres a una mejor salud y el mejoramiento del medio ambiente del golf. Muchas habilidades importantes están incluidas en éste proceso y a no ser que uno tenga experiencia en éstas habilidades, probablemente no debe intentar dichas reparaciones, por cierto que no en el hoyo 18, justo enfrente del Clubhouse.

Figura 12.4. Colocando los panes de césped.

DRENAJE SUB-SUPERFICIAL

El agua que se acumula en los suelos y sobrepasa la capacidad del campo debe encontrar una manera de extraerse, sino los suelos y el césped sobre estos permanecerá barrosa, no apta para el golf o el tránsito relacionado con el golf. La respuesta yace en el drenaje y en la instalación de un sistema complicado de líneas de drenaje y desaguaderos conectados a grandes tubos o zanjas que finalmente drenan a ríos y lagunas. Dichos elaborados sistemas parecen un sistema de riego en su complejidad, excepto que no requieren electricidad o sistemas de controles de última moda. Si el sistema es instalado conforme a los métodos apropiados, la fuerza de la gravedad hará que el agua encuentre su propio camino, siempre cuesta abajo, a la parte más baja del campo de golf.

Para instalar un sistema de drenaje, es esencial que uno esté completamente familiarizado con el contorno de la tierra. Un paso importante es la identificación de

Figura 12.5. Rodando los panes de césped.

las áreas que una y otra vez permanecen mojadas durante más tiempo y anotar éstas en un mapa o en una fotografía aérea. Muy a menudo, una foto aérea se convierte en un cuadro bonito en la pared de la oficina o el Clubhouse. Eso es un desperdicio. Deberían haber varias copias disponibles y por lo menos una utilizada para marcar la ubicación del sistema de drenaje. Además de la foto aérea, debe haber un mapa topográfico a la mano. Las líneas graduadas del contorno muestran el curso del flujo natural que el agua superficial seguirá.

Se pueden hacer planos para ver cómo se puede drenar todo el campo de golf. Si esto parece que va a ser un proyecto en gran escala, es probablemente mejor contratar a un experto con experiencia en campos de golf. Este último criterio es importante y se debe tomar nota que tener la habilidad de drenar un campo en una granja no lo califica a uno para drenar un fairway. Proyectos de menores proporciones pueden ser hechos "en casa," aún si implica la renta de una escavadora de zanjas y un nivelador.

Figura 12.6. Topeado de los panes de césped.

DRENANDO GREENS

A no ser que un green sea construido sobre una fosa de pedregullo, una camada de tubos de drenaje debe siempre estar incluida en la construcción de un green de práctica. Dependiendo de los contornos de un green, la camada de los tubos de drenaje en la base, generalmente toma la forma de un esqueleto de pescado o "Punto de Hungría": un drenaje principal con varios laterales ordenados para simular la columna verte-bral de un pez. Los tubos están enterrados en grava y la boca de salida se conecta a drenajes existentes en el fairway o el rough o se vuelcan a un lado. Las líneas de drenaje debajo del green deben estar separadas por 10 ó 15 pies (3,0–4,6 m). En aquellos greens construidos conforme a las especificaciones de United States Golf Association, un drenaje "sonrisa," o drenaje interceptor es a menudo agregado a lo largo del frente del green. Esta es precisamente el área sometida al máximo tráfico de golfistas y equipo, por lo tanto sujeta a desgaste y cicatrices, Teniendo la zona de approaches bien drenada asegurará un césped de buena calidad. Un drenaje instalado de esta manera, funcionará bien durante años y años sin la necesidad de reparaciones o mantenimiento.

Desafortunadamente, no todos los greens son construidos con un drenaje per-fecto. De hecho, en muchos de los greens más viejos el sistema de drenaje ha sido omitido. Como resultado, el superintendente encara el problema de mejorar el drenaje o vivir con un green que a veces queda mojado. Instalando un sistema de drenaje en un green existente tiene sus problemas, pero no es imposible.

Figura 12.7. Marcando el área de trabajo como "Zona en Reparación"

Paso 1

Delínie el patrón de drenaje que sea mejor para el green. Pinte las líneas con pistola y remueva el césped.

Paso 2

Esparza madera terciada de grueso calibre en ambos lados de la zanja propuesta y cave la zanja a una profundidad de aproximadamente 18 pulgadas (45 cm).

Paso 3

Remueva el material excavado, limpie la zanja y revise con un nivel para que tenga la caída necesaria.

Paso 4

Coloque una camada de 1 a 2 pulgadas (2,5–5,0 cm) de gravilla en el fondo de la zanja como base para los tubos. Instale los tubos y cúbralos con grava hasta 12 pulgadas (30 cm) bajo el nivel terminado.

Paso 5

Rellene encima de la gravilla con mezcla para greens y comprima con un compactador. Agregue agua hasta el tope para ayudar al asentamiento.

Paso 6

Reemplace los panes de césped y rodillelos bien. Aplique material de topeado sobre el césped y trabájelo con un Levelawn.

Ya que trabajos de drenaje de este tipo generalmente son hechos en el otoño, regar el césped no es tan crítico, excepto que el césped no debe secarse. Varios topeados combinarán la línea de drenaje con el resto del green. Después de varios meses, los putts dejarán de saltar y los greens se secarán muy bien después de una lluvia fuerte.

Hay otros métodos que mejoran el drenaje y que involucran zanjas por rasgaduras y por lo tanto son menos complicados. Algunos superintendentes listos, han utilizado sierras a cadena y rellenado la zanja con arena o mezcla para gatos. Todos estos métodos hasta cierto punto funcionan, pero ninguno tan eficaz como la instalación de una cama de escurrimiento.

EL "VERTIDRAIN," DRENAJE VERTICAL

Este aireador único, inventado en Holanda, perfora el suelo a una profundidad de más de 12 pulgadas (30 cm) y extrae un núcleo de una pulgada de diámetro. Con separación entre los centros de 6 pulgadas (15 cm), una tremenda cantidad de tierra es sacada de la superficie de juego. En el caso de un green, estos hoyos pueden ser rellenados con una arena aprobada hasta la superficie de pateo. Durante el proceso, cual sean las capas que puedan haber existido en el perfil del green, habrán sido perforadas en innumerables lugares y el drenaje, por lo menos en el plano vertical, va a haber mejorado. Aún así debe retirarse el agua del fondo del green y sólo una cama de escurrimiento puede hacer eso.

DRENANDO SALIDAS

Las salidas, por su propia naturaleza, generalmente están elevadas y por esta sola razón, drenan excepcionalmente bien. Por lo tanto, las salidas pocas veces requieren una camada de drenaje. Sin embargo, las salidas que son bajas son otra cosa. En esos casos se aconseja instalar un drenaje central con varios laterales, también conocido como una red, drenando el agua de la sub-superficie, alejándola de la superficie de juego. Las salidas que son planas y amplias, como también las de práctica, deben ser tratadas como greens y drenadas como tales.

Las salidas que son construidas en el lado de una loma, muy a menudo requieren un drenaje interceptor; una zanja de 12 pulgadas (30 cm) de ancho, de por lo menos 24 pulgadas (60 cm) de profundidad con tubos de drenaje de 6 pulgadas en el fondo y llenada hasta el tope con gravilla, llamado "drenaje francés." Dicho drenaje interceptará el agua que se escurre de la loma e impide que ésta, cause áreas mojadas sobre la mesa. Los tubos interceptores deben también ser utilizados detrás de los greens que son construidos en ubicaciones similares, como también a lo largo de las banquetas profundas de los fairways.

DRENAJE DE TRAMPAS DE ARENA

Frecuentemente las trampas de arena modernas tienen un fondo plano, lo cual hace que dichas trampas sean fáciles de drenar. Se instala un sistema de tubos o mangueras de drenaje parecido al utilizado en greens y al igual que con los greens, los tubos son cubiertos con gravilla. Es mejor mantener la gravilla dos pulgadas (5 cm) debajo del nivel terminado, para que no se mezcle con la arena y dañe los wedges. La boca de salida de los tubos, se vacía en una cisterna de desagüe para una fácil limpieza y ésta es conectada al drenaje principal. Es importante recordar que las trampas de arena requieren tantos tubos de drenaje como un green, para garantizar un buen drenaje.

La reparación de un drenaje inadecuado en una trampa de arena, se logra mejor después de la remoción de toda la arena, dándole la forma y la firmeza deseada al fondo y luego cavando las zanjas para las líneas e instalar los tubos. ¿Debería uno utilizar una malla de tela forrando los tabiques para impedir la entrada de arena en el sistema? Nuestra experiencia al respecto a sido negativa. La malla de tela rápidamente se bloquea e impide el drenaje. Pero así mismo conocemos a otros superintendentes que abocan por el uso de la malla y no instalarían un drenaje sin utilizarla. Antes de decidir, es mejor consultar con un colega vecino para recibir una segunda opinión.

Sentimos lo mismo respecto a forros de tela para colocar en toda la base del bunker que con los usados como malla en los tubos de drenaje. La tela filtro es instalada en la base de la trampa y embutida en los lados debajo del césped. Su propósito es detener las piedras para que no emerjan de la base mezclándose con la arena. Por necesidad, los forros tienen que ser cubiertos con más de cantidad usual de arena, como de 5 a 8 pulgadas (12–20 cm), mientras que la cobertura normal de arena en un bunker, rara vez excede las 4 pulgadas (10 cm). Aún estando bajo una cobertura gruesa de arena, eventualmente el forro encuentra su camino a la superficie, lo que impide el uso de rastrillos mecánicos para las trampas. Dichos bunkers quedan destinados a ser rastrillados manualmente por el resto de sus días. Golfistas, cuya mala suerte los ha traído a una trampa de arena forrada, no estarán felices cuando el feroz tiro con el wedge se acorta por haberse enredado en el forro. Es una experiencia dolorosa en las muñecas y a menudo acompañada por muchas groserías, que hacen que el aire puro del campo se ponga azul. ¡Cuidado superintendentes!

DRENAJE DE FAIRWAYS Y ROUGHS

Las áreas constantemente mojadas en fairways y en roughs necesitan ser drenadas para mejorar la salud del pasto y hacer que se disfrute mejor el juego del golf. Un nivel de línea de agrimensor es necesario para preparar el plan y ubicar las estacas que determinen las orillas. Utilice un patrón cuadriculado o en forma de Hungría (espinazo de pez) Utilizando una escavadora de zanjas equipada con un artefacto de rayo láser para medir la profundidad, asegura que la zanja tenga la caída necesaria.

Es siempre una buena idea, colocar una pequeña cantidad de gravilla en el fondo de la zanja. Arrastrar una pala angosta para cavar zanjas encima de la gravilla, asegura una superficie lisa para los tubos. El cubrir los tubos con grava promueve el movimiento de agua. A veces la grava puede ser llevada hasta el nivel del césped, asegurando aún más que el agua de la superficie pueda entrar en el sistema de drenaje sin obstrucción. Durante un tiempo la grava será visible y hasta puede temporalmente interferir con el juego, pero pronto el pasto a orillas de ésta, crecerá y la tapará. No se entreguen a la tentación de cubrir la grava con tierra; esto sella rápidamente la superficie e impide que el agua entre al sistema.

Hay algunas objeciones justificables respecto a tener la gravilla al nivel del césped. Sin duda, las piedras serán golpeadas por las segadoras quitándoles el filo. Los golfistas objetan si la gravilla suelta, interfiere con la dirección de la pelota o el swing del palo. Descubrimos una manera novedosa de manejar el problema en Beacon May Golf Course en Ontario. El superintendente Robert Heron, cubrió la grava con una tira de alambre para gallineros insertando las orillas debajo del césped. El alambre para gallinero estabiliza la gravilla y minimiza la interferencia, tanto para los golfistas como para las segadoras. Para un toque final, Heron pintó de verde tanto la gravilla como el alambre de gallinero y con el tiempo, el pasto que rodea la zanja cubrirá el alambrado y la grava.

Cuando el pasto cubre por completo las líneas de drenaje y forma una mata densa, ésta puede llegar a ser impermeable al movimiento de agua. Cuando aparecen charcos sobre las líneas de drenaje después de una lluvia fuerte, la capa de pasto debe ser perforada. Un corta hoyos es una herramienta ideal para esta operación. El Superintendente Bill Fach, del impecable Rosedale Golf Club en Toronto, nos pasó éste consejo:

Todos los sistemas de drenaje deben incluir suficientes sumideros. La rejilla del sumidero provee oportunidades adicionales para que más agua superficial entre en el sistema. Los sumideros también nos permiten una inspección visual del desempeño del sistema de drenaje. Largas secciones de tubos de drenaje, más allá de 200 pies (60 m), deben ser interrumpidas frecuentemente por sumideros para servir como bocas de limpieza. Tubos más grandes y alcantarillas requieren sumideros o drenajes más grandes. Durante o inmediatamente después de las lluvias fuertes, los superintendentes deben revisar el funcionamiento del sistema levantando la rejilla y observando el flujo de agua. Los borbollones del agua corriendo son como una música especial para el oído del superintendente. Es un tono que cuenta la historia de un trabajo bien hecho.

DRENAJE FRANCÉS

Un drenaje "Francés" es una zanja angosta llena por completo con grava pero sin tubos de drenaje en el fondo. Dichos drenajes están conectados al sistema de drenaje o la boca de salida se lleva al rough. El drenaje Francés es eficaz en la remoción de agua, pero tiene más sentido instalar los tubos en el fondo de la zanja en vez de sólo llenarla con grava. El drenaje "Francés" viene de una época en que se usaban tubos de arcilla cocida, la cual era difícil de instalar y muy cara.

MATERIALES

Tubos

Todavía existen una o dos fábricas que manufacturan tubos de cerámica para drenajes. Estos tubos permiten que el agua se escurra a través de sus paredes a la cavidad interior. Pocos son los que entran en el gasto de la compra e instalación de dichos tubos. La mayoría utilizan plástico con o sin perforaciones en las paredes. La manguera plástica viene en rollos, es de fácil manejo e instalación. Drenajes hechos de un material bituminoso también pueden ser conseguidos en rectas largas. Drenajes de más de 6 pulgadas de diámetro, además de estar disponibles en plástico, también pueden ser encontrados en hierro galvanizado. Todos los drenajes de tamaños pequeños vienen con sus conexiones que permite conectarlos fácilmente.

Grava

En muchos aspectos, la mejor grava para los propósitos de drenaje, es la gravilla redonda de río. La superficie característicamente lisa y redonda de la superficie de las piedras, hace que esta gravilla de río sea el pasaje ideal para el agua. La gravilla de río permite que el agua se resbale por su superficie y que pase libremente al drenaje. La piedra caliza clara puede ser utilizada como una alternativa, pero sólo como último recurso. La superficie angular de la piedra caliza tiende a taparse con materiales externos, tales como recortes de pasto y tierra. Gravilla de piedra de granito es aún otra alternativa, pero tiene los mismos problemas que los de la piedra caliza. El costo adicional de la gravilla de río, bien vale la pena a largo plazo.

Sumideros

Sumideros plásticos vienen en todos los tamaños y diseños. Son fáciles de instalar y fáciles de limpiar. La rejilla es removible para permitir que se vea el flujo de agua. Sumideros plásticos son inherentemente ligeros, mientras que los de cemento son muy pesados y sólo pueden ser instalados con la ayuda de un artefacto comercial para levantarlos. Sumideros de cemento son utilizados en conjunto con tubos más grandes; de 12 pulgadas para arriba.

Excavadora de zanjas

Tenemos que considerar dos criterios importantes cuando compramos o arrendamos una excavadora de zanjas: la profundidad y el ancho de la excavación.

En la mayoría de los casos una profundidad de 2 a 3 pies (0,60–0,90 m) es suficiente y el mejor ancho para un drenaje de 4 pulgadas es de 5 a 6 pulgadas (12–15 cm). Excavar una zanja más ancha de lo necesario sólo, crea trabajo adicional.

Existen excavadoras diseñadas especialmente para ranurar, lo que permite la instalación de tubos planos rodeados de gravilla. Estos tabiques generalmente se unen a la tubería principal más grande.

Herramientas misceláneas

Un serrucho para cortar el tubo de drenaje es indispensable. También lo es una pala angosta para limpiar la zanja. Un pico para sacar las piedras es esencial.

RESUMEN

Hay muchas tareas en un campo de golf que involucran la aprobación del comité. El drenaje ¡no es una de ellas! Los golfistas anticipan que el superintendente se haga cargo del drenaje de los bajíos, de la misma manera que anticipan que el césped sea cortado y fertilizado. Drenajes y sumideros deben ser instalados como asunto de rutina. Drenar la totalidad de un campo de golf puede llevar toda una vida, pero éste, debe ser llevado a cabo y una vez iniciado, paso a paso será completado. Nunca puede haber demasiados drenajes y sumideros en cualquier campo de golf.

13 Sembrando y Colocando Césped

INTRODUCCIÓN

El golf fue creado para ser jugado sobre césped y de la calidad del césped depende la reputación del superintendente. La tierra desnuda es casi siempre inaceptable. Todo superintendente que se respeta a sí mismo, realiza un gran esfuerzo para cubrir todas las partes de los fairways, salidas, greens y aún los roughs con pastos de alta calidad. Esto nunca es una tarea fácil. Establecer el césped ya sea por medio de la colocación de panes de césped o sembrando semillas, requiere tanto habilidad como conocimiento. Una vez que el césped ha echado raíces, descubrimos que éste, rara vez crece sin ayuda. Es un trabajo que no termina nunca pero debe comenzar de alguna manera, a través del sembrado o de la colocación de panes de césped, porque allí es donde todo comienza.

SEMBRADO

Para germinar, las semillas necesitan calor y humedad y una vez que la cáscara se rompe, una pequeñísima raíz debe hacer contacto casi inmediatamente con la tierra para su nutrición, de esto depende su supervivencia. Por eso es crítico que las semillas estén rodeadas por tierra cálida y húmeda. A no ser que la tierra sea cálida, nada realmente sucede dentro de la semilla y es precisamente por esto, que los finales del verano o los principios del otoño son las mejores temporadas para sembrar. El calor del verano aún está almacenado en los suelos y el fuerte rocío tan característico de la parte posterior de la temporada de crecimiento, ayudan a proveer las condiciones más favorables para el crecimiento de las plantas. Ya que las malas hierbas no son tan activas hacia el final de la temporada, la falta de competitividad de éstas es aún otro factor que hace que el período que comprende fines de julio hasta fines de septiembre sea la mejor oportunidad para sembrar.

Figura 13.1. Colocando césped en un fairway cerca de Durban, África del Sur.

Temperatura mínima de los suelos como requerimiento para la germinación de semillas

Pasto ballico perenne	50°F - 10°C
Bent	59°F - 15°C
Bluegrasses	55 a 60°F - 12 a 15°C

En suelos fríos, las semillas pueden ser aplicadas temprano en la primavera pero allí permanecerán esperando que la temperatura suba. Cubra las áreas sembradas con un manto termal, tal como una membrana geotextil, éste apresurará el proceso de germinación. De hecho, es buena idea cubrir la camada sembrada durante la noche cuando la temperatura es baja y quitando las mantas durante el día cuando brilla sol. Una manipulación juiciosa del medio de crecimiento, cubriendo y descubriendo alternativamente la cama de sembrado, acelerará el establecimiento del césped por varios días. Para tener éxito, es necesario estar como niñeras con las pequeñas plantas de pasto ya que requieren una atención constante. Las cubiertas deben ser quitadas cuando el calor bajo las plantas suba y volver a cubrirlas ante la frescura de la noche. Uno debe estar vigilante respecto a las necesidades nutricionales del pasto y conscientes que un crecimiento excesivamente rico, pueden dar lugar a enfermedades.

El Tamaño de las Semillas y su Germinación

Las semillas más pequeñas son las que pertenecen a las diferentes variedades de pastos Bent. Su tamaño minúsculo las hace casi individualmente invisibles y hasta un manojo de semillas de Bent grass, se siente liviano como una pluma. Pero bajo condiciones de crecimiento favorables invariablemente todos los millones de semillas producirán plantas de pasto. El pasto Bent germinará de 5 a 10 días. Bajo las condiciones ideales, una tenue carpeta verde puede ser detectada temprano durante la mañana del quinto día cuando las hojas de pasto están cubiertas por el rocío. No todas las semillas germinan al mismo tiempo; durante un período de varios días más, otra cantidad de semillas se levantará de la tierra y colectivamente formará una cobertura de pasto.

Las semillas de Bluegrass y festuca son más o menos iguales en tamaño. Los diferentes cultivos de Kentucky bluegrass requieren por lo menos 14 días para germinar y el doble de ese tiempo para formar una cobertura apreciable. Las festucas, son un poco más rápidas, pero en realidad el que crece verdaderamente rápido es el ballico (Rye) perenne. Se ha visto brotar una hoja después de sólo tres días, dentro de una semana una cobertura verde está claramente visible. Como coincidencia, el pasto ballico (Rye) es el de tamaño más grande de todas las semillas de céspedes comunes. Es bueno que crezca rápido; las aves se comerían todas las semillas antes de que tuvieran la oportunidad de echar raíces.

Dosis de Siembra

Los siguientes porcentajes son únicamente para el sembrado de semillas sobre tierra pura. El sembrado sobre un césped establecido es un asunto totalmente diferente que requiere un juicio basado en la experiencia y para el cual no hay reglas fijas.

Pastos Bent: 1 a 2 lbs./1,000 pies cuadrados ó 40 a 80 lb/acre (0,5–1 k/100 m^2).
Pastos Bluegrasses: 3 a 5 lb/1,000 pies cuadrados ó 100 a 150 lb/acre
    (1,5–2,5 k/100 m^2).
Pastos festucas igual que los bluegrasses.
Pastos ballico: 5 a 8 lb/1,000 pies cuadrados ó 150 a 250 lb/acre (2,5–4 k/100 m^2).

Es obvio que el tamaño de la semilla y la dosis en el sembrado están relacionados. Mientras más pequeña la semilla, mayor el número de semillas por libra. El número de semillas individuales por pie cuadrado de suelo, debe ser el adecuado para lograr una cobertura completa y total para el área que será sembrada. Existe un peligro, particularmente con las semillas finas de pasto Bent, cuando se aplica demasiada semilla. Un césped demasiado espeso puede fácilmente llevarnos a enfermedades, como el "damping-off" por la humedad excesiva causada por las especies de hongos Pythium, *Pythium aphanidermatum* y Rhizoctonia. El micelio de estos hongos fácilmente destruirá una amplia camada de semillas recién germinadas. En cuanto esto es identificado, debe ser tratado con el fungicida apropiado.

Preparando la Cama de Semillas

Para que las semillas germinen, éstas deben hacer contacto con la tierra de tal modo que la raíz naciente pueda enterrarse entre las partículas de la tierra para su anclaje y para extraer su sustento del medio de crecimiento. Es por lo tanto obvio, que la camada para las semillas debe consistir de una capa de partículas de tierra muy finas. Esto puede ser logrado con un cultivador tipo rotor sobre el área que va a ser sembrada, afirmándola y dejándola a nivel con un artefacto que incluya un rodillo de algún tipo para romper los terrones y que deje en su paso una camada de suelos finos. Estas herramientas de paisajista, como la Gill y el Viking, que pueden conectarse a un enganche de tres puntos en la mayoría de los tractores, hacen un trabajo admirable, dejando con grado fino el área que va a ser sembrada o donde se van a colocar los panes de césped. Otros métodos incluyen arrastrar una viga de acero, una pieza de alambrado ciclónico, una tela metálica o aún el rastrillo motorizado utilizado en los bunkers. Algunos de estos métodos funcionan muy bien, excepto que funcionan tan bien, que existe el peligro de perder los contornos tan cuidadosamente diseñado por los arquitectos. En áreas más pequeñas tal como greens, donde los contornos son destinados al rastrillado a mano, es esencial tenerlo en cuenta, como única alternativa. Basura, rocas y piedras deben ser removidas del área que va a ser sembrada. Generalmente estos estorbos deben ser quitados con un rastrillo manual, puesto en pilas y sacado de allí. Cuando la cantidad es demasiado grande, son necesarios recogedores mecánicos de piedras. Nada debe permanecer que pueda interferir con el crecimiento del pasto y las prácticas finales de mantenimiento.

Fertilizando la Cama de Semillas

Idealmente, debe aplicarse un fertilizante de partida, antes de comenzar a utilizar la cultivadora rotativa, de manera que el gránulo del fertilizante se pueda mezclar con el sustrato de crecimiento. Siendo esto no siempre posible, la aplicación del fertilizante al momento de terminar la labor es perfectamente correcto. Puede haber un temor justificable a que demasiado fertilizante queme las primeras raíces a medida que el pasto germina. Nunca hemos visto que esto suceda. Al contrario, hemos observado mucho pasto nuevo retardado debido a la falta de nutrientes, en vez de al exceso de éstos. De hecho, el césped durante su infancia requiere ser alimentado generosamente, igual que los bebés sobre la rodilla de sus mamás. Dosis de 500 a 800 libras del tipo 10–10–10 de fertilizante o materiales similares por acre (500–800 k/ha) no son excesivas.

Método de Aplicación de las Semillas

Para las semillas más pequeñas como las del pasto Bent, es mejor utilizar un esparcidor de tipo caída gravitacional. Las semillas más grandes pueden ser aplicadas con un esparcidor tipo ciclón. Sobre terreno empinado y desnivelado, considere la utilización de una sembradora que uno lleva al hombro/pecho y dispersa las semillas vía el uso de un mecanismo ciclón propulsado por una manivela a mano.

El esparcimiento de las pequeñas semillas de pasto Bent puede ser más fácil, si se utiliza una mezcla con arena o Milorganite. Este método aumenta el volumen del material y hace mucho más fácil lograr una cobertura uniforme. Cual sea el método para sembrar que se use, es mejor aplicar las semillas en dos direcciones diferentes para asegurar el traslape necesario. El viento es ¡un factor importante! Una brisa rapida, puede hacer volar fácilmente las semillas alejándolas de dónde deben caer. Es mejor sembrar en días quietos con poco o ningún viento. Después de haber aplicado las semillas, los suelos deben ser ligeramente rastrillados y rodillados para crear las condiciones de crecimiento óptimas como también dejar una superficie plana.

Para áreas más grandes, utilice una cultivadora/sembradora de rodillo "Brillion" tirada por tractor que consiste de una tolva y un compactador tipo tambor que causa que las semillas sean cubiertas por una fina capa de tierra a su paso. El peso del compresor de hierro fundido con anillos, atrae la humedad de los suelos a la superficie, asistiendo de esta manera al proceso de germinación.

Cubierta - Mulch

Cubrir las semillas con paja es un método excelente para incentivar la germinación. La paja ayuda a proveer un ambiente húmedo que reduce la constante necesidad de riego. Adicionalmente, una cobertura de paja es un medio excelente para impedir la erosión. El antiguo método de esparcir fardos de paja con una horquilla ha dado lugar a rollos de paja entretejidos con hilos plásticos que mantienen a la paja en su lugar. Tales mantos son particularmente eficaces en laderas empinadas. Fijadas al suelo con corchetes metálicos biodegradables, estas mantas de paja proveen una cobertura maravillosa y aceleran la germinación inmensamente. También extienden la ventana de tiempo para una siembra exitosa. Agregue por lo menos en un mes más a sus cálculos, cuando utilice estas mantas de paja en el otoño. La humedad de los suelos y el calor se conservan bajo estas abrigadoras mantas y las semillas germinan rápidamente, levantando sus hojas a través del tejido de paja. El crecimiento resultante forma un césped espeso, listo para usar en la primavera.

Riego

Las áreas recién sembradas necesitan ser regadas con regularidad, pero siempre con mucha suavidad. Demasiada agua, causa derrames y una vez que la erosión comienza es difícil detenerla. Aspersores subterráneos pueden ser calibrados a la perfección, haciendo así muy fácil el ejercicio de riego. El objetivo es mantener la tierra húmeda mientras las pequeñas plantitas echan sus raíces. Una vez que la planta está establecida debe mantenerse la humedad para que crezca activamente y forme un tejido de césped denso. Reitero una vez más, el sobreriego de estos brotes jóvenes llevará a una infestación de Pythium.

Establecer pasto Bent en un green con un alto contenido de arena puede ser complicado. La arena se seca tan rápidamente que necesita ser regada frecuentemente, a veces una vez por hora, especialmente durante el calor del día. Aún después de que las semillas hayan germinado requieren atención constante o las plantas se marchitarán y morirán. En momentos como estos, el ojo vigilante de un superintendente profesional debe estar siempre presente para asegurar el éxito y evitar desastres.

El Primer Corte

Una vez que el pasto esté creciendo activamente y ya ha formado una mata densa de césped, estará listo para su primera podada. Antes de cortar, a menudo es una buena idea, pasar ligeramente el rodillo sobre el césped. Esta acción presiona las plantas al suelo y promueve un contacto firme para con las raíces lo que impedirá la muerte, debido a la acción desgarradora de la segadora. Uno o dos días después de haber rodado el césped, las plantas que en primera instancia habían sido aplastadas, se levantarán otra vez y estarán listas para su primer corte.

Es de vital importancia que cualquiera que sea la segadora que se utilice, debe estar muy filosa. Las puntas de los pastos deben ser cortadas con facilidad y no arrancadas, lo que sucede si la segadora no está filosa. Sobre un green o un tee nuevos, el primer corte debe ser hecho con una segadora de rotación, calibrada a una altura muy baja. Una segadora regular para greens también puede utilizarse, pero al contrario, ésta debe ser calibrada a su límite superior. En cualquiera de los dos casos, los recortes deben ser retirados. Las pilas de pasto dejadas sin atender matarán al pasto bajo estas y causarán manchas muertas desagradables. Sorprendentemente, después del primer corte, el porcentaje de crecimiento del césped nuevo aumenta rápidamente y con cortes sucesivos se establece rápidamente un césped saludable.

Si la cobertura de césped es imperfecta debido a deslavados o mala germinación, se requiere una acción inmediata de enmienda. Puede ser necesario el sembrado de áreas pequeñas. En tales casos las semillas pueden ser mezcladas con tierra, parecida a la mezcla para divots. Si las áreas deslavadas son más profundas, quizás la única manera de corregir el problema e impedir que empeore, será con la colocación de panes de césped. No esperen y pierdan tiempo. La necesidad de tomar las acciones será evidente muy pronto. Las reparaciones deben ser hechas para que el éxito del proyecto no sea impedido por falta de decisión.

Los nuevos brotes crecen de manera prolífica y subsecuentemente son grandes utilizadores de nutrientes de los suelos. Estos nutrientes deben ser regresados y un programa de seguimiento de los fertilizantes es esencial. Durante su infancia las plantas de pasto se ponen rápidamente amarillentas o azuladas, dependiendo si necesitan nitrógeno o potasio. Las aplicaciones regulares de un fertilizante balanceado es esencial para superar estas deficiencias. Debemos comprender que los requisitos nutricionales de un césped nuevo, son por lo menos el doble de aquellos de un césped establecido. El hacer crecer un césped nuevo hasta su madurez ha llegado a ser reconocido como un arte y un pequeño grupo de superintendentes elite se ganan la vida viajando de campo a campo de golf, encargándose de que crezca hasta su madurez, hasta que esté listo para jugar.

Hidrosiembra

Un método novedoso de establecer las semillas, especialmente en lomas empinadas, implica un proceso llamado hidrosiembra "Hydro Seeding". Como indica el nombre, el método involucra agua. De hecho, es una mezcla de semillas y fertilizantes combinados con un material fibroso, que podría ser paja recortada, a la cual se le agrega agua. Como pueden imaginar, los ingredientes forman una pasta aguada que es pulverizada bajo presión en las lomas empinadas y desnudas u otras áreas que se siembran. A veces se agrega un colorante que facilita ver las áreas tratadas. La pasta aguada tiende a formar una costra sobre la tierra, la cual ayuda a impedir la erosión y acelera la germinación.

No sólo las áreas empinadas son ideales para el sembrado hidráulico, greens y tees también han sido establecidos de esta manera. De hecho, la totalidad de un campo de golf puede ser sembrado hidraulicamente. Es mucho menos costoso que colocar panes de césped y casi tan rápido en lograr la cobertura.

COLOCACIÓN DE PANES DE CÉSPED

La preparación de los suelos para la colocación del césped es similar a los métodos utilizados para sembrar, excepto que a veces no es necesario ser tan meticulosos. Un rollo de césped rápidamente cubre muchos pecados, los cuales luego pueden regresar para desesperar a una persona demasiado apurada en terminar el trabajo. Las piedras y rocas pueden encontrar su camino a la superficie y eventualmente atravesar el césped, dañando segadoras como también los palos de los golfistas.

La superficie de los tees y de los greens a los cuales se les coloca césped debe ser perfectamente plana y firme, quizas un poco dura, para que no queden huellas de pisadas cuando se coloca el césped. El fertilizante debe haber sido colocado con una cultivadora en la mezcla de los suelos durante la preparación del sustrato, pero no es demasiado tarde, si se desea esparcir fertilizante sobre la superficie preparada. Tablas u hojas de madera terciada, son a menudo utilizadas, cuando se coloca el césped de un green. Así, los trabajadores pueden caminar sobre la madera en vez del pasto o de la tierra para impedir las huellas de las pisadas. La primera hilera de césped se coloca directamente en el centro, en una línea perfecta, y la próxima se pone firmemente contra la primera, asegurándose que las puntas se traslapen igual que ladrillos en una pared. El perímetro del green puede ser pintado con pistola, pero para obtener una línea que fluya perfecta y naturalmente, utilice una manguera de agua pesada. Ubique la manguera en aproximadamente la posición correcta y luego dé un latigazo en la punta. El resultado será un contorno cortable y bonito a la vista. Utilice un corta orillas filoso para cortar el césped. Si va a colocar césped en el ante green, este puede ser desenrollado alrededor del green en forma paralela una y otra vez hasta alcanzar el ancho deseado.

Riego del Césped

Durante las primeras semanas, el césped recién colocado requiere más agua que las semillas germinantes. No sólo debe mantenerse el césped vivo, sino que debe estimularse el crecimiento de raíces. Es mejor regar hasta que la humedad haya justo atravesado el césped. Si se aplica demasiada agua se va a crear un barrial; si aplica muy poca, el césped se marchitará y morirá. El césped muerto con sus orillas enroscadas es algo feo y también uno de los pecados mortales en contra de los principios de un buen mantenedor de pastos. Curiosamente, el césped muerto está muy a menudo durmiente y se recuperará y tornará verde después de una lluvia. En vez de hacer experimentos, es mejor mantener al césped nuevo bien humedecido con el riego diario. A menudo revise el desarrollo de los pelos de raíces blancas, una vez que aparecen, rápidamente se integran al suelo y proveen el anclaje para el césped nuevo.

Ya sea que el césped llegue en tarimas, plataformas o en rollos, debe ser colocado inmediatamente, especialmente en verano. Los rollos de césped, empacados bien apretados, proveen condiciones anaeróbicas que producen calor y a su vez matan el pasto en pocos días. En la primavera y en el otoño, el césped puede ser almacenado durante un poco más de tiempo, pero la ausencia de luz también tornará el césped amarillo.

El césped puede ser guardado temporalmente sobre plástico, desenrollándolo completamente. Debe ser regado con regularidad. Se desarrolla una masa de raíces donde el césped toca el plástico. Puede dejar el césped de esta manera hasta por diez días y utilizarlo para completar un proyecto de construcción. Las raíces del césped que han sido almacenadas sobre plástico van a estar particularmente ansiosas de renovar su contacto con el suelo. Dicho césped, una vez regado, se afirma al suelo en pocos días.

El Primer Corte

Sean cariñosos con el primer corte. No esperen demasiado tiempo o el césped estará demasiado alto y el shock del corte retrasará el césped. En un green, utilice una segadora manual. En el rough una segadora rotativa calibrada bien alta. Es importante tratar con gentileza a los céspedes nuevos.

Decidiendo Cuándo el Césped Nuevo Está Listo Para Ser Utilizado

Con cada corte sucesivo, el pasto engrosará y formará una mata densa. Sobre greens y tees, el establecimiento del césped es enormemente asistido por topeados frecuentes. En los fairways más grandes, el topeado puede ser más trabajoso, aunque ahora existen equipos para revestir rápidamente amplias áreas. Con cada corte sucesivo, la altura puede ser bajada un poquito, pero durante su primera temporada de crecimiento, es mejor no bajarla a la altura de su calibración eventualmente final. Esto es sobretodo cierto para los greens y quizás para los tees. El césped de los fairways debe ser rebajado con bastante rapidez para evitar el desarrollo de áreas esponjosas.

Llega un momento durante el cual el pasto parece perfecto y la tentación para permitir el juego será irresistible. ¡Espere un momento! Los nuevos brotes aún están muy tiernos y el ataque de cientos de pies de golfistas pueden causar daños severos que requieran otra vez el cierre del campo de golf.

Un green nuevo en un campo establecido, habiendo sido reconstruido y sembrado, está sometido a las presiones de golfistas impacientes para ponerlo prematuramente en juego. Esta es una situación donde el verdadero carácter del superintendente se pone a prueba. Dichos pastos nuevos parecerán y se sentirán perfectos, pero los

Figura 13.2. Colocando césped en la cara de un bunker. Se utilizan grapas para evitar que el césped se deslice.

Figura 13.3. Utilizando una tira de pasto Bent para delinear un fairway en el Board of Trade Country Club.

Figura 13.4. El césped entregado en tarimas, está listo para ser colocado.

Figura 13.5. El césped puede ser almacenado durante períodos cortos sobre plástico para impedir que se entierren las raíces.

hemos visto destruidos en sólo unas pocas semanas o aún en días. El césped necesita madurar antes de poder soportar el mal trato de los pies de los golfistas y el régimen del programa de mantenimiento. En este sentido, campos de golf nuevos llevan la ventaja. Al principio, el número de golfistas es generalmente bajo y paulatinamente ésto aumenta en un período de meses y a veces años, dando de esta manera la oportunidad a que el césped madure. En un campo de golf existente, con 200 a 300 golfistas por día, cuando se pone en juego un green reconstruido, el pasto sufre un shock al no haber recibido ningún juego con tránsito peatonal constante, que dura todo el día.

Si de alguna manera es posible, un green nuevo no debe ser habilitado sino hasta el otoño, cuando de manera natural hay menos golfistas. Es un error habilitar de inmediato el césped estresado de un green, durante el fin de semana más caluroso de julio. El impacto sobre el green estresado lo dejará en una condición penosa en poco tiempo. La capacidad de decir "NO" a las multitudes que en dicha situaciones reclaman es muy difícil, la asistencia y apoyo del Director de Greens será muy apreciada.

Un green nuevo entre 17 greens establecidos presenta un problema especial. Por mucho tiempo mientras se juega el green nuevo el putt será diferente. Los tiros altos no se agarrarán y la velocidad del putt, sea esto real o imaginario, pareciera que no igualara a los otros greens. Esto no es sorprendente. Existe la posibilidad que los suelos debajo del césped sean diferentes. Llevará tiempo para que las raíces encuentren su camino y llevará muchos ciclos de riego, topeado y fertilizante para que el nuevo green se parezca y sea de igual "jugabilidad" a los greens existentes. ¡Un green nuevo tiene que madurar! No solamente por encima, sino también los suelos por debajo necesitan ajustarse al programa de mantenimiento. Al mismo tiempo, los superintendentes deben estar conscientes de que el green nuevo necesita ser tratado diferente a los demás por mucho tiempo. Casi seguro que el nuevo green va a necesitar fertilizantes y topeados adicionales. No se sorprendan si el césped se desgasta más rápidamente alrededor de la taza sobre el césped nuevo que sobre el césped establecido. En días muy ocupados, prepárese a cambiar la taza más de una vez por día. Los greens nuevos deben ser inspeccionados con frecuencia y todas las pequeñas imperfecciones deben ser corregidas inmediatamente. Dichos greens deben ser mimados hasta que crezcan. El viejo dicho holandés que dice que "el ojo del amo engorda el caballo" se aplica igualmente a los nuevos greens.

RESUMEN

La magia del pasto nuevo que cubre la tierra plena es un fenómeno que satisface e inspira. Es una satisfacción para aquellos que hacen el trabajo y que cosechan la recompensa de ver desarrollarse el paisaje. Inspira porque da luz y el crecimiento significa la renovación y perpetuación de la vida.

Tanto la colocación del césped y la siembra presentan oportunidades para demostrar las habilidades y el conocimiento del manejador de campos con conocimientos básicos. La habilidad para hacer que las cosas crezcan es un obsequio único y especial. El trabajo duro y la dedicación se traducen en un césped instantáneamente verde. Para un lego es algo maravilloso e imponente. Para el iniciado es el dulce fruto de su labor.

14 Tránsito de Golfistas y Senderos

INTRODUCCIÓN

Cuando un campo de golf gana popularidad, el desgaste y el destrozo de los golfistas pisoteando el suelo lleva al desarrollo de patrones de tránsito. Esto sucede primero cerca de los greens y de las salidas, luego a lo largo de las trampas y eventualmente hasta en los fairways. Ya que las áreas desgastadas impiden el rodaje y dan rebotes equivocados, dichas condiciones son inaceptables para los golfistas exigentes. Se anticipa que los superintendentes reparen las áreas desgastadas o que intenten la prevención del desarrollo de senderos a través del esparcimiento del tránsito. Existen ciertos patrones básicos más allá del daño causado por el tránsito de los golfistas que ya no pueden ser reparados por la simple acción de esparcir el desgaste. Entonces, se necesita hacer un plan para construir senderos para peatones y carritos. Forzar al golfista a caminar o conducir por dónde no quieren ir, en el mejor de los casos es difícil, sino imposible. Los superintendentes tienen que ser bastante creativos, si no ingeniosos, para inventar maneras y medios de controlar el tránsito de los golfistas como para desarrollar un sistema de senderos funcionales.

SENDEROS PEATONALES

El tránsito peatonal es más severo cerca de las salidas. Por su propia naturaleza, las salidas están elevadas y requieren de un paso firme para subir al tee sin resbalarse. La presión adicional desgasta el césped mucho más rápido. Una reacción inicial es la de instalar escalones, pero rara vez es la mejor solución. Casi inmediatamente después de la instalación, el césped cerca de donde están los escalones comienza a dar señales de desgaste. En la parte superior de los escalones, sobre la mesa de tiro, el césped también morirá rápidamente. El problema con los escalones es que concentran el tránsito en vez de esparcirlo. Adicionalmente, los escalones son costosos de mantener. Invariablemente, la ubicación interfiere con los patrones de los cortes. Agregar un

Figura 14.1. Un puente peatonal removible sobre un arroyo ancho ayuda a los golfistas a ir de un lado a otro.

pasamanos a los escalones puede dar a los golfistas un sentido de seguridad, pero agrega también una apariencia poco natural.

En los niveles bajos, se pueden colocar senderos de una variedad de materiales, muchos de los cuales suministran seguridad. Durmientes de ferrocarril cortados a un ancho uniforme de cuatro pies (1,2 m) y colocados lado a lado sobre una camada de grava, proporcionan una superficie segura, que combina bien con el paisaje del entorno y no crea obstáculos para las segadoras. Un sendero de lajas intercaladas puede también ser agradable y funcional. La textura de las piedras habilitan una buena superficie para las puntas de acero, como también para los zapatos sin puntas. Losetas de hule pueden ser utilizadas de la misma manera y con el mismo efecto. Tenga en cuenta que las bandas sin fin son muy resbaladizas cuando están mojadas y deben usarse sólo con gran cautela. Existen pequeñas alfombras de hule anti-deslizantes que se pueden usar para evitar el desgaste prematuro de los senderos de madera.

Para evitar completamente la necesidad de senderos y escalones o escaleras, se debe animar a los arquitectos a construir salidas rodeadas por lomas que sean fáciles de ascender y que hagan posible que los superintendentes esparzan el desgaste a través del programa de mantenimiento. Desafortunadamente, las salidas para campeonato, las del centro o las de atrás tienden a ser construidas muy atrás y muy altas, creando seguidamente la necesidad de un sendero de acceso combinado con escalones. El mejor lugar para aprender acerca del mantenimiento y la construcción de senderos peatonales es mirando los muchos senderos que atraviesan nuestras montañas. Hemos caminado los senderos en Inglaterra, Italia, España, Nueva Zelanda y África del Sur, como también en nuestros respectivos países y hemos salido con muchas ideas excelentes para proveer más comodidad a nuestros golfistas.

Después de golpear la pelota, los golfistas dejan la mesa de tiro en un patrón sin definición. Aún así, sorprendentemente, los senderos se desarrollan de manera muy natural saliendo de la mesa de tiro, especialmente si existe una obstrucción tal como una trampa de agua o una caída vertical en el camino. Un sendero de acceso lleno de curvas a través de un pastizal alto de festuca, puede verse bonito. Su presencia presta aspectos estéticos al hoyo y a menudo tranquiliza la turbulencia de la mente del golfista. Siempre existe la pequeña posibilidad que un golpe de la mesa de tiro mal jugado, pueda misteriosamente encontrarse en el centro del sendero. Esa suerte la tienen aquellos que están en paz con la naturaleza y aprecian a su superintendente que trabaja tanto.

En algunos casos, el pasto es segado corto, aproximadamente a la altura de la mesa y el tránsito peatonal se esparce lo suficiente como para impedir el desarrollo de cualquier tipo de senderos. Los superintendentes que se preocupan acerca de que los golfistas mantengan sus pies secos, cortan un pasillo de varios pies de ancho, desde la mesa de tiro al fairway con un corte corto. Temprano en la mañana, con el rocío pesado sobre el pasto, los golfistas pueden caminar por este pasillo y evitar que sus zapatos se empapen.

En los fairways, mucho del desgaste ocurre cerca de las trampas. Donde sea que haya una concentración de tránsito, como entre las trampas de arena ubicadas una cerca de la otra, cerca de arroyos o lagos, el tránsito peatonal aplastará el pasto hasta su muerte. Específicamente, este es el caso, cerca de los puentes. En los cruces de pequeños arroyos puede evitarse el uso de puentes con tubos de alcantarillas, éstas son mucho más anchas y dispersan el desgaste. En puentes muy pequeños, la estructura de tablones puede ser movida en intervalos regulares.

Cerca del green, se desarrollan marcas de desgaste inevitables, en especial entre la orilla del green y la trampa de arena. Si la trampa está ubicada en línea directa al tránsito, a veces será necesario impedir el tránsito por medio de una obstrucción temporal como estacas con cuerdas. Una barra de metal angosta, parcialmente doblada como un aro, también puede ser muy eficaz. En ciertas ocasiones, las pendientes empinadas cerca de los greens necesitan la instalación de escalones. Dichos escalones a igual que los que están cerca de las salidas, son un dolor de cabeza para el mantenimiento. Deberían ser evitados si es posible o eliminados con la ayuda de los bien conocidos y simpáticos arquitectos de campos de golf.

Es importante reconocer todas las áreas desgastadas en su temprano desarrollo y tomar acciónes preventivas. Temprano en la mañana el césped escaso o césped bajo estrés, se caracteriza por la falta de rocío. Esto es una señal temprana de que el césped requiere ayuda. ¡Requiere de acción inmediata! No sólo se debe desviar el tránsito peatonal, sino que la compactación de los suelos debe remediarse. Saque el aireador, quite los cilindros y siembre las semillas. Si de alguna manera es posible, utilice algunas de las maravillosas variedades nuevas de pasto ballico. Una vez establecido, el pasto ballico trabaja como si fuese de hierro y aguanta el tráfico mucho mejor que cualquier otro pasto.

Figura 14.2. Aros metálicos son utilizados para dirigir el tránsito en Mount Juliet Golf Course en el Sur de Irlanda.

Siempre hemos animado a nuestros golfistas a caminar. Pensamos que el golf es un deporte saludable que puede ser mejor disfrutado a pie. Por lo tanto, queremos evitar a todo costo y como sea posible poner obstáculos en el camino de los peatones. Los golfistas que acarrean sus propios palos son los maestros del campo. Van a donde quieren y hay pocos reglamentos que obstruyan sus movimientos. Aquellos que jalan un carrito o se mueven en un carrito de caddy eléctrico, tristemente deben enfrentar obstrucciones. El peso total de sus carritos y sus palos es mucho más pesado que las bolsas que llevan los golfistas. Es por esta razón que los carritos deben quedar fuera de las salidas y alejados de las áreas restringidas tales como entre las trampas y los greens.

CARRITOS MOTORIZADOS

La mayoría de los daños al césped de un campo de golf, son causados por los odiosos carritos motorizados. No importa cuánto nos puedan disgustar personalmente los carritos motorizados, el golf, tal como lo conocemos hoy, no existiría sin los carritos motorizados. Hace mucho tiempo que hemos aprendido a convivir con estos carros. También hemos aprendido a controlar su uso y a reparar el daño que inevitablemente causan al césped.

Tan pronto como se usen más de 10 carritos con regularidad en un campo de golf de 18 hoyos, el desgaste comenzará a manifestarse. Al principio, sólo alrededor de los árboles, pero se verán señales de desgaste rápidamente cerca de los greens y las trampas. Al principio los daños pueden ser controlados con el cambio de tránsito y manteniendo a los pastos fuertes, pero cuando el uso de éstos va en aumento, la necesidad de sistemas parciales de senderos se hace aparente. Cuando el nivel de carritos motorizados llega a 50 unidades, los senderos de la mesa de tiro al green en hoyos de par 3 llegan a ser imprescindibles. Entre 80 a 100 carritos en un campo de 18 hoyos requieren de un sendero continuo desde la primera mesa de tiro al green número 18.

DIRIGIENDO EL TRÁFICO

Hay mucho que decir respecto a mantener los carritos motorizados fuera de los fairways, especialmente los fairways que tienen pasto Bent. El pasto Bent es un césped de hojas muy finas que se deja someter al estrés y a las plagas. Con la primera señal de compactación de la zona de las raíces, el pasto Bent se entrega al *Poa annua* y pierde su posición como césped dominante. El pasto Bent requiere suelos sueltos y húmedos. Hace años, cuando cortábamos los fairways con tractores pesados y podadoras Triplex, nos dimos cuenta que la *Poa annua* rápidamente tomaba el control como especie predominante en la mezcla. Cuando cambiamos a segadoras ligeras para greens, la compactación fue reducida y el pasto Bent fue una vez más el número uno de las especies.

Lo mismo ocurre con los carritos motorizados. No importa cuántas veces nos haya asegurado el fabricante que la presión de las ruedas sobre el césped es casi inexistente, todos sabemos que el tránsito en los fairways causa compactación y la compactación significa el progreso de la *Poa annua*. ¿Permitimos que los carritos motorizados anden sobre los greens? Por supuesto que no. Los greens son demasiado pequeños y los carros causarían una compactación muy rápida y el césped moriría. Entonces, ¿por qué debemos permitir los carritos en los fairways, especialmente, si el césped en éstas es comparable al de los greens de unos años atrás? Los fairways con pastos Bent durante los meses de julio y agosto, con temperaturas de 90 a 100°F (32 a 37°C), son muy frágiles. Y es precisamente durante esos días calurosos del verano que los golfistas, que normalmente caminan, insisten en llevarse un carrito y conducir por los fairways.

Muchos superintendentes han aguantado la presión de sus golfistas e insistido en mantener el tránsito de carritos en los roughs. En dichos campos de golf los golfistas siguen la regla del ángulo de 90 grados, lo que significa que los carritos pueden cruzar el fairway en un ángulo de 90 grados a su pelota. Esta es la distancia más corta y minimiza el tráfico de carritos motorizados en los fairways. Un problema bastante serio es el forzar a los carritos a andar dentro del rough, ya que muchos golfistas siguen la regla con precisión y conducen en el rough justo a lo largo de la orilla del fairway. Como consecuencia, se forma rápidamente un sendero y las malas condiciones resultantes para el rodado de las pelotas, son utilizadas como argumentos para persuadir al superintendente a que de rienda suelta a que los carritos vayan por todos lados. Los superintendentes que se dejan convencer por esta lógica sin sentido, sólo se tienen a ellos mismos para culparse por el deterioro del césped de los fairways.

Existen métodos bien conocidos que incluyen barricadas que no obstruyen mucho, para dirigir el tránsito de los carritos por el rough de una manera aceptable y así esparcir el desgaste. El césped en los roughs, que consiste de una mezcla de festuca, ballico y Bluegrass, cortado a una altura de 1,25 a 1,5 pulgadas (31–38 mm), puede cómodamente aguantar el castigo de las llantas de los carritos. Si en este césped se usa el aireador con regularidad, se siembra y se fertiliza, puede ser casi tan fuerte como el asfalto. El frágil pasto Bent, aunque deja hermosos campos de juego en los fairways, es tan temperamental como un caballo de carreras: un día gana la carrera y el siguiente sufre de gota y no puede competir.

Los campos de golf que no requieren un césped de pasto Bent, muy corto y apretado, y en vez escogen diferentes mezclas de ballico, festuca y Bluegrass, solos o en combinación, escapan la difícil decisión de dónde permitir los carritos. De manera similar, los fairways de Bermuda en los estados sureños disponen de un césped fuerte que acepta el tránsito muy bien. Jugamos en un campo de golf en Durban, África del Sur, donde los fairways consistían exclusivamente de pasto Kikuyo. Una manada de elefantes no podría haber dañado ese césped y suministraba un campo perfecto donde la pelota se paraba perfectamente. Zoysia es otro césped que provee buenas condiciones de juego y también soporta el tránsito muy bien. Sólo ese pura sangre de carrera de pasto, el Bent, es el único que debe ser tratado con bondad y por lo tanto los carritos mecánicos en lo posible no deben andar sobre él.

MÉTODOS PARA DESVIAR EL TRÁFICO

1. Estacas para marcar salidas, pintadas uniformemente de marrón o verdes, ya sea colocadas a corta distancia del green, a un lado o en ambos lados del fairway. Dichas estacas sirven para indicar a los golfistas que ya no les es permitido acercarse al fairway más allá de ese punto. De hecho, si los senderos están cerca, se anticipa a los golfistas que los usen. Las estacas pueden sobresalir de 1 a 2 pies (0,30–0,60 m) y están equipadas con una punta metálica para que se puedan cambiar de posición fácilmente.

2. En algunos campos de golf, se pinta una línea blanca que cruza el fairway como recordatorio de que los carritos no pueden proceder más allá, sino que deben ir hacia los roughs. Para permanecer visible, la línea debe volver a ser pintada con regularidad y si esta se deja en el mismo lugar, el pasto morirá.

3. También se usan cuerdas suspendidas entre dos estacas como una barrera física para impedir que los carritos se acerquen demasiado a los greens. Éstas son efectivas, pero visualmente no atractivas. Además, a veces desvían las pelotas de golf. Algunos superintendentes han quitado las estacas y pegado las cuerdas al pasto con sujetadores.

4. Las señales que advierten a los golfistas a no proceder más allá parecen funcionar por un rato, pero pierden en poco tiempo su efectividad. Una serie de pequeñas estacas, ubicadas en una línea con espacio justo entre ellas para que pasen los carritos que se jalan a mano, forman una barrera eficaz para desviar los carritos motorizados.

5. Cerca de los greens, donde no existen senderos para los carritos, debe observarse la regla de los 30 pies (9 m). Esta regla dicta que ningún carrito motorizado debe ser estacionado o conducido más allá de los treinta pies o

diez pasos largos de un green. La meta es proteger el césped y proveer un campo de juego aceptable para los golfistas.

Cualesquiera que sean los artefactos usados, todos requieren atención. Deben ser movidos, reemplazados y vueltos a colocar por el trabajo de las segadoras que pasan y por los golfistas que se olvidan de volver a colocarlos. Controlar el flujo del tránsito, es una tarea difícil que debe ser considerada todos los días. Y la persona a quién se le asigna esta responsabilidad debe tener una completa comprensión de la necesidad de crear un equilibrio entre las demandas de los golfistas con lo que es mejor para el pasto.

¡NO HAY CARRITOS HOY!

Llega el momento en que los superintendentes deben tomar una decisión poco popular. Esto sucede después de una lluvia fuerte, una tormenta sorpresiva o una tormenta violenta. La tierra empapada está floja y no es apta para el tráfico de carritos motorizados. El peso del carro de golf cargado con golfistas y bolsas, compacta los suelos y afecta adversamente el crecimiento del pasto. Los carros pueden incluso dejar surcos costosos de reparar. En los declives, los carritos perderían tracción y podrían fácilmente perder control. El superintendente tiene la responsabilidad de dar las malas noticias—que no habrá carritos hoy—al golf shop y al clubhose. El mensaje debe darse de manera profesional. La noticia debe estar en avisos, incluyendo la fecha en que se anticipa levantar la restricción. Los miembros enojados que traen invitados importantes pueden aplicar mucha presión sobre el superintendente para persuadirlo a que cambie su decisión. En momentos como estos es mejor estar visible y mantener la posición. Generalmente las personas razonables entenderán una buena explicación. Los golfistas que no son razonables probablemente necesitan expresar su descontento, un superintendente que los comprende puede servir de tablero de recepción. Esconderse en la oficina durante estas ocasiones no es una buena política y profesionalmente es una falta de responsabilidad.

¿Quién debe tener la última palabra de autoridad para decidir el destino de los carros en días mojados? Debería ser la persona que está mejor entrenada para medir el impacto agronómico al respecto y el daño potencial que el tránsito de los carros pueden causar a los suelos y al césped empapado. Debería ser la persona que está presente sobre el trabajo y que pueda determinar el daño potencial que puede sucederle a un golfista si el carrito se desliza fuera de control. Debería ser la persona que no recibe ningún beneficio financiero directo de los carros. En todos los casos, invariablemente, esa persona es el superintendente, la única persona que no tiene intereses personales y no tiene intereses creados en la toma de decisiones y que está comprometido a hacer lo mejor que se pueda por los pastos y para los golfistas. Le conviene al profesional de golf, al gerente y más que todo, al director de greens, apoyar al superintendente. Tomar decisiones no populares requiere de una fuerza de carácter, el apoyo total del equipo de gerencia, hace que la vida sea menos estresante.

En los días "sin carros" hay un gran número de cosas que el superintendente puede hacer para mejorar su imagen profesional. La maquinaria para cortar los pastos debe estar restringida solamente a las áreas secas o estar completamente a resguardo. Los trabajadores del campo de golf deben limitar sus recorridos en vehículos de mantenimiento, que son similares a los carros de golf. Es buena idea que el superintendente camine y dé el ejemplo durante la inspección del campo. Los golfistas respetan al superintendente que se adhiere a las reglas que son buenas para todos.

SENDEROS PARA CARROS DE GOLF

Los senderos para carros son principalmente necesarios cerca de las salidas, seguido luego por los greens. En hoyos par 3 que inherentemente son caracterizados por cambios de elevación espectaculares, trampas de agua y muchas trampas de arena, demuestran más rápidamente la necesidad de senderos. Tales hoyos justifican rápidamente el uso de pavimento para asistir al movimiento de los golfistas motorizados. Una vez que se establece un número de senderos, sus lugares estratégicos y la proyección de aumento de carros, pronto se verá la necesidad de un sistema de senderos continuos. Una semana de mucha humedad, sin carros en el campo y la subsiguiente pérdida de ingresos, acelera el proceso de instalar senderos desde las salidas hacia los greens para todos los hoyos.

Ubicación de los Senderos para Carros

Pocas veces los golfistas se ponen de acuerdo con respecto a la ubicación de los senderos en el campo de golf. Los peatones, que prefieren no tener ningún sendero, con renuencia aceptarán los senderos y si lo hacen argumentan que deben estar lo más alejados que sea posible del área de juego. Al contrario de los motorizados, ellos quieren los senderos en el rough pero cerca del fairway, para que su caminata hasta su pelota no sea tan dolorosa. Un compromiso parece casi imposible. La voz más fuerte en la reunión del comité probablemente tendrá el peso mayor y el resultado puede ser que los senderos sean ubicados donde nadie los usará. Una mejor solución es la contratación de un arquitecto de campos de golf. Su experiencia y conocimiento del juego lo hacen la persona idónea para tomar la decisión final. Cada hoyo de golf es diferente y sólo un arquitecto que ve muchos campos de golf, día tras día, es capaz de visualizar con claridad dónde deben ubicarse los senderos. Después de un estudio cuidadoso, un arquitecto establecerá un plan de la ruta a seguir para los senderos y ésta se convierte en la base para un programa de construcción. Por lo general no se debe desviarse de dicho plan.

El Ancho de los Senderos para Carros

Aunque al principio los senderos eran angostos, justo lo suficientemente anchos para que pase un solo carrito, ahora, el acuerdo general es que el ancho mínimo para los senderos debe ser de 8 pies (2,4 m) y muchos piensan que 10 pies (3 m) es lo mejor. Los senderos angostos se desmoronan a lo largo de las orillas y el césped se desgasta. Los senderos angostos no cumplen con las necesidades de los equipos de mantenimiento de los campos de golf. En senderos más anchos, los carritos se pueden adelantar unos a otros y es más fácil de manipular las segadoras y tractores sin pasarse de la orilla.

El drenaje de los senderos es importante. Es inaceptable que queden charcos después de una lluvia. Los senderos deben tener cierto declive para que el agua se escurra. Se debe impulsar el uso de sumideros cerca de los senderos para los carritos. Es mejor dirigir el declive de tal manera que cuando una pelota de golf caiga allí, esta sea dirigida hacia el fairway en vez de hacia el rough. Un factor adicional para los senderos de carritos es incluir marcas de distancia a intervalos regulares. Dichas marcas ayudan al golfista a decidir qué palo usar para su tiro desde el fairway, o más a menudo del rough en el lado opuesto.

Construcción de Senderos para Carros

Idealmente, el plan de la ruta preparado por el arquitecto suministra detalles no sólo acerca de la ubicación exacta, sino las especificaciones sobre cortes, rellenos y montículos adyacentes. El arquitecto trata de esconder el sendero para que sea invisible desde las salidas y para que no afecte la belleza natural del campo de golf. Esto no es siempre posible, pero se puede hacer mucho curvando el sendero y ubicando montículos en lugares estratégicos. Nada es más aburrido y visualmente poco atractivo ver una línea recta de asfalto o cemento a lo largo o a ambos lados del fairway. Un buen arquitecto, con un don artístico, evitará la creación de un escenario tan feo. Los árboles en lugares estratégicos pueden ayudar a esconder y dirigir los senderos de manera atractiva. Además que la bóveda de los árboles sobre el sendero filtrará los tiros de golf impidiendo o por lo menos reduciendo los malos rebotes.

Los senderos deben excavarse a una profundidad de 6 a 8 pulgadas (15–20 cm). Se puede utilizar el material excavado para los montículos o quitarlo de allí para otros proyectos. No importa que material se utiliza para la losa, siempre es mejor utilizar una fundación sólida de grava. La mayoría de los materiales granulares son aceptables a no ser que el tamaño de el gránulo, sea demasiado grande. Al colocar asfalto molido, se forma una base sólida que puede usarse como vereda para carros en forma temporal, hasta que se pueda contar con el dinero suficiente para disponer de un acabado final. A diferencia de las gravillas de cubierta o piedra caliza, el asfalto molido no suelta polvo durante períodos de sequía. De hecho, el calor del verano solidificará el asfalto y lo que se hizo como un plan temporal, puede llegar a ser una solución permanente.

¿Cuáles son los Materiales para la Mejor Superficie de un Sendero de Carros de Golf?

Como las autopistas que cubren a lo largo y ancho un país, los senderos para los carros utilizan casi los mismos materiales, pero en una escala mucho menor.

Figura 14.3. Construcción de un sendero de asfalto con un canto de cemento.

CEMENTO

No importa cuán cuidadosamente se prepare la base para un sendero de cemento, el congelamiento y el deshielo en climas fríos tienden a fracturar la superficie. También lo hacen camiones pesados y tractores. Una vez que la fractura aparece en el cemento, se convierte rápidamente en por lo menos un pequeño tope y el camino pierde su atracción visual. El cemento debe ser colocado de un espesor de 4–6 pulgadas (10–15 cm), debe incluir una malla de alambre de acero para refuerzo y juntas de expansión, además de cortes a intervalos regulares. No es sorprendente que un sendero de cemento parezca ser caro. También ofrece un movimiento del vehículo sin brincos y parece durar para siempre.

ASFALTO

Los requisitos para la base de asfalto son los mismos que los de cemento, pero aquí es donde la similitud termina. Por su propia naturaleza el asfalto es más flexible y moldeable. Puede ser colocado alrededor de cantos y sobre montículos, no requiere de bastidores de madera para mantenerlo en su lugar mientras se solidifica. Puede ser que más de una capa de asfalto sea necesaria, cuando se use el camino para equipos más pesados que los carros de golf.

PASTELONES

El uso de pastelones en los senderos para carros, es de desarrollo relativamente reciente. Los pastelones son caros de instalar, requiriendo exclusivamente mano de obra. Una vez colocados en los senderos, son atractivos y proporcionan una excelente tracción tanto para los carros como para los peatones. Cuando estos pastelones se mueven, por cualquier razón, generalmente pueden reemplazarse o repararse por empleados entrenados del equipo de mantenimiento.

OTROS MATERIALES

A menudo hemos visto senderos para carros confeccionados de chips de corteza de árboles. Invariablemente, dichos senderos son sumamente polvorosos cuando están secos y ofrecen una superficie llena de baches cuando están mojados. Sentimos que los senderos cubiertos de chips de madera son más aptos para senderos ecuestres. El uso de grava, en el mejor de los casos es una medida temporal. Frecuentemente, debido a deslaves, esta requieren de una reparación constante, es por lo tanto costoso mantener senderos que han utilizado grava como superficie permanente.

La Necesidad de las Orillas

Existe una tendencia inexplicable en los golfistas que manejan los carros motorizados, a acercarse cada vez más a las salidas y a los greens. Con la simple instalación de cantos de cemento se detendrá a los carros para que no pasen a donde no deben. Los cantos son una barrera eficaz cuando su parte superior es lo suficientemente alta, por lo menos de 4 a 5 pulgadas (10–12,5 cm). Los caminos de cemento y de asfalto permiten la instalación de cantos al iniciar la construcción. Las orillas también pueden ser instalados en un futuro. Algunos superintendentes utilizan madera comprimida tratada o durmientes de ferrocarril; los últimos pocas veces duran más de 7 u 8 años. Otros optan por cantos prefabricados de cemento. La primera opción (madera comprimida) se desgasta muy rápidamente, las dos últimas son más duraderas. Sin importar el tipo que se utilice, se deben hacer consideraciones para los golfistas que jalan su carro y que a la vez puedan cruzar los cantos. Un simple espacio angosto entre cantos, es generalmente suficiente.

OTRAS TÁCTICAS PARA CREAR DESVIACIONES

1. Cuando un sendero pavimentado llega a un fin repentino, el resultado inevitable es que el pasto se adelgace y muera. El impacto inicial de las

llantas delanteras y luego de las traseras sobre el césped desgasta los pastos muy rápidamente. Estos daños pueden ser impedidos simplemente con ampliar la salida, ya sea a la izquierda o la derecha y así se establece un punto de salida al azar.

2. Otros utilizan un patrón de burbujas para dar a entender el término del sendero, esto ensancha la salida y esparce el desgaste. El uso de barricadas como topes de madera o pilones plásticos son otros medios de ampliar los puntos de salida del sendero.

MANTENIMIENTO DEL SENDERO

Tanto los senderos peatonales como para carros necesitan ser mantenidos con regularidad. El asfalto debe de ser parchado antes de que se desarrollen baches. Las fisuras deben ser selladas para prolongar la vida útil de los senderos. Los senderos deben ser barridos y las orillas recortadas con regularidad. Los senderos mal mantenidos, son una mancha sobre la faz del campo de golf e inevitablemente nos lleva a trabajos mal hechos en otros lugares.

RESUMEN

El tránsito de golfistas encontrará la manera de cruzar un campo de golf de la manera menos desgastadora de energía. Cicatrices, raspones y áreas desgastadas se desarrollaran hasta que se instalen senderos designados. A no ser que un arquitecto calificado sea contratado para determinar la mejor ubicación de un sendero, la opinion de un comité de diseños lleno de compromisos, prevalecerá en perjuicio de los golfistas. Cualquiera que sea el material que se utilice, el sendero debe ser mantenido como el resto del campo de golf. De alguna manera los senderos en un campo de golf son como el marco alrededor de un cuadro y un marco de mala calidad, puede fácilmente arruinar un cuadro fino.

15 *Reglamentos del Golf que Afectan el Mantenimiento*

Cada superintendente debe estar familiarizado con las reglas del juego y ya que la mayoría de los superintendentes juegan al golf, muchos se encargan de conocer las reglas totalmente y juegan conforme a ellas. Además de jugar conforme a las reglas, a los superintendentes se les pide que ayuden a la preparación del campo para que el juego pueda ser confortable dentro de los lineamientos establecidos por los reglamentos El superintendente debe estar preparado para definir el campo y las áreas que están fuera del juego, los márgenes de las trampas de agua y las trampas de agua laterales, suelos en reparación, obstrucciones y otras partes integrales del campo. Es imperativo que la colocación de las estacas y las marcas sea establecida de tal manera, que hasta el más quisquilloso que intérprete las reglas esté satisfecho.

TRAMPAS DE AGUA

El golf se juega o a lo largo de trampas de agua o cruzándolas. Diferentes reglas son aplicables y estacas de diferentes colores y líneas deben ser utilizadas para definir los márgenes de la trampa. Cuando el agua está a un lado del hoyo, generalmente es una trampa de agua lateral y debe estar marcada con estacas o líneas rojas. Cuando la jugada cruza una trampa de agua, generalmente la trampa está marcada con líneas o estacas amarillas. Las estacas definen los márgenes de las trampas y deben ser colocadas en el césped lo más cerca posible de los límites naturales de la trampa. La distancia entre las estacas es importante. En todo momento, la línea imaginaria entre dos estacas adyacentes debe estar sobre la tierra seca. Dicha línea, debe estar claramente visible cuando uno se alinea detrás de una estaca y mira hacia la próxima. Las estacas no pueden estar demasiado separadas porque entonces el margen de la trampa puede ser difícil de definir. Nuestra experiencia ha sido que pocas veces es recomendable que las estacas tengan una separación de más de 30 yardas (18 m). Las estacas deben estar más cerca una de otras cuando la jugada es alrededor de una laguna o a la orilla de un río irregular.

Cuando un golfista está jugando un hoyo y pierde su pelota en un obstáculo de agua o en una trampa lateral, éste necesita poder determinar por dónde cruzó la pelota por última vez en el margen de la trampa, para poder aplicar la regla. Si la trampa está colocada en terreno ondulado, puede ser difícil hacer caer la pelota y que ésta se detenga, así se complica el procedimiento. Es mucho mejor poner las estacas para trampas en terreno más o menos plano, para que la pelota pueda dejarse caer sin complicaciones. Las estacas de las trampas tienen la tendencia de ser movidas tanto por los golfistas como por el equipo de mantenimiento. Y puede ser difícil volver la estaca a su lugar original ya que el hoyo no puede ser encontrado en el césped crecido. Tanto golfistas como greenkeepers los han dejado caer a un lado dejando que otro se preocupe y esto causa confusión e irritación en los golfistas que siguen detrás.

Para evitar este problema, puede instalarse marcas permanentes para las trampas, precisamente en los límites naturales de las mismas. Hechos de cemento u otros materiales durables, quedan permanentemente en su lugar y a nivel con el suelo para que así, las segadoras puedan cortar sobre éstos sin dañarse. Se utiliza una estaca desechable para hacer las marcas visibles desde largas distancias. Estas marcas permanentes a lo largo de las trampas de igual manera que las marcas de distancia en las salidas, quedan en su lugar para siempre hasta que alguien decida cambiar su ubicación. Al final de la temporada de golf estas estacas desechables pueden ser quitadas, pero el disco permanente permanece. Y cuando comienza la próxima temporada, las estacas son devueltas a su ubicación permanente.

Para torneos y eventos especiales, los márgenes de las trampas generalmente son pintados con pintura roja o amarilla. La presencia de las líneas pintadas quita toda adivinanza a la decisión de que si la pelota está dentro o fuera de la trampa. Muchos son los superintendentes que ahora pintan las trampas con regularidad, un hecho que es popular y muy apreciado por los golfistas apasionados.

FUERA DE LÍMITES

En la mayoría de los campos de golf, el perímetro de la propiedad está claramente marcado por cercas que sirven como límites, haciendo de esta manera, fácil de determinar si una pelota de golf está dentro o fuera de estos. En ausencia de una cerca, el área fuera de límites está designada con estacas blancas. Dichas estacas deben ser colocadas sobre el límite de la propiedad. Cuando no hay cercas que delimiten la propiedad, las estacas deben ser colocadas conforme a las líneas de un agrimensor registrado. Una vez que se ha decidido exactamente donde está ubicada la línea de la propiedad, ésta debe ser marcada con las estacas blancas. Debe tomarse en cuenta la posibilidad de que éstas puedan ser movidas y su ubicación no quedar muy clara. Es aconsejable utilizar postes blancos y fuertes o marcas permanentes de cemento que puedan ser reubicados fácilmente si fuera necesario. Cuando se estén utilizando marcas permanentes para los límites o para las trampas, debe ser claramente entendido que la orilla del marcador es lo que indica la línea del límite o de la trampa y que la

Figura 15.1 Marcando "suelos en reparación."

estaca es solamente una ayuda visual que facilita al golfista, determinar por dónde la pelota cruzó la línea.

Como con obstáculos de agua, quizás se necesite pintar la verdadera línea de fuera de límites para eventos especiales o constantemente si esto es lo deseable. En ciertas ocasiones, las estacas que marcan el fuera de límite pueden ser colocadas para definir el fuera de límite entre el juego de dos hoyos adyacentes, como por ejemplo en un hoyo que sigue un fairway angular. Una solución mejor, si se puede, es tener al arquitecto para que remedie el diseño y elimine la necesidad de un fuera de límites interno.

ZONAS EN REPARACIÓN

Muchas veces tenemos áreas en un campo de golf que están en condiciones menos que deseables y están anotadas para ser reparadas en un futuro cercano. Estas áreas deben estar marcadas como "suelos o zonas en reparación," tal como haya sido aprobado por el comité o su representante autorizado, utilizando un pequeño cartel, o preferiblemente con una línea pintada de blanco, que claramente delimíte el área de trabajo. Una fuga de la matriz de riego puede ser un GUR (en español, SER). También puede ser una cicatriz o un raspón causado por un vehículo de mantenimiento. El césped muerto causado por daños invernales o el estrés del calor del verano es un SER (suelos en reparación). Cualquiera de estas condiciones y otras, pueden ser marcadas SBR por orden del comité, o así declarada por su representante autorizado que puede ser el superintendente.

Para torneos y acontecimientos importantes, dichas áreas son delineadas con pintura blanca por un oficial, o más a menudo, por el superintendente. Se debe tomar nota que áreas de SER, sólo en raras ocasiones, deben ser pintadas más allá de los fairways y del rough principal adyacente. Una consideración cuidadosa debe ser aplicada en la determinación de SER. Las áreas de aterrizaje y las áreas cerca de los greens deben ser la preocupación principal. Existe la tendencia de parte de oficiales del club demasiado ambiciosos de pintar cualquier imperfección de blanco, aunque ésta esté más allá de 100 yardas de la línea de juego. En tales casos el superintendente debe buscar la ayuda de un profesional de golf y cooperar con él para el beneficio de todos los golfistas.

Los recortes de césped que son dejados amontonados para luego ser recogidos, son considerados SER y una vez más los golfistas pueden mover su pelota, si está cerca o en el montón de recortes. Los recortes mal esparcidos en el rough, pueden proporcionar lugares de dónde no se puede jugar, pero allí no se les ofrece alivio. No es sorprendente entonces que a menudo los greenkeepers se convierten en víctimas inconscientes de la mala fortuna de un golfista.

Es buena idea que las personas clave de mantenimiento, lleven consigo carteles de SER o una lata de pintura blanca en sus vehículos. Las áreas que estén en menos que condiciones ideales pueden ser marcadas en el momento y anotadas para reparaciones. De hecho, todos los SER deben convertirse en parte del programa de mantenimiento y marcados cuando hayan sido reparados.

AGUA CASUAL

Por su definición el agua casual es "cualquier acumulación de agua sobre el campo que es visible para el jugador cuando se pone en posición de tiro y que no es parte de un obstáculo de agua." Los golfistas pueden tomarse un alivio, permitido por las acumulaciones temporales en el campo de golf, mientras tanto esa agua no corresponda a una trampa. Dicha agua es considerada de naturaleza temporal y se refiere a ella como agua casual. La pelota del jugador puede ser movida a tierra o césped más seco.

Si el agua casual es un problema continuo en el campo de golf, las causas deben ser exploradas. Invariablemente dichas condiciones están relacionadas con el drenaje y esto debe ser atendido. El agua casual durante el calor del verano puede conllevar al quemado del césped en un charco calentado por el sol. Esta no es una condición poco común y es totalmente prevenible con sólo bombear el exceso de agua.

OBSTRUCCIONES

Cuando el equipo de mantenimiento interfiere con el juego, una vez más los jugadores tienen derecho a un alivio. Ya sean segadoras, tractores o vehículos de mantenimiento y todas las cosas llamadas colectivamente "obstrucciones movibles." Las obstrucciones movibles no sólo se refieren a equipos de mantenimiento, pueden ser una pila de maderos que van a ser utilizados en la construcción de algo, o una paleta de fertilizante destinado a ser aplicado en un fairway.

Los superintendentes deben poner todo de su parte para que estas condiciones sean verdaderamente temporales o escasas. Una pila de maderos, una paleta de fertilizante, o el par de segadoras Triplex que son dejadas en el mismo sitio durante la mayor parte de la temporada, pueden ser consideradas como parte de las obstrucciones permanentes y se aplican nuevas reglas. Obstrucciones permanentes son puentes, cobertizos contra la lluvia, controles de riego, etc.

REGLAS LOCALES

Las reglas locales son reglas suplementarias a las reglas del golf para atender condiciones anormales. Las reglas locales pueden ser aplicables a árboles recién plantados que necesitan ser protegidos de swings erráticos. La regla local determina que el alivio se puede tomar de un árbol rodeado por estacas. De la misma manera, en el comienzo de la temporada cuando las condiciones son menos que perfectas, los oficiales del club decretan que las "reglas de invierno son aplicables" y los golfistas felizmente mueven su pelota a un punto alto, en un tramo de césped perfecto, sólo para que el tiro se les vaya al cielo. Tal es el destino y la mala suerte en un campo de golf.

Las reglas locales también pueden ser instituidas cuando un proyecto importante de construcción se está llevando a cabo sobre el campo de golf. Un trabajo de colocación de panes de césped, la renovación de una trampa de arena, la instalación de una línea de agua, todos implican una inconveniencia temporal para los golfistas. Las áreas que de esta manera están bajo construcción en un campo de golf, deben ser declaradas SER. Sin problemas y sin molestias los golfistas simplemente toman sus pelotas de estas áreas y las dejan caer en el punto de alivio más cercano, no más cercano al hoyo y continuar así.

RESUMEN

Si hay oportunidad de ofrecer cursos de educación adicional al personal de greens, debe colocarse en lo más alto de la lista, un seminario de las reglas del golf y cómo afectan al mantenimiento. Los superintendentes deben conocer las reglas según interfieran a sus operaciones cotidianas. Necesitan ser capaces de aconsejar a los golfistas respecto a qué reglas son aplicables y qué tipo de alivio es permitido. Los superintendentes deben trabajar con profesionales del golf para asegurarse de que el campo está marcado correctamente y con consistencia, de modo que todos los golfistas puedan disfrutar el juego en regla.

Árboles

Pinos susurrantes, palmeras que se mecen, secuoyas gigantes, jacarandas en flor, sauces llorones y muchos otros árboles, delinean los fairways de los diferentes campos de golf en el mundo. Aún así hay aquellos que afirman que el golf es un juego de amplios espacios abiertos, para ello vea a St. Andrews para comprobarlo. Muchos otros campos de golf construidos en terrenos no aptos para su crecimiento, están caracterizados por la escasez de árboles. Hay muchos más que están orgullosos de los árboles que destacan sus propiedades y hasta incluyen el nombre de los árboles en el nombre del campo de golf. Para nombrar unos pocos: "Maple Ridge," "Old Elms," "Burnt Tree," "Magnolia," "Royal Poinciana" y quizás el más famoso de todos, ¡"Cypress Point"!

Los árboles proveen el escenario para que el juego se pueda disfrutar en su máxima plenitud. La forma de los árboles, las raíces enroscadas y los grandes troncos, las ramas retorcidas, las copas como torres, las hojas susurrantes y la frescura de la sombra se combinan para darle a los árboles, un aura de permanencia y a veces una atmósfera que puede ser prohibitiva como también una invitación.

Cuando los árboles están demasiado juntos y traspasan los límites del terreno de juego crean tensión de todos menos de los jugadores más expertos y causan tiros erráticos. Los árboles a la distancia proveen paz mental, relajan el cuerpo y hacen que el "swing" sea libre. Los árboles solitarios en camino al green generalmente sería mejor ignorarlos, son de todos modos, como tan a menudo ha sido indicado, casi aire puro. En un día malo de práctica de golf, los árboles pueden ser terapéuticos para una mente irritada. ¿Quién, a menos que sea el más autocentrado, ardiente golfista, puede de alguna manera ignorar la belleza de las Magnolias en flor durante la primavera o los brillantes matices de los Arces en el otoño? Tal es el mundo en el cual, nosotros como superintendentes vivimos y aplicamos nuestras habilidades para ganarnos la vida.

Los superintendentes de campos de golf tenemos oportunidades únicas en el curso de nuestra carrera. Al principio, muy a menudo, nos encontramos en propiedades que necesitan ayuda, campos de golf que han sido ignorados y descuidados. Con el

Figura 16.1. Árboles que no son podados, eventualmente cubren la vista del green en este hoyo espectacular en la costa oriental de África del Sur.

tiempo, los árboles son plantados y los pastos prosperan. Al fin de una vida de trabajo duro y dedicación, se ha convertido un desierto magro en un Jardín del Edén. Las aves cantan en los árboles, conejitos corretean entre los arbustos y los halcones sobrevuelan en magníficos círculos. Hay una tremenda satisfacción en dicho logro, muy pocas otras profesiones proveen las oportunidades de dejar un legado de estas proporciones.

SELECCIÓN DE ÁRBOLES

Es mejor consultar con expertos antes de decidir que árboles plantar. Colegios estatales e institutos de investigación tienen esta información a la mano. Es aún mejor visitar campos de golf en el área, para ver qué árboles crecen mejor y dónde pueden adquirirse. También investiguen los viveros y aprendan acerca de la disponibilidad y el momento oportuno para plantarlos. El momento de más quietud en los viveros, muy a menudo, es a mitad del verano, después del apuro de la primavera y antes del período de plantar en el otoño. Es una buena temporada para ver lo que les queda. Se pueden encontrar algunas verdaderas joyas entre árboles descartados; árboles con troncos retorcidos y cabezales mal formados. Tal como "Charlie Brown," los árboles pueden ser comprados para un futuro próximo por casi nada y prosperarán bajo el ojo atento del superintendente y el cuidadoso entorno del campo de golf. Mantengan en mente que los árboles perfectos a menudo pareciendo estatuas, son mejores para líneas rectas en cementerios que para las líneas que fluyen libremente en un campo de golf.

Hay muchos árboles que tienen características poco deseables, que no los hacen idóneos en grandes cantidades para campos de golf. Sauces y álamos tienen sistemas de raíces fibrosos que se esparcen mucho más allá de la circunferencia del árbol. Estas raíces invariablemente se enredan en los drenajes y detienen el flujo del agua. Además, ambas variedades son muy quebradizas y aún ligeras tormentas de viento quiebran muchas ramas. Como resultado de esto, el pasto debajo de estos árboles requieren una limpieza constante.

Ciertos tipos de arces como las variedades noruegas, proveen una sombra cerrada que hace que el pasto tenga dificultad para crecer. Una agrupación de arces noruegos, aunque atractivos y de rápido crecimiento están marcados por la tierra sin pasto alrededor de sus bases. Los arces blandos tienen raíces problemáticas que sobresalen del suelo y pueden ser tan sucios como los sauces y álamos. Los fresnos son lentos en la primavera y lo hacen pensar a uno si no se han muerto. Las catalpas son aún más lentas y frecuentemente no muestran las hojas hasta junio. La especie hembra del exótico árbol ginkgo da un olor desagradable lo que representa un problema.

¿Hay algún árbol que pueda ser plantado con la seguridad de no irritar a los golfistas o al comité de greens? Pensamos que hay lugar para todos los árboles. Por cierto que algunos son más deseables que otros, pero todos tienen su lugar. Simplemente no es una buena idea plantar un ginkgo al lado del Golf Shop, o un sauce sobre el tanque séptico del Club House, o un árbol de castañas cerca del cerco de la escuela cercana.

Las coníferas tales como pinos, abetos, etc. forman maravillosas particiones y telones de fondo. Después de unos años, una cama de agujas se formará bajo esas coníferas que coquetean con el olfato y hacen que no sea necesario cortar el césped alrededor de sus bases. Hayas y arces son los ciudadanos sólidos del bosque, pero producen hojas en abundancia. Los fuertes robles duran para siempre y mantienen su follaje ya entrado en el invierno, aunque muertas y marrones, mucho después que la temporada de golf haya concluido.

La mejor selección de árboles para cualquier campo de golf incluye una gran variedad de especies. Esos pobres campos en que sólo plantaron olmos que luego fueron destruidos por la plaga holandesa, deben haber estado bastante apenados de no haber incluido unos pocos humildes álamos y sauces. Los campos de golf que fueron exclusivamente plantados con pinos austriacos y que fueron acabados por el hongo Diplodia, de seguro desearon que hubieran plantado algunos abetos y pinos en su programa. Cuando llega una plaga, es siempre mejor tener una diversidad de especies para que muchas sobrevivan la devastación de una epidemia.

UN PLAN PARA PLANTAR ÁRBOLES

No todos los campos de golf son bendecidos con una abundancia de bosques nativos o con una amplia variedad de especímenes de árboles. Cuando, adicionalmente hay menos factores inherentes al terreno, tales como arroyos y lagunas o lomas y valles, puede existir la necesidad de tener que plantar árboles para separar los fairways, para marcar perímetros, o para darle carácter a los hoyos. Agrupaciones de árboles rompen la monotonía de un panorama despejado. Los árboles pueden ser plantados para acentuar la estrategia de los hoyos individuales. Los árboles pequeños cuando son plantados no causan ningún problema pero rápidamente crecen para convertirse en obstáculos formidables. Los árboles plantados en lugares equivocados pueden obscurecer la vista y la perspectiva. Árboles y salidas casi nunca van juntos. Tampoco son una buena idea cerca de los greens. Aún así un árbol sabiamente plantado puede tomar el lugar de una trampa de arena y no necesita ser rastrillado todos los días, por todas estas razones y muchas otras, un plan para plantar árboles es una necesidad, pero debe ser preparado cuidadosamente. Ya que en la mayoría de los casos, la ubicación de los árboles afecta la estrategia de los hoyos de golf, debe ser contratado un arquitecto calificado. El plan preparado por el arquitecto debe mostrar a dónde plantar los árboles. Este plan debe ser preservado, enmarcado con vidrio y colgado en un lugar visible donde pueda permanecer por un tiempo, porque el plantar árboles es un proyecto de largo plazo. Los comités y los funcionarios deben comprometerse firmemente con el plan aceptado.

UN VIVERO PARA ÁRBOLES

El plantar árboles nuevos en un vivero propio es una tarea muy satisfactoria. Los árboles destinados para el vivero pueden ser pequeños como de 5 cm. O tan gruesos como el dedo meñique de una mano. Deben ser plantados en suelos fértiles que puedan ser regados cuando sea necesario. Es mejor plantar estos árboles jóvenes en líneas rectas a unos 60 cm de separación. Puede que necesiten ser protegidos con guarda árboles o estacas. Los árboles jóvenes crecen muy rápidamente y puede que requieran ser transplantados en unos pocos años para que no crezcan unos al lado de otro. El plantar árboles jóvenes provee la oportunidad de utilizar una amplia selección a un costo muy bajo. Existe la oportunidad en un vivero, para experimentar con árboles poco usuales; ver como crecen y como se adaptan a las condiciones locales. A un vivero se le debe quitar las malezas con regularidad o tratarlo con glifosato. El no darle atención al vivero resultará en que los árboles crezcan desordenadamente rodeado de hierbas altas y el vivero como experimento, resultará en un triste fracaso. El utilizar segadoras de hilo o rotativas en pequeños viveros para árboles, no es recomendable. Más árboles han muerto debido a las segadoras de hilo que por otra causa.

Con el pasar del tiempo los árboles deben ser movidos del invernadero a sus ubicaciones permanentes conforme al plan maestro. No se necesita transplantar todos al mismo tiempo, dejen algunos en el vivero, es como un seguro y dinero en el banco. Si de alguna manera es posible, el vivero para árboles debe ser ubicado cerca del edificio de mantenimiento. Si el vivero es ubicado en un lugar lejano y fuera del área de circulación del campo de golf, quedará latente la posibilidad de que estando fuera de la vista, será olvidado y desatendido. La ventaja de tener el vivero a mano es que el plantar puede ser llevado a cabo sin grandes preparaciones. Días lluviosos son ideales para el transplante de los árboles desde el vivero. El trabajo es un poco sucio, pero el porcentaje de éxito es muy alto.

PLANTANDO ÁRBOLES

Para la mayoría de los árboles, existe un tiempo ideal para plantarlos, pero árboles pequeños pueden ser transplantados con menos dolor que sus hermanos y hermanas mayores. Cuando el suelo está húmedo y los brotes de los retoños aún no se han abierto, es el momento perfecto para transplantar un árbol. Pueden estar seguros que sobrevivirán y crecerán si se siguen las siguientes precauciones:

1. La preparación del hoyo que va a recibir el árbol es de capital importancia. El viejo dicho de cavar un hoyo de 10 dólares para un árbol de 5 dólares todavía es aplicable hoy en día. Asegúrese que el hoyo sea dos veces más grande que la bola de raíces del árbol que allí va a crecer. Si los suelos existentes son particularmente toscos, como a menudo es el caso en campos de golf nuevos, agregue tierra mejorada mezclada con fertilizante.
2. Plante el árbol a la misma profundidad de donde creció anteriormente, o aún un poquito más alto. Esto es para animar el drenaje. No se debe acumular un charco de agua alrededor de la base de un árbol. Esto resultaría en lo que se llama pies mojados, lo cual finalmente mataría al árbol.
3. Rellene con cuidado alrededor de las raíces del árbol. Utilice tierra de buena calidad y apriétela con el taco de la bota. La tierra alrededor del árbol debe estar firme para que el árbol quede firmemente anclado y no queden bolsas de aire en la tierra que rodea las raíces.
4. Cree una fosa alrededor de la base del árbol. Esto es para que el agua sea retenida para ser gradualmente absorbida a la zona de las raíces cada vez que el árbol se riegue. Los árboles recién plantados son, al principio, muy sedientos y deben ser regados con regularidad. La fosa eventualmente tendrá que ser nivelada o algún golfista la considerará como una posición injusta. ¡Qué Dios lo prohiba!
5. Finalmente, el árbol debe ser protegido contra los elementos y la gente. Aún los árboles pequeños requieren una estaca para evitar ser pasados por encima. Árboles más grandes pueden requerir más de una estaca y quizás unas guías de alambre para asegurar su posición.

Todo lo anteriormente mencionado puede ser ayudado por el simple expediente de utilizar una azada o tulipas para árboles. Dichas herramientas vienen en todo tipo de formas y tamaños y pueden ser utilizadas para árboles pequeños, pero especialmente para árboles muy grandes. Azadas para árboles como la "Big John" pueden mover unos árboles con una circunferencia de 22.5 cm y una bola de tierra que mida hasta 2 metros, pesando más de una tonelada. Unos cuantos árboles plantados en grupo, crean un panorama instantáneo o una trampa instantánea, dependiendo del punto de vista de cada uno. Los árboles que son plantados con una azada para árboles grande, requieren el mismo cuidado de la post plantada antes descrita. Los espacios entre la bola de tierra y el hoyo necesitan ser compactados con un "dos-por-cuatro" o el mango de una pala. Es también recomendable formar una fosa alrededor de la base del árbol para ayudar con el riego. Los árboles grandes que sean plantados durante el calor del verano, requieren ser regados muy a menudo.

Los árboles más pequeños seguirán siendo plantados manualmente, porque es rápido y fácil. En ciertas temporadas del año los árboles caducifolios pueden ser plantados con sus raíces desnudas. Se debe tener cuidado que las raíces se mantengan húmedas. Una manera poco común de plantar implica llenar un hoyo con agua, agregar tierra, fertilizante de origen animal y un fertilizante tradicional, mezclando todo esto muy bien. La solución barrosa es utilizada como un baño para los árboles antes de ser plantado. Un arce con las raíces desnudas que es mojado en esta solución encuentra sus raíces chorreando con una mezcla que contiene todo lo esencial para la vida y cuando es plantado, está listo para un crecimiento seguro.

DISTANCIA ENTRE LOS ÁRBOLES

Es importante visualizar cómo se verán los árboles recién plantados una vez que crezcan. Deben ser plantados con suficiente espacio entre ellos para que no se aprieten entre sí. Debe haber suficiente espacio para que las segadoras puedan trabajar entre ellos para cortar el pasto. Cuando los árboles son plantados demasiado lejos uno del otro, pocas veces les va bien. Nosotros creemos que a los árboles les gusta la compañía mientras están creciendo y sobreviven mejor como grupo que por sí solos. Al ir madurando, se puede cortar algunos o transplantar.

Son pocas las veces que los árboles lucen bien en un campo de golf cuando están plantados en líneas rectas. Aún a lo largo de una cerca o alrededor de un perímetro, los árboles deben ser plantados de manera irregular, para crear interés y evitar la monotonía. Las agrupaciones de árboles deben ser conformadas de diferentes especies y ser de diferentes tamaños por la misma razón.

MANTENIMIENTO DE LOS ÁRBOLES

El cuidado de árboles pequeños es una tarea fácil. Deben de ser fertilizados de vez en cuando, regados si lo necesitan y podados para mantener el crecimiento bajo control. Los superintendentes deben llevar consigo una tijera para ir podando ramitas que parecen estar fuera de lugar, o ramas bajas que golpean el techo de los carros de golf. Pero la poda, sin embargo, no es un trabajo temporal del superintendente. La poda regular es parte integral de una operación de mantenimiento que debe ser llevada a cabo en el momento correcto.

La poda se hace más complicada con el crecimiento de los árboles, requiriendo los servicios de expertos en ese campo. Las ramas muertas deben ser removidas y las ramas cruzadas eliminadas. Picadores de ramas son utilizados para detener el crecimiento excesivo, los árboles y ramas más grandes son cortados para leña.

A muchos golfistas no les gusta la remoción de árboles, incluyendo aún aquellos árboles que han pasado su punto primo o que estén obviamente secándose o ya secos. Los árboles que en su momento fueron plantados con buenas intenciones, pueden haber perdido su utilidad o pueden haberse convertido en obstáculos. Dichos árboles pueden haberse convertido en "vacas sagradas" para muchos golfistas y su remoción causa a veces la punta de lanza para demandar que se detenga el proyecto. Personas que para otras cosas son muy sensatas se ponen muy sentimentales e irracionales cuando se trata de árboles. Para evitar estas confrontaciones, es una buena idea tener a mano un arquitecto de campos de golf para darles una mano y dejar que él tome la decisión final. Como último recurso, corten los árboles temprano en la mañana o aún mejor, cuando el campo esté cerrado. Simplemente asegúrense que el tocón sea eliminado y la cicatriz plantada con césped. Rara vez un golfista extraña un árbol, una vez que éste no está.

Hay una historia respecto a la remoción de árboles que implica al superintendente Richard Bator en el este de los Estados Unidos. Los árboles en su campo de golf habían invadido de tal forma alrededor de sus salidas, greens y fairways, que el crecimiento del césped era esporádico y esto requería de una acción drástica. Bator cortó los árboles temprano de mañana o durante la temporada baja. Cuando algún golfista le preguntaba qué había sucedido con ciertos árboles familiares, la respuesta era siempre la misma: una tormenta los había tumbado o habían sido golpeados por un rayo. Su respuesta era una verdad a medias, porque los golfistas no sabían que él llevaba en su camioneta dos sierras de cadena; una era conocida como "tormenta" y la otra "rayo."

A ninguna persona responsable le gusta descorazonadamente derribar los gigantes de los bosques o especímenes de árboles de un campo de golf. En la mayoría de los casos, los árboles que nosotros plantamos hace muchos años eventualmente llegan a su madurez, pero sea cual fuere la razón están en el camino y necesitan ser extraídos. Son pocos a los que le ha tocado este destino en comparación con los cientos o hasta miles que hemos plantado en nuestros días. Para los golfistas, el dolor asociado con la tala de árboles puede ser diezmado un poco haciendo que la leña esté disponible para aquellos que la necesitan.

HOJAS

Es bonito el color de las hojas en el otoño, pero éstas pueden causar tremendos problemas para los golfistas que pierden pelotas entre ellas. El viento las amontona o las apilan en largas líneas. Las hojas son rastrilladas y depositadas en tolvas y llevadas a otro lado para ser convertidas en abono o de otra manera ser quitadas de la propiedad. El aroma de las hojas ardiendo ahora es sólo una dulce memoria en la mente de estos greenkeepers de cabello canoso. La práctica ha desaparecido de la escena de los campos de golf como también lo han hecho los palos de nogal americano.

En campos de golf que son bien conocidos por sus numerosos árboles, la remoción de las hojas es una operación importante que involucra maquinaria pesada y varios empleados durante semanas. La mayor prioridad es mantener a los greens y áreas aledañas, libres de hojas caídas. Ya qué las hojas caen continuamente, puede ser que los greens necesiten ser limpiados varias veces al día. El siguiente paso en orden de importancia, son las áreas de aterrizaje, seguido por los roughs, las trampas de arena y las salidas. Es un proceso continuo que no termina hasta que la última hoja haya caído y haya sido removida. A veces recibimos la ayuda de un viento amistoso que sopla las hojas a un bosque cercano o a un arroyo cuya corriente se las lleva. Pero principalmente esto es un trabajo bastante rudo.

Figura 16.2. Las hojas son un problema que se repite cada año en campos de golf ubicados en el norte. Las sopladoras que trabajan con el tractor con cardán son utilizadas muy a menudo para limpiar la superficie.

Equipos especiales están disponibles para segadoras rotativas, en especial para las grandes que tienen los aditamentos en el frente. Telas metálicas son ubicadas dentro de las unidades de corte y estas poderosas segadoras pueden ser convertidas en equipos muy útiles que preparan las hojas para ser convertidas en abono. La rápida rotación muele las hojas en pequeñísimas partículas que desaparecen entre las hojas del pasto. El moler las hojas de esta manera convierte rápidamente a un fairway o un rough desparramado con hojas, en un césped limpio y en condiciones para el juego. Sin duda, una vez que estas partículas se descompongan agregarán materia orgánica a los suelos.

RESUMEN

Cuando éramos jóvenes y con poca experiencia buscábamos árboles de rápido crecimiento y no los podíamos encontrar. Con los años nos dimos cuenta que la mayoría de los árboles son de rápido crecimiento y que de alguna manera los árboles crecen más grandes y más fuertes en la medida que nosotros envejecemos y nos hacemos más débiles. Fue el poeta Persa, Omar Khayyam que hace muchos siglos señaló: "Es un hombre sabio, el que planta un árbol, en que bajo cuya sombra él sabe que nunca descansará." Con esa prosa de sabiduría en mente, continuaremos plantando árboles y en ciertas ocasiones seremos despiadados y cortaremos un árbol en perfecta salud, pero cuando nos vayamos de este mundo siempre habrá un legado viviente de nuestro insignificante trabajo.

Diseño del Paisaje

INTRODUCCIÓN

Un golfista en camino al campo de golf recibe su primera impresión de lo que encontrará, en la entrada a la propiedad. Esta primera impresión a menudo establece el tono para lo que será su experiencia. Una jardinera desarreglada, un césped con maleza, el pavimento fracturado, pueden ser indicativos de cómo será el campo de golf o cómo será aún el Club House. Agregue a ésto una recepción indiferente en el Pro Shop o algo mal cocido en la parrilla y no importa cuán bien detallado esté el campo de golf, el escenario ya se ha establecido para una experiencia miserable durante el juego. Esta es precisamente la razón por cual la dirección de un campo de golf es realmente un esfuerzo en equipo. Todos los componentes del equipo deben trabajar juntos, como los engranes en una máquina bien aceitada para producir una organización que funcione pareja. En ningún lugar es más importante dicha cooperación que en la entrada del campo de golf. No necesita ser un jardín elaborado de rocas con cascadas y fuentes artísticas. No hay necesidad de estatuas, cestas colgantes ni de arbustos ornamentalmente podados. El golfista, en su apuro para llegar a la primera mesa de tiro, apenas va a tomar nota de esas extravagancias, pero subconscientemente recogerá las imperfecciones: el césped que no está cortado, malas hierbas entre las flores y ¡basura sobre el pavimento! Estas cosas son indeleblemente registradas en su mente, sólo para ser recordadas cuando los putts no caen y el servicio es lento.

ÁRBOLES Y ARBUSTOS

El paisaje alrededor del Club House se diseña para vestir los edificios y para crear un cuadro tan bonito como sería una tarjeta postal. A todos les gustan las flores de diferentes colores, arbustos vistosos y árboles especiales. Para ordenar éstos de la manera más ventajosa tenemos al diseñador de paisajes y hasta el más humilde Club House necesita su diseñador de paisaje para mejorar su apariencia.

Mientras que en el campo de golf el énfasis es en la calidad del césped y en el diseño de los hoyos, alrededor del Club House tenemos la oportunidad de lucirnos con árboles inusuales, arbustos florecientes, rosales, etc. Los árboles tales como manzanos silvestres, guindas japonesas que de alguna manera afectarían la estrategia de hoyos individuales, son ideales para los alrededores del Club House. Los árboles como tuliperos y ginkgos son otros especímenes que caen en esta categoría. Agrupaciones de arbustos vistosos tienen una apariencia magnífica sobre bancos de césped cerca de los vestuarios. Bajo el cobijo del edificio del Club House, plantas que probablemente morirían en el campo de golf, logran sobrevivir cuando están protegidas del viento y el frío. Precisamente debido a la ubicación favorable del Club House, las plantas llegarán más rápido a su madurez que en el campo abierto. Es por esta razón que uno a veces debe podar sin piedad, con una poda severa y a veces pensando que se requiere la remoción de algunas plantas. De la misma manera que a veces ciertos árboles se convierten en vacas sagradas en el campo de golf, conviene hacer este trabajo muy temprano en la mañana o de noche, asegurándose de quitar toda las evidencias antes de que los golfistas lleguen.

Puede convertir el área del Club House en un verdadero jardín botánico con una amplia variedad de plantas, que son de interés no sólo para los golfistas sino también para los visitantes. Los superintendentes con un sentido por la horticultura encuentran la perfecta oportunidad para exhibir su conocimiento en las laderas de césped que rodean al Club House. A menudo, los miembros donan o plantan árboles en memoria de un golfista fallecido. Es común ponerles un cartel con su nombre tanto en latín, como el nombre común. Esto anima a los visitantes a tomar paseos por los jardines y admirar su belleza, al mismo tiempo que aprenden el nombre de las plantas.

Es importante cubrir con plantas las áreas de servicio, plantas que puedan tapar las áreas de almacenaje y la siempre presente basura que se acumula. Los agrupamientos de siempre verdes densos dan un efecto inmediato, pero algunos arbustos caducifolios también pueden ser utilizados con ventaja.

Los golfistas que están de visita necesitan un lugar donde bajar sus palos, defina esta área. No es ningún pecado copiar el área para recibir bolsas de un campo de golf vecino. Esta es una de las razones por las cuales los superintendentes viajan con cámaras fotográficas e imitan ideas nuevas.

JARDINERAS

Para diseñar y dar forma a una jardinera se requiere habilidad artística y a no ser que el superintendente, el jardinero o alguna otra persona tenga conocimiento respecto al diseño de paisajes, sería mejor contratar a un paisajista profesional. Dicho profesional preparará un plan mostrando las formas y ubicaciones de todas las jardineras como también las decoraciones como piedras y caídas de agua. Muy a menudo para cuando llega el paisajista ya hay árboles establecidos. La mayoría de estos se quedan y otros se colocan en lugares prominentes. La primera función del arquitecto es la creación de un plan con líneas fluidas que concuerde con los edificios existentes. Una vez que el plan está preparado, el superintendente y el jardinero combinan sus talentos y harán del plan una realidad.

Ha sido nuestra experiencia que la necesidad de tierra de primera calidad para las jardineras es tan importante como los suelos que están por debajo del césped en el campo de golf; quizás aún más. Trate de cavar una jardinera a una profundidad de por lo menos dos pies (60 cm). Utilice el material excavado para construir un montículo o una salida y luego rellenen las jardineras con tierra preparada rica en humus. Tome un manojo y téngalo cerca de su nariz; debe ser rico, de aroma a abono animal. No confunda la tierra negra con un recubrimiento de calidad. La tierra negra huele al fondo de un pantano, de donde vino y se siente pegajosa y elástica al tacto. Dicho material no merece el nombre de "tierra" y nunca va a crecer nada que valga la pena, solo malas hierbas.

Agregue mucho fertilizante a la jardinera nueva, particularmente harina de hueso en cantidades copiosas. No tema trabajar el abono animal, pero tenga cuidado con algunos de ellos. Demasiado excremento de caballo puede retardar el crecimiento de las plantas. Como buena medida agregue un "triple diez" y trabájelo con una horquilla o un rotocultivador. En dichas jardineras de alta fertilidad, crecerán plantas grandes con enormes flores durante muchos años y será la envidia de vecinos y visitantes.

Bulbos que Florecen

En la primavera ningún jardín está completo sin tener por lo menos, algunos bulbos que florezcan. Una presentación de tulipanes y narcisos siempre llama la atención como también un borde de crocos y jacintos. Áreas amplias de césped pueden ser naturalizadas plantando bulbos al azar. ¿Cómo se hace esto? Simplemente tome un costal de bulbos y comience a botarlos hacia atrás sobre su hombro y plantarlos precisamente donde cayeron. Cualquier otro método resulta invariablemente en líneas rectas que distraen y parecen artificiales.

No puede cortar el césped entre los bulbos sin arruinar el paisaje natural del área. En cuanto los bulbos comienzan a desvanecerse, es hora de cortar el césped y las flores que quedan. Los bulbos en las jardineras se benefician si uno las deja hasta que las hojas de los árboles comienzan a cambiar. Esto ayuda a la retención de nutrientes en el bulbo bajo tierra y les asegura una copiosa cantidad de flores para la temporada siguiente.

Las flores anuales, pueden ser plantadas entre los bulbos que se están abriendo al comienzo de la primavera. Esto, durante una semana o más puede parecer un poco desordenado, pero si las jardineras son cuidadosamente atendidas, en poco tiempo la apariencia global mejorará rápidamente. Algunas personas sacan los bulbos y los almacenan hasta el otoño. Hemos descubierto que es mejor dejar los bulbos bajo tierra, de esta manera se asegura que nadie se va a olvidar de plantarlos el otoño siguiente. Una vez que los bulbos pasan de su mejor estado, después de dos o tres años, pueden ser excavados y plantados en el campo de golf. En el lado sur o a lo largo de una línea de árboles es una excelente ubicación. Sus flores tempranas recibirán a los golfistas cuando regresan al campo de gol para su primer juego en la primavera.

Anuales y Perennes

Hay muchas selecciones de flores anuales para la estación de primavera y se requiere de cierta experiencia para hacer la elección correcta. Es importante comenzar a conjugar colores, de lo contrario la jardinera se verá mal. Se recomienda el uso de pocos colores para obtener mejores resultados. Las jardineras individuales generalmente quedan mejor con un solo tipo de flores y quizás con un borde sencillo. Obviamente la altura de las plantas es importante, con las más altas siempre hacia atrás y las más bajas hacia el frente.

Para un efecto inmediato, plante las anuales muy cerca una de la otra. Sin embargo, los jardineros con más paciencia dejan más espacio entre las plantas. Una vez que las plantas toman raíz y reciben apoyo, rápidamente llenan los espacios. Las anuales recién plantadas requieren al principio de mucha agua. Una vez que las raíces se han fijado, les ayuda el trabajar la tierra con una asada, rompiendo con regularidad la costra de la tierra y permitiendo el paso del aire. Las aplicaciones oportunas de fertilizante son algo esenciales, aunque las jardineras armadas como indicamos antes, van a necesitar muy pocos nutrientes por mucho tiempo.

Las flores perennes son simbólicas de los jardines ingleses. En ningún lugar del mundo lucen las perennes más ricas y más profusas que en los jardines campestres de Inglaterra, cerca de las mansiones Tudor o en una mansión victoriana. Existe una multitud de plantas que florecen toda la temporada y dan tanto color como atractivo en todo momento. Estudie los jardines ingleses y aplique lo que aprenda alrededor del Club House. Recuerde que los jardines ingleses han sido cuidados por jardineros que han trabajado mucho y con mucho amor. Un jardín perenne requiere de mucha atención, de hecho devoción, para lucir a su máximo.

Puede reclutar a miembros interesados para ayudar con los jardines. En el Club de Golf de Damas en Toronto las jardineras fueron diseñadas por un talentoso miembro y en ningún lado es tan impresionante la belleza de las jardineras como lo son en este campo de golf. Hay una profusión de lirios, malvas, rosas, alegrías del hogar, boca de dragón y alhelíes que con su dulce aroma llaman la atención de los visitantes y miembros al entrar en autos hasta el Club House con su frente de pilares.

FOTOS AÉREAS Y OPORTUNIDADES PARA UNA VISTA PANORÁMICA

Los campos de golf son espacios favoritos para bodas, aniversarios y otros acontecimientos importantes. Dichas memorables ocasiones son a menudo grabadas con fotografías o videos. Las mejores ubicaciones necesitan ser identificadas y mejoradas. A los visitantes también les gusta observar a los jugadores durante su juego. Quizás exista la oportunidad de proveer una vista de la propiedad desde un punto alto. Dicho observatorio debe incluir asientos cómodos y posiblemente una mesa con algunas sillas.

JARDINES DE ROCAS Y CASCADAS

En campos de golf exclusivos, los paisajistas pueden llegar a ser muy extravagantes. Hemos observado los jardines de rocas más elaborados con cascadas y fuentes, con caídas de agua de diferentes colores e incluso montañas artificiales tirando gases. Es impresionante ver estos paisajes y a menudo nos preguntamos si el dinero no hubiera sido mejor gastado en mejoras en el campo de golf. A veces parece que los directores del campo de golf tienen sus prioridades confundidas. La gran mayoría de los clientes de un campo de golf vienen a jugar al golf y no a mirar paisajes artificiales. El verdadero paisaje de césped, árboles, agua y arena es un conjunto de belleza, pocas veces difícil de igualar o simular alrededor del Club House.

UN VIVERO Y UN JARDINERO

Cualquier tipo de paisajismo extenso alrededor del Club House requiere la atención de tiempo completo de un jardinero. Existe la rutina diaria de regar y quitar las hierbas, de podar los arbustos y cortar el césped. El trabajo nunca termina, con períodos de mucha actividad en la primavera seguidos por la rutina regular mientras avanza la temporada. El césped requiere frecuentes cortes y fertilizaciones. Los aspersores deben ser ubicados para asegurar que se rieguen correctamente tanto el césped como las plantas de adorno. La reputación del jardinero depende totalmente de la calidad de trabajo que produce. Cuando las señoras dicen "ooh" y "ah" mientras admiran las jardineras, cuando los hombres fotografían los arbustos y cuando los visitantes quieren saber el nombre de las plantas, entonces un jardinero astuto sabe que su buen trabajo está siendo reconocido.

RESUMEN

Para muchos establecimientos de golf, un elaborado paisaje para el Club House es algo totalmente superfluo. La razón de su existencia es la de proveer golf y sólo golf. Para algunos de los Clubes Campestres, la calidad de sus jardines es casi tan importante como el campo de golf. Dichos clubes van a cualquier extremo por embellecer su propiedad y un jardinero competente es invariablemente la persona que la hace brillar. Es muy importante que la primera impresión comience con la apariencia de la propiedad que rodea el Club House. Esta no requiere gran elaboración, pero sí debe estar cuidadosamente atendida.

18 Administración del Personal

INTRODUCCIÓN

Los trabajadores arriban al campo a punto de amanecer o aún antes y son asignados a ciertas tareas, las cuales en un grado u otro determinan la condición del campo de golf. Cómo son organizados y cómo son administrados va a tener un impacto directo en la manera en que los golfistas disfruten su juego ese día específico. Por lo general, muchas de las decisiones acerca de quién hace qué y a dónde van, se toman el día anterior, pero a menudo hay cambios de último momento debido al clima, al cambio de una función o a un acontecimiento especial.

REUNIÓN DEL STAFF

En muchos casos, el superintendente y los ayudantes tendrán una reunión de última hora para decidir las tareas del día. A menudo se incluyen a jugadores clave también. Este es el momento para que el superintendente se dirija a sus tropas. Dirigir la palabra a los trabajadores agrupados es como dar un discurso en una reunión o conferencia sobre pastos. Requiere preparación y confianza. Los asistentes deben estar cerca para ayudar con los detalles.

Una plática con las tropas debe comenzar con información general acerca sobre qué tipos de acontecimientos se van a llevar a cabo ese día en el campo de golf. Los acontecimientos que están programados a futuro también pueden ser mencionados. Quizás haya un torneo especial en el futuro cercano y se necesite llevar a cabo preparativos especiales. Durante el inicio de la plática, es una buena idea señalar a uno o dos empleados que trabajaron bien el día o la semana anterior y felicitarlos en frente de sus compañeros. Estas felicitaciones en público son muy buenas para la moral de todo el equipo.

Luego, viene la asignación de todas las tareas individuales de rutina, tales como cortar el césped, cambio de hoyos y el rastrillado de trampas, a miembros específicos del equipo. Llámelos por su nombre y hágalos sentir que su tarea es importante. Cambie frecuentemente la secuencia de las asignaciones. Si rastrillar las trampas de arena siempre es la última tarea mencionada, el rastrillador sentirá que las trampas son de menor importancia y la calidad de su trabajo puede sufrir. Comience un día con el corte de los roughs y termine con el cambio de hoyos. Y luego cambie la secuencia. Si cierto trabajador comenzó a trabajar más temprano que lo usual, informe al resto del staff lo que está sucediendo.

Si se anticipa que un cortador de greens va a terminar a media mañana, dígale específicamente lo que necesita hacer durante el resto del día. Es mejor que cada empleado sepa lo que se requiere de él a lo largo del día. Es aún mejor, que todos los empleados sepan lo que todos los demás estarán haciendo. Por lo tanto, sea específico en establecer exactamente lo que se espera de ellos. Subraye la necesidad de reparar los piques a los cortadores de greens y a los que cambian los hoyos recordarles de la necesidad de tener las copas limpias.

La plática para las tropas no debe ser muy larga. Sea preciso y vaya al grano. Una plática demasiado larga con mucha conversación pierde su efectividad. Guarde los comentarios favorables de los golfistas para el final. De esta manera el día comienza con una nota positiva.

ARRANQUEN SUS MOTORES

Mientras el equipo recibe sus instrucciones, el mecánico o un asistente deben sacar todas las segadoras necesarias ese día y arrancar las máquinas para calentar los motores. Siempre deben estar a punto a la hora establecida, quizás antes pero nunca tarde, los operadores suben a sus máquinas y salen a trabajar. Permanezca alerta por un tiempo, en caso de que haya alguna falla mecánica. Mientras que el mecánico arregla el problema, el asistente o algún otro ya sale para cubrirlo.

VERIFIQUE Y VUELVA A VERIFICAR

Como media hora después de que el equipo de greens haya salido y estén ocupados trabajando en el campo de golf, es el momento para que el superintendente comience sus rondas. Verifique que las segadoras de los greens estén cortando bien y en líneas rectas. Verifique la ubicación de un copa en el hoyo del green para ver si está sobre un área a nivel. Deténgase en un lavapelotas y haga una prueba para ver si está el jabón y el agua, verifique los pasos de las marcas de salidas y que estén apuntando al centro del fairway. Deténgase a platicar con el solitario rastrillador de una trampa de arena o ayude a rastrillar una orilla. Demuestre interés y también de un ejemplo. Siempre recoja cualquier basura, tales como servilletas, latas de refresco o lo que sea, al ir recorriendo el campo de golf, ya sea a pie o en un carro. Ofrezca cumplidos por los trabajos bien hechos y ayude a aquellos que necesitan ayuda o entrenamiento adicional. Un saludo de mano o una sonrisa a una cortador de fairways o a un cortador de roughs que esté trabajando hace maravillas para la moral y la actitud de los trabajadores. A los trabajadores les da sentido de seguridad, saber que el jefe los aprecia personalmente y que aprecia su trabajo.

En ocasiones, deténgase a conversar con los golfistas. No estorbe su juego cuando es obvio que están tratando de concentrarse, pero sea accesible si parece que quieren platicar. Escuche sus preocupaciones con toda su atención, aunque haya oído esa queja cien veces antes. Discúlpese por obras que puedan interferir con su juego y explique las razones por las inconveniencias. En todo momento trate de congeniar, aún cuando el pasto esté marchito y las máquinas se estén descomponiendo. Intente recordar los nombres de sus clientes regulares. Es mucho más agradable tener un intercambio inteligente con una persona a quién uno la puede llamar por su nombre de pila, que una confrontación desagradable con un extraño.

¡CUIDE SU APARIENCIA!

Aunque los greenkeepers de antes vestían camisa, corbata y hasta saco, la vestimenta casual parece ser universalmente aceptable hoy en día. Pero aunque nuestros golfistas usen mezclilla en el Club House y a veces en el campo, todavía conviene que el superintendente luzca respetable. Según te vistes es como te tratan. Si los golfistas no pueden identificar al superintendente de los demás trabajadores, uno no se debe sorprender si disminuye el respeto por esa posición. No es necesario estar de útlima moda; con el simple uso de ropa limpia y funcional es suficiente. Muchas tiendas ahora venden ropa para afuera de la oficina que es ideal para un superintendente. Las telas con mezclas de algodón son durables y atractivas. Cuando un superintendente juega al golf debe lucir como un golfista, con una camisa limpia y pantalones bien planchados. Para las reuniones del Comité de Greens use pantalones de vestir, un saco y posiblemente una corbata. Muchos de los artículos de vestir vendidos a través de la GCSAA son ideales para el uso de superintendentes, y los hace presentar con una imagen profesional.

DESCANSOS PARA CAFÉ Y ALMUERZO

Pocas son las personas que están dispuestas o son capaces de trabajar continuamente sin un descanso ocasional. Todos deseamos sentarnos de vez en cuando, relajarnos con un café o un refresco en un día caluroso. Nuestros trabajadores no son la excepción. Muchos llevarán con ellos un termo con té o café para descansar bajo la sombra de un árbol o en la banca de una salida. Otros visitan la fuente de sodas o estación de bebidas en el campo de golf. Se presenta un problema cuando todos se congregan al mismo tiempo en una de las casas de medio camino o en una caseta para refrescos. La abrumadora presencia de un grupo grande de trabajadores tiende a inhibir a los golfistas, que como resultado pueden pasar de largo la estación de bebidas o el bar.

Los descansos para café deben estar organizados de tal manera que divida a los equipos de greens en pequeños grupos y que estén bien separados y que no interfieran con los clientes regulares, que para su conveniencia frecuentan la cantina. No obstante, durante la hora de almuerzo se anticipa que todo el equipo regrese a la sede para tomar su descanso. Mientras comen sus sandwich, el equipo socializa y establecen lazos de amistad y camaradería. Justo antes de finalizar el período de descanso, una vez más el superintendente o el asistente, habla acerca de las tareas asignadas para el resto del día. Esto es principalmente un repaso de lo que fue decidido en la mañana, pero a veces hay cambios y el equipo debe ser avisado respecto a lo que se espera de ellos.

VERIFIQUE, VERIFIQUE Y VUELVA A VERIFICAR

Es sólo a través de una comprobación persistente de las tareas de los trabajadores que uno puede estar seguro que el trabajo se lleva a cabo. No es necesario interferir con el trabajo de los empleados bien entrenados, pero con visitarlos y comprobar el progreso, uno demuestra un interés que es contagioso y lleva a una calidad más alta de rendimiento y orgullo en el proyecto. Además, muchas cosas pequeñas que pueden haber sido pasadas por alto, inclusive por un trabajador diligente, pueden ser corregidas por la oportuna inspección del maestro.

EL FIN DEL DÍA

Por lo menos para los trabajadores por hora, el fin del día llega a mediados de la tarde. Todas las máquinas y los operadores regresan al Centro de Mantenimiento de los Pastos. ¡Es hora de limpiar! Se llenan los tanques de gasolina, se limpian los equipos y se guardan de manera ordenada.

Se barren los pisos, se limpian los baños y es aseado el cuarto de descanso del Staff.

Es mejor asignar a una o más personas en base semanal para limpiar y cerrar con llave. Prepare un listado y que la persona encargada se asegure que todo ha sido atendido, guardado y puesto bajo llave. Es hora que todos se vayan a casa, excepto aquellos que están trabajando horas extras, quizás el equipo de riego, un asistente y de seguro el superintendente. Cuando en el taller todo está en paz y silencio tenemos una oportunidad maravillosa de ponernos al día con el papeleo administrativo. Archivar el informe de la aplicación de fertilizantes o productos químicos. Anotar todas las actividades del día en una bitácora. Hacer llamadas telefónicas y prepararse para reuniones con los miembros del comité o con los diferentes jefes de departamentos. Relajarse un rato con una revista acerca de céspedes y dar una vuelta más sobre el campo de golf. Ahora es el momento de planificar las actividades para el próximo día.

CONTRATACIÓN Y DESPIDOS

Reclutar y entrenar a un equipo de greens que trabaje bien y con dedicación es indiscutiblemente, la tarea más importante que el superintendente debe desempeñar en el comienzo de cada temporada de golf. Por supuesto, varios miembros del per-

Figura 18.1. Mantenga la apariencia de un superintendente profesional.

sonal, trabajan todo el año. Otros regresan temporada tras temporada, pero un número de trabajadores nuevos, necesitan ser contratados cada nueva temporada. Para comprar una nueva segadora o un tractor, uno simplemente necesita recibir cotizaciones y hacer una elección, pero contratar a un empleado nuevo requiere mucho más tiempo y tiene el potencial de ser un desastre o un gran éxito. Puede regresar las máquinas bajo garantía si fallan o si no son las adecuadas. Los trabajadores son seres humanos con sentimientos, que a veces deben ser reprochados o felicitados, animados o desanimados, como también entrenados a ser buenos y dedicados greenkeepers. ¡El objetivo es contratar cuidadosamente!

La Entrevista

Existen muchas maneras de anunciar la necesidad de trabajadores, los anuncios de empleo en los periódicos probablemente ofrecen las mejores oportunidades. No pasen de largo los periódicos locales, tableros para anuncios en los supermercados y correr la voz con los empleados existentes. Algunos de los empleados con antigüedad, arraigados a la comunidad, pueden pasar la voz de que el campo de golf está contratando. Tenga cuidado al contratar familiares del staff existente o los hijos o hijas de los miembros del Club. Nunca contrate trabajadores que serán difíciles de despedir. El hijo del Director de Greens cae en esta categoría, como también la hija del gerente. Manténgase alejado de estas situaciones potencialmente difíciles.

Preferimos contratar a personas que vivan en la comunidad para que no necesiten viajar demasiado al venir a trabajar. Nos gustan las personas que sean activas y que jueguen deportes, pero no necesariamente golf. Dichas personas están probablemente en buenas condiciones físicas y no necesitarán ausentarse por razones médicas. Se lleva a cabo la entrevista en un lugar quieto donde no haya interrupciones, ni del teléfono ni de personas. Generalmente tenemos a otra persona presente para asegurarnos que todas las preguntas sean aceptables y que después no haya ningún mal entendido. No es inusual que por cada persona entrevistada, haya tres más que han sido descartadas o por teléfono o por formularios presentados por correo.

Escoger a la persona correcta para el trabajo correcto, requiere de una habilidad intuitiva que es aprendida después de mucha práctica y muchos errores. Hemos aprendido a través de los años, por medio de las observaciones sobre las personas con quienes trabajamos, que generalmente son más anticuados y conservadores en su pensar que el resto del mundo. Por lo tanto tendemos a contratar a personas que caen en ese perfil. No hay ningún lugar en un equipo de greens para un activista o un reaccionario. Queremos personas a quienes les guste trabajar duro al aire libre y con una sonrisa en su rostro.

También vale la pena recordar que cada nuevo empleado necesita ser entrenado por varias semanas o meses. Si al final de este período de entrenamiento el nuevo recluta no engrana y demuestra que no es apto, hemos entonces desperdiciado mucho tiempo y dinero y le podemos causar daño al empleado desafortunado que no llega a la meta. Por lo tanto, contrate con mucho cuidado. No tome decisiones impetuosas. Confirme las referencias, particularmente las de otros campos de golf. No tiene sentido contratar al problema de otro. Mejor es esperar hasta la mañana siguiente antes de tomar la decisión apresurada. Una vez que ha tomado una decisión, actúe rápidamente y traiga al recluta a bordo lo más rápido que sea posible. Hable de las reglas y los reglamentos, haga que el nuevo trabajador firme una copia de este documento, para que no haya ningún mal entendido respecto a las condiciones de empleo.

El Proceso de Entrenamiento

Si el nuevo empleado ha sido contratado para cortar greens, haga que uno de los trabajadores experimentados o el asistente lleve a cabo el entrenamiento. El vivero de céspedes es un buen lugar para comenzar. Una vez que ha aprendido algunos de los fundamentos, el aprendiz debe presenciar un vídeo de entrenamiento. Ahora llega el momento de llevar al aprendiz a un green aislado para que haga su primer intento de cortar un green. De hecho, puede necesitar 2 ó 3 cortes para adquirir

Figura 18.2. Entrenando a operadores—un elemento esencial para un staff eficiente.

experiencia. Puede ser que haya otros greens sobre los cuales el aprendiz pueda practicar. El siguiente día es cuando el aprendiz hace su vuelo solo, con el asistente observando detrás de un árbol cercano, manteniendo un ojo ansioso y esperando que ocurra el desastre.

Se deben seguir procedimientos similares para cortadores de fairways y roughs. Asegúrese que siempre haya un empleado con antigüedad presente para ayudar y supervisar. Todos necesitan aprender y tenemos que tener paciencia con los recién llegados. Tal vez sea increíble cómo vayan las cosas al principio, eventualmente aprenderán y se convertirán en trabajadores confiables. Puede ser que algunos se conviertan en superintendentes en el futuro.

Contratación de un Asistente

Una vez que se sabe que un campo de golf desea contratar un asistente nuevo, los currículums, las llamadas telefónicas y los mensajes electrónicos llueven. Seleccione 10 ó 12 cuyos calificaciones cumplan con el criterio del trabajo y organice las entrevistas con por lo menos una hora de separación. Trate de organizar las entrevistas en un período de tiempo corto de modo que la decisión pueda ser tomada de manera metódica. Utilice los siguientes criterios como base de comparación y dele una calificación a cada solicitante con puntos. Sume los puntos y entreviste a los mejores tres una segunda vez.

Apariencia: 15 Puntos

Es un hecho que una apariencia favorable aumenta dramáticamente las posibilidades de éxito. Posibilidades: anote un perfecto 15 para alguien que se parezca a Tom Cruise y 8 puntos para un Rasputín bien vestido.

Educación: 15 Puntos

Un doctorado en agronomía no es necesario, pero una Licenciatura en Ciencias es un boleto que vale 15 puntos; un curso en el manejo de céspedes de cuatro semanas sería un posible 4, uno que no terminó la secundaria no recibe ningún punto.

Experiencia: 15 Puntos

Algunos años en un equipo de greens en Augusta, seguido por un trecho como segundo asistente a un ex presidente del GCSAA debe otorgarle 15 puntos. Si es el encargado de los greens de arena en un pequeño pueblo, vale 2 puntos.

Salud: 15 Puntos

Quíteles puntos a los físico culturistas por narcisistas, pero ponga a los surfeadores de viento, esquiadores y buzos en una categoría superior, seguidos por jugadores de fútbol y hockey, en ese orden. Jugadores de billar y cantantes de karaoke muy al final.

Actitudes: 15 Puntos

Esta es la parte más difícil durante una entrevista. Es igual que la indolencia y casi imposible de establecer. Aún así, sin una actitud positiva, todo los demás criterios no tienen significado. Es buena idea investigar las referencias para hablar algo acerca de la actitud del solicitante.

Madurez: 15 Puntos

Ya que el asistente va a ser un líder, necesitamos una persona que inspire respeto. A menudo pensamos en términos de edad cuando hablamos de la madurez, pero conocemos a unos jóvenes que actúan con madurez desde la adolescencia y durante sus primeros veinte años. Otros siguen aniñados en su comportamiento cuando tienen más de treinta. El grado de madurez que requiere la posición es una decisión subjetiva de parte del que hace la entrevista.

Habilidad golfista: 10 Puntos

Somos sospechosos de un asistente con un "handicap" de un solo dígito. Para mantener ese nivel de golfista requiere mucha práctica, que sólo se puede dar a expensas del trabajo. Similarmente, un interesado que no pueda romper los 100 debe tomar un poco más de interés en su juego. Un jugador de "B-flight" probablemente recibiría el puntaje más alto en nuestros cálculos.

Confirme las referencias de los tres interesados que saquen la nota más alta y haga arreglos para una segunda entrevista, durante la cual se hable de las condiciones de trabajo y salario en más detalle. Durante la entrevista pregúntese a sí mismo las siguientes preguntas:

1. ¿Puedo congeniar con esta persona?
2. ¿Será esta persona capaz de aceptar y seguir instrucciones?
3. ¿Tiene esta persona las calidad de liderazgo y la habilidad de congeniar con el equipo de greens y con los golfistas?
4. ¿Representará esta persona a nuestro club de manera respetable?

En base a este proceso completo, raramente se cometen errores y el nuevo asistente funcionará invariablemente bien y se convertirá en un recurso importante. Puede usar el mismo proceso con algunas variaciones para mecánicos, secretarias y otros empleados clave.

Evaluación del Desempeño

Cada trabajador y empleado clave debe tener un archivo que detalla su historial de empleo. Parte de este proceso de mantener archivos involucra tomar notas oportunas en los archivos. En el archivo del empleado anote los días de incapacidad médica, períodos de vacaciones, llegadas tarde, etc. Cualquier situación inusual en la que el empleado se haya involucrado también debe estar en su archivo para una posible referencia futura. Además, una vez al año debe hacerse una completa evaluación de su desempeño. Dicha evaluación debe ser por escrito y comienza con un listado de todos los logros positivos que el empleado tuvo durante la pasada temporada. Adicionalmente se deben anotar sus puntos débiles. Quizás el empleado se ha estado tomando demasiado tiempo en el descanso de café. Quizás el empleado ha desarrollado un problema de actitud desagradable. La evaluación de desempeño es una oportunidad para hablar de problemas como los de bebidas alcohólicas o comportamiento antisocial. Con la documentación de dichas imperfecciones, éstas se convierten en parte del archivo y sirven como motivación para que el trabajador mejore su rendimiento. Hable del documento y llegue a un acuerdo, firmado por el superintendente y el empleado.

Liquidación

Liquidar a una persona por un rendimiento no satisfactorio es un hecho espantoso que debe ser llevado a cabo, a veces, sin piedad, sin embargo es un hecho doloroso después de todo. Un empleado nuevo puede fácilmente ser despedido durante su período de prueba. A los empleados veteranos, cuyo rendimiento fue excelente en su momento, pero que han desarrollado malos hábitos, se les debe dar todas las oportunidades para recuperarse. Si la superación no es discernible, se deben tomar acciones rápidas y drásticas. El pago correspondiente a la antigüedad por los años que a trabajado hará que el trago sea menos amargo. La razón por la liquidación nunca tiene sentido para la persona que está siendo despedida, pero si las deficiencias están bien documentadas quedan muy pocos argumentos y la decisión es irrevocable. Nunca mantenga durante mucho tiempo a un empleado que ya ha sido despedido. Es mejor cortar la madera podrida con una sola maniobra del cuchillo y así permitir que comience el proceso de saneamiento. Un equipo no puede funcionar a su óptima capacidad a no ser que todos los participantes, tanto trabajadores como gerentes, trabajen como un equipo en lo mejor de sus habilidades. Deben quitarse las manzanas podridas rápidamente.

TRATO CON PROVEEDORES

Los agentes de ventas pueden ser una ayuda importante para los superintendentes, especialmente para los superintendentes novatos que necesitan asistencia y a menudo tienen pocos amigos con quién contar cuando asumen su nueva posición. Los representantes de compañías cuentan con valiosa información. Pero uno debe acordarse de que su meta principal es vender el producto. La tecnología moderna hace que la búsqueda de información sea mucho más fácil y así poder hacer la comparación de productos y precios con más facilidad. No debemos quedarnos completamente absortos en los precios. El servicio, la disponibilidad para ayudar al cliente, generalmente es más importante que el costo del producto, esta es la principal consideración.

RESUMEN

La administración de personas implica formar relaciones con nuestros compañeros, que son seres humanos. Significa lograr que el trabajo se cumpla, motivar a los trabajadores y muy a menudo delegar ciertas tareas a los asistentes. Debemos reconocer que los trabajadores no son siempre bien recompensados por el trabajo que hacen en el campo de golf y cuando rinden de manera extraordinaria puede ser porque son tratados con respeto y bondad por el superintendente.

Las Herramientas

INTRODUCCIÓN

Recordamos la frustración de un joven superintendente cuyos directores gastaban las ganancias de la operación en el Club House y nunca quedaba lo suficiente para comprar equipo para el campo de golf. Era un superintendente competente, pero no tenía las herramientas para hacer el trabajo y como resultado, el campo de golf comenzó a sufrir. A pesar de los valientes esfuerzos del mecánico, un día fatídico todas las segadoras estaban descompuestas y no podían cortar el pasto. Estaba programado un torneo importante para el siguiente fin de semana, pero no había ni una segadora para cortar y recortar el césped y los golfistas no iban a estar contentos. En el último momento, justo a tiempo, llegó un hombre de finanzas, un genio con los números y un experto en arrendamientos. Se llegó a un acuerdo, se firmaron los papeles; las nuevas segadoras llegaron el mismo día y el campo estaba cortado a la perfección justo a tiempo para el torneo. Se había salvado el día por un nuevo método para adquirir maquinaria: arrendando o método de leasing en vez de comprar, pequeñas mensualidades por varios años en vez de una suma grande de un golpe. Muchos campos de golf están ahora reemplazando sus máquinas desgastadas a través del arrendamiento/leasing de máquinas nuevas y diluyendo el costo de la adquisición en un período de varios años. Los superintendentes están felices, porque ahora tienen las herramientas para hacer el trabajo.

HERRAMIENTAS PARA CORTAR EL PASTO

Para determinar la cantidad de segadoras que se necesitan para cortar los greens en un campo de 18 hoyos, uno debe pensar en términos de tener un torneo "shotgun" temprano por la mañana en otoño. En esa época del año, hay seguido sólo una hora para cortar todos los greens y de seguro necesitará tres Triplex y por lo menos seis segadoras manuales de motor. Durante las mañanas normales del verano, dos

Triplex y cuatro segadoras manuales son suficientes. Pero, es bonito tener las unidades extra como equipo de apoyo y para ese "shotgun" en el otoño.

Para las salidas, dos Triplex serán suficientes, o multiplique por dos la cantidad de segadoras manuales si las va a usar en las salidas. Si los golfistas acostumbran a comenzar temprano o el Pro Shop programa muchos "shotguns" y "crossovers," puede que sea necesario comprar unidades adicionales.

Hay muchas maneras diferentes de cortar los fairways, pero sin importar cuál sea la preferida, se necesitan por lo menos dos cortadoras, incluso muchos campos de golf tienen el doble. Se debe estar preparado para urgencias y las unidades de apoyo pueden salvar el día, especialmente cuando se programan funciones importantes.

Todos los campos de golf necesitan por lo menos una segadora especial, preferiblemente dos, para áreas lindantes—alrededor de las trampas de arena y las salidas. Estas áreas con difícil acceso, frecuentemente con áreas muy empinadas, requieren ingeniosidad y mucha experiencia para producir resultados satisfactorios. Se requieren máquinas fuertes con una buena capacidad para trepar las pendientes.

Los roughs en la mayoría de los campos de golf abarcan el área más grande y requieren de más máquinas para poder cortar el pasto. Considere un par de podadoras en serie ya sean tiradas por un tractor o auto propulsadas, conocidas como "gang." Dos rotativas de montaje al frente también son esenciales, como también caminadoras rotativas y cortadoras de hilo. El rough es un trabajo que nunca termina, requiere mucha atención y maquinaria confiable para ganarle al pasto de rápido crecimiento.

HERRAMIENTAS PARA CULTIVAR LOS PASTOS

Los aireadores manuales son para las salidas y los greens, las máquinas más grandes jaladas por tractores son para los fairways. Las perforadoras y sembradoras son también herramientas importantes, para ayudar a los aireadores y útiles también como medio para introducir semillas en un pasto establecido. Unidades de corte vertical son necesarias para los greens y las salidas, para adelgazar el césped y a menudo son utilizadas para pulverizar los cilindros después de una aireación. Se pueden usar para este mismo propósito, en los fairways. Hay otros métodos que vale la pena considerar, tales como procesadores de cilindros de aireación y mallas de alambre. Mucho del equipo de aireación es utilizado de manera infrecuente y muchos campos de golf contratan este servicio, eliminando de esta manera la necesidad de invertir en equipos costosos.

Las revestidoras o topeadoras se usan regularmente en salidas y greens, cada campo de golf debe tener por lo menos una o dos de estas máquinas. El topeado de los fairways está ganando una aceptación muy amplia, pero las unidades más grandes que llevan a cabo esta operación son toscas y muy caras. Sin embargo, en fairways sembrados con pasto Bent, ahora son una necesidad.

VEHÍCULOS DE MANTENIMIENTO

El equipo de greens necesita moverse para cambiar hoyos y marcas, para hacer reparaciones al sistema de riego, para arreglar puentes y bancas y un sin número de pequeñas tareas. Hay algunos transportes para personal equipados con cajas de levante hidráulicas y asientos adicionales. La regla general dicta que casi la mitad del equipo de greens necesita ser móvil. Por lo tanto uno debe contar con entre cinco y diez vehículos de mantenimiento para un campo de golf de 18 hoyos.

PULVERIZADORAS Y ESPARCIDORAS

La mayoría de las operaciones ahora requieren pulverizadoras operadas por computadora para salidas y greens. Dichas unidades generalmente son auto propulsadas. Si existe la necesidad de pulverizar con regularidad, entonces otra máquina de apoyo es fácil de justificar. Para los fairways muchos superintendentes utilizan un tractor para jalar un equipo pesado de pulverización. Las esparcidoras de fertilizantes confiables, grandes y chicas son necesarias tanto para la aplicación en fairways, salidas y greens, como también en el rough.

TRACTORES Y REMOLQUES

Es fácil establecer la necesidad de cuatro tractores para hacer trabajos misceláneos en un campo de 18 hoyos. Por lo menos una de éstas unidades debe tener un cargador frontal, siempre puede poner una retroexcavadora en buen uso en la mayoría de los campos de golf. Es costumbre que los tractores para campos de golf vengan equipados con llantas para césped. Varios remolques pequeños de utilería, son necesarios para trabajos de construcción y tareas de limpieza.

CAMIONES

Ningún campo de golf está completo sin por lo menos una camioneta y a la mayoría les gustaría tener un pequeño camión de volteo también. El primero es utilizado para desplazarse dentro y fuera del campo de golf. El segundo es muy útil para trabajos de construcción y en climas frios, equipados con los accesorios correspondientes, como una pala de nieve.

EN LAS TRAMPAS DE ARENA

Se requiere por lo menos dos rastrillos motorizados para rastrillar las 50 y más trampas de arena que son el promedio en un campo de 18 hoyos. Donde las trampas son pequeñas, pueden ser rastrilladas a mano. Además se necesitan cortadoras motorizadas para recortar las orillas de las trampas de arena.

EQUIPO MISCELÁNEO

1. La mayoría de los campos no funcionarían sin una cortadora para panes de césped. Un componente esencial de la operación es un rodillo auto propulsado.

2. Una trincheradora o excavadora para la instalación de tubería tanto de riego como de drenaje tiene una prioridad alta en la lista de los superintendentes.
3. Una trituradora para desmenuzar ramas y ramillas.
4. Sopladoras y barredoras para hojas.
5. Segadoras, esmeriles y un generador.
6. Bombas de agua y una lavadora a presión.

HERRAMIENTAS DE MANO

Suelten a un superintendente en una ferretería y no habría carro lo suficientemente grande para todo lo que se necesita en un campo de golf y en el Centro de Mantenimiento de Pasto. Muy arriba en la lista, estarían sierras de cadena de alta calidad, algunas segadoras de hilo, podadoras de setos y herramientas para el taller que son demasiadas para mencionar.

HERRAMIENTAS PARA EL CUIDADO DE PASTOS

Nuestra profesión requiere ciertas herramientas específicas que son necesarias para practicar el antiguo arte de mantener pastos. Los secretos de este arte incluyen a menudo dichas herramientas y uno debe aprender a ser un experto en su uso. Dichas habilidades se aprenden de hombres viejos y sabios que en su momento las aprendieron de sus predecesores. Las herramientas que son específicamente herramientas de manutención de pasto incluyen:

1. Un hierro para panes de césped, para levantarlos y hacer pequeñas reparaciones en salidas, greens y fairways.
2. Un "doctor" de césped o una herramienta para reparar hoyos cuadrados. El doctor de césped hace posible que piezas cuadradas y gruesas se junten unas con otras para lograr una superficie donde se pueda jugar inmediatamente. Hay también un modelo redondo, pero éste deja pequeños triángulos entre las piezas.
3. Un Levelawn (rastrillo nivelador) para trabajar el topeado y los cilindros dejados por las aireadoras e incorporarlos al césped al pasarlo hacia delante y hacia atrás. Esta herramienta es ideal para áreas pequeñas y entre las marcas de las salidas al final del día.
4. Un rastrillo para el "diente de león" con muchos pequeños dientes para rascar el césped.
5. Una pala grande de boca cuadrada y amplia que con un movimiento educado se puede utilizar para aplicar topeado en áreas pequeñas.
6. Varas látigo para quitar el sereno o rocío, anteriormente eran de bambú, pero ahora generalmente son de fibra de vidrio. Es útil también para esparcir recortes que han sido volcados sobre el antegreen o approach.

Figura 19.1. La herramienta "Doctor de Césped," inventada en Australia y parte de la magia de la mantenimiento de céspedes.

Figura 19.2. Otra contribución australiana a la mantenimiento de céspedes: el Levelawn.

RESUMEN

Existen historias heroicas acerca de superintendentes que lo logran todo sin casi ninguna maquinaria. La mayoría de estas historias vienen de dueños tacaños en bares llenos de humo. La realidad es que específicamente los greens y en términos generales los pastos, no pueden ser satisfactoriamente cortados con segadoras viejas y destartaladas que no se desarman gracias a un alambre recocido. Llega el momento en que debe descartarse y reemplazar estos fierros viejos por máquinas modernas. Los dueños de campos de golf y las personas del comité del club deben darse cuenta que un piano nuevo en el comedor no corta el pasto y esa alfombra lujosa es menos importante en el esquema de las cosas, que fertilizar los greens. Siempre habrá clubes y campos de golf que tengan sus prioridades confundidas, pero sólo por un corto plazo; finalmente, los golfistas votarán con los pies en la tierra y concluirán que la condición del campo de golf es lo más importante en la lista de prioridades. Por lo tanto, la frustración de no tener las herramientas para hacer el trabajo es temporal, pero si ésto no parece tener un fin, otro campo de golf podría ser la solución.

20 La Oficina de Mantenimiento para los Pastos

Los edificios de mantenimiento en cualquier campo de golf es el centro de operaciones, donde cada día, al filo del amanecer se toman todas las decisiones importantes que determinarán las condiciones de la superficie de juego para ese día. El equipo llega y se pone a trabajar. Las máquinas se ponen a funcionar, los carros son cargados con fertilizante y los pulverizadores son colmados con agua y químicos. El edificio de mantenimiento es, durante todo el día, una colmena de abejas en actividad, pero especialmente, temprano por la mañana, con trabajadores corriendo de un lado a otro y paulatinamente saliendo para cumplir con las tareas asignadas.

En 1973 bautizamos nuestro viejo granero de mantenimiento en el Board of Trade Golf Club de Woodbridge, Ontario, como el "Turf Care Center" (Centro de Cuidado de Pastos). Fue un intento para mejorar nuestro estatus, una mejora de imagen con palabras, para ganar una mejor aceptación como elemento importante dentro del marco de la operación de golf. Cuando cambiamos nuestro nombre también pintamos el viejo granero y lo hicimos más funcional para guardar la maquinaria y para hacer reparaciones. El nombre "Centro de Cuidado para Pastos" se veía orgullosamente pintado en un lado del edificio para que tanto golfistas como gente que pasara pudieran verlo con facilidad y comenzara a familiarizarse con el nuevo nombre y la nueva imagen. Más adelante construimos edificios nuevos para alojar el taller mecánico, espacios para el staff y para el almacenamiento de pesticidas.

Nuestra área de mantenimiento también incluye un pequeño bungalow que contiene una oficina cómoda e instalaciones para pasar la noche que usan los huéspedes y el staff. Para completar este complejo de mantenimiento, tenemos un vivero grande para pastos con diferentes áreas para pruebas y un vivero para árboles. El área cubre casi dos acres (1 ha). Es funcional, tiene carácter y sorprendentemente el nombre ha pegado. Puede que no hayamos sido los primeros en utilizar el término de "Centro para el Cuidado de Pastos," pero es cierto que hemos contribuido a la aceptación general de este término en el terreno de mantenimiento de campos de golf.

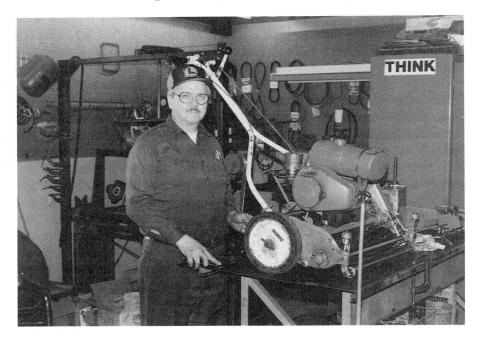

Figura 20.1. Ajustar una segadora para que corte a la perfección es un trabajo para expertos.

ALMACEN DE EQUIPOS

Son pocas las veces que el edificio de almacén es de tamaño suficiente para guardar todo el equipo de un campo de golf y se debe considerar en un futuro, ampliarlo o construir otro. Si el espacio es insuficiente, no queda otra que guardar algunos equipos expuestos a los elementos. Los aditamentos tirados por tractores tal como cultivadoras, palas para emparejar, carretillas, carros de utilería y rotativas grandes pueden mantenerse afuera por períodos cortos. Finalmente, para conservar en buena forma el equipo, se deben hacer arreglos para que haya un techo sobre todos los implementos de trabajo.

Muchas áreas de mantenimiento incluyen lugares apartados para equipos desechados y reliquias. A menudo éste es un lugar interesante para pasar el tiempo, ninguna visita a un campo de golf está completa sin ir a curiosear detrás del granero. Puede encontrarse cierta cantidad de tesoros. Los restos de viejas segadoras que nuestros predecesores utilizaron, herramientas que ya no se usan, cilindros cortadores desgastados y viejos carros retorcidos. Todas estas cosas son de un interés especial y hablan de nuestra historia y nuestras raíces. Podrían recuperarse las mejores piezas y quizás restaurarlas para ser exhibidas en una conferencia sobre pastos. La Universidad del Estado de Michigan tiene un buen museo de equipos de golf antiguos y acepta con gratitud la donación de éstos. Otro contacto es la Sociedad Histórica de la GCSAA en Lawrence, Kansas. Recordamos haber hecho un descubrimiento inusual detrás del granero del Royal Melbourne Golf Club en Australia durante una visita en 1984. El tronco de más de 100 años de un enorme eucalipto que había sido trabajado para formar un rodillo para pastos y fue utilizado para enderezar los fairways cuando el campo de golf fue construido. Era un rodillo gigantesco y el único testimonio restante de años pasados.

EL TALLER

El taller es donde el mecánico lleva a cabo sus reparaciones y da mantenimiento a todo el equipo. Es como un garaje grande, donde el equipo puede ser elevado y bajado; un lugar lleno de taladros y esmeriles, con compresoras de aire y soluciones para el lavado. Tiene mesas de trabajo, cajas de herramientas y cestos llenos de refacciones. Prensas y gatos, barretas y marros, serruchos, martillos y llaves, puede encontrarse todo esto en el taller, precisamente donde el mecánico siempre las puede encontrar. Un lugar como éste, fácilmente puede caer en desorden y en una falta de organización. Se requiere un mecánico dedicado, animado por el superintendente, para mantener un taller que esté limpio y bien organizado. La distinción de tener el taller más limpio en todo Norte América le pertenece al Colliers Reserve Golf Club cerca de Naples, Florida donde Tim Hiers es el superintendente. Aquí literalmente se puede comer de los pisos que brillan. Las máquinas no sólo son lavadas todos los días, sino que también son lustradas y parecen modelos de exhibición. No hay una mancha de polvo en ningún lugar, ni en los antepechos de las ventanas, o las mesas de trabajo, o en los brillosos herrajes de las puertas, o los resplandecientes cristales de las ventanas, ni en los sujetadores de las prensas. Este taller en particular es una inspiración, uno no puede irse de allí sin tomar la resolución de imitar algunas de estas prácticas en casa.

El área donde se afilan las segadoras se encuentra a menudo separada del taller, debido al problema inherente de la polvareda. El mismo problema se presenta cuando se pinta o se pinta a pistola dentro del taller mecánico. Para ambas operaciones, debe hacer arreglos especiales que incluyan la ventilación adecuada. Los códigos de construcción locales varían de una municipalidad a otra, pero deben consultarse y cumplirlos.

CARPINTERÍA

El trabajo de carpintería está asociado con sierras, cepilladoras y lijadoras. Toda la operación es polvorienta y sucia y debe llevarse a cabo en un área que pueda estar separada del resto del edificio de mantenimiento. Debe hacerse arreglos para una ventilación adecuada. Es difícil ser un superintendente de un campo de golf sin tener algún conocimiento de carpintería. Además de la reparación de las bancas, mesas, letreros y marcas, habrá techados que reparar, puentes y veras que construir. Invariablemente habrá un trabajador en el equipo de greens con una aptitud especial en carpintería. Esta persona debe ser animada y puesta a cargo de los detalles de carpintería.

ÁREA DE LIMPIEZA

Cuando los trabajadores regresan de su trabajo en el campo de golf, necesita haber un lugar donde puedan limpiar y lavar las segadoras y todas las demás máquinas.

Figura 20.2. El lavado de las podadoras después de su uso, es un procedimiento estándar de mantenimiento.

Hasta no hace mucho, un área de limpieza consistía de un piso de cemento, amplio, con un sumidero en el centro, los recortes y todos los demás residuos se iban por el drenaje. Hemos tomado conciencia de los efectos que éste método puede tener sobre el medio ambiente. Recortes y partículas de tierra fortificados con pesticidas y residuos de fertilizantes hacen una mezcla contaminante.

Totalmente conscientes de que la acumulación de dichos residuos no va a ser benéfica y probablemente pueda ser dañina, los superintendentes prudentes han instalado un área de pre lavado, equipada con aire bajo presión. Mangueras de aire comprimido son utilizadas para la remoción del material suelto que sé ha pegado a la máquina durante su uso ese día. ¡Sólo entonces se puede lavar la segadora! Utilizar aire comprimido como un paso intermediario reduce drásticamente la cantidad de sólidos en el agua de lavado. De todos modos, el fondo del sumidero debe ser limpiado con regularidad y el lodo mal oliente esparcido sobre un área muy amplia o agregado al compost con hojas, pasto y tierra.

Después de que los equipos hayan sido lavados, deben ser secados y guardados una vez que los tanques de gasolina han sido llenados. Siempre debe haber tiempo para limpiar la máquina, aunque signifique horas extras. A nadie le gusta comenzar la mañana siguiente con una máquina sucia. Quizás no haya tiempo para lustrarlas y hacerlas brillar, pero quizás durante un día lluvioso, en vez de mandar a los trabajadores a su casa, considere mantenerlos en la planta lustrando la maquinaria.

ALMACEN DE COMBUSTIBLES

Todo tipo de burócratas gubernamentales se han implicado en prescribir reglas y reglamentos para el almacenaje de combustibles en tanques sobre la tierra. Dudamos si muchos de estos oficiales alguna vez dejen sus escritorios para visitar un campo de golf, pero sabemos que pelearnos con la Municipalidad es un ejercicio inútil y la mayoría de nosotros obedientemente seguimos las reglas.

Por lo general los tanques de almacenaje deben estar dentro de una estructura que tenga la capacidad de recibir todo el contenido del líquido en el improbable evento que el tanque se reventase y volcara todo su contenido. Otra solución es la de utilizar tanques con paredes dobles, parecido a lo que hicieron con el Titánic para impedir una ruptura por témpanos de hielo flotantes. Los tanques deben estar rodeados por postes de metal llenos de concreto, estratégicamente ubicados, para que los trabajadores no puedan golpear los tanques accidentalmente causando una ruptura y un derrame. Las reglas y reglamentos de cada estado y provincia, en la mayor parte del mundo moderno, no conocen límites. Debemos adherirnos a estas reglas o correr el riesgo de multas muy pesadas y a veces la cárcel.

ALMACEN DE PESTICIDAS

Ahora existen unidades de almacenamiento independientes que cumplen todos los requisitos de las ordenanzas gubernamentales. Aunque estos edificios son funcionales y sirven a un propósito útil, pocas veces son un elemento de belleza. De hecho generalmente son muy feos y algunos superintendentes pueden preferir construir su propio edificio que puede ser funcional y también se puede acoplar a la arquitectura de los demás edificios.

Un edificio para el almacén de pesticidas debe estar ventilado las 24 horas del día, para que los vapores nocivos sean retirados. Debe tener calefacción en el invierno para que los líquidos no se congelen. El piso debe estar cubierto con cemento o algún otro material impermeable para que en caso de algún derrame, los líquidos sean contenidos. El edificio para los pesticidas debe ser mantenido bajo llave en todo momento. Los contenidos del edificio deben estar archivados y disponibles para quien necesite la información. Es prudente mantener un inventario pequeño en caso de que haya un accidente. El inventario para un mes, es en la mayoría de los casos suficiente.

EL COMEDOR Y LOS CASILLEROS PARA LOS TRABAJADORES

En un día fresco, cuando hay helada en el aire y el cielo oscuro está cargado de nieve, el comedor del staff necesita estar temperado y cómodo para que los trabajadores tomen su café y coman su almuerzo. Dicho cuarto es como un segundo hogar para el equipo de greens, un lugar donde se pueda convivir, comer, beber y platicar con sus compañeros. Debería haber un lugar a donde se puedan duchar y lavar, especialmente aquellos que han estado aplicando pesticidas.

Este cuarto para el staff debe estar equipado con suficientes casilleros grandes, con mesas amplias y sillas robustas. Debería haber un refrigerador, una estufa, un mostrador largo con un microondas y una tostadora. Debería haber una cafetera o una percoladora para el té y refrescos fríos para cuando hace calor afuera. Uno siempre debe recordar que la gente que trabaja duro necesita comer bien y de manera confortable. La máquina humana requiere bastante combustible para rendir el resto del día.

¿Quién debe limpiar el cuarto del staff, el comedor, el taller y los baños? En operaciones grandes, una persona es frecuentemente asignada a esta tarea, ya sea de tiempo completo o por horas. Las operaciones más pequeñas a menudo, tienen a varios de los más jóvenes en el equipo, tomándose turnos. El comedor debe limpiarse y barrerse inmediatamente después de la comida todos los días. Los baños y los pisos pueden necesitar más de una lavada por día. La totalidad del área de mantenimiento debe de estar en condiciones presentables en todo momento, pero especialmente los baños y el área de comedor. El aseo beneficia a todos los trabajadores cuyo estar fuera de su hogar es el Centro de Cuidado de los Pastos. No es inusual que un visitante llegue sin previo anuncio y nadie quiere sentirse apenado o con la necesidad de pedir disculpas.

Recordamos a un joven de Francia que había venido a Estados Unidos para aprender el arte de la manutención de pastos. Había estado con nosotros como un mes y había progresado bien en el programa de entrenamiento para jóvenes aspirantes, hasta que un día, justo antes de la hora de salida, mi asistente vino a mi oficina y me informó que Pierre se había rehusado a limpiar los baños. Es nuestra costumbre que todos los del equipo de greens se turne para limpiar los baños. Pierre seguía rehusándose aún hasta después de que lo habíamos llamado a mi oficina para pedirle que explique sus razones. Él me contestó: "Señor yo vine aquí para aprender mantenimiento de céspedes y no para manutención doméstica. Traté de hacerle comprender que el buen mantenedor de céspedes comienza con una buena manutención doméstica, pero no quería tener nada que ver y de hecho se negó rotundamente a lavar los baños. No sabemos que fue de Pierre, pero no hace falta decir que no completó su programa de entrenamiento y hasta este día, no nos hemos desviado de nuestra creencia de que cortar greens, rastrillar trampas de arena, aplicar fertilizante y claro, lavar baños, son igualmente importantes y necesitan ser llevados a cabo con el mismo grado de dedicación por todo el equipo de greens.

EL ÁREA PARA ALMACENAR MATERIALES

Todo campo de golf utiliza una variedad de materiales como arena, tierra para sembrar, gravilla y varios otros. Para el fácil manejo de estas substancias, éstas deben estar separadas. Un superintendente ingenioso diseñó un sistema de fuertes muros que hacen posible mantener estos materiales separados. Invariablemente el muro posterior es él más fuerte porque las cargadoras empujan contra él cuando están levantando arena o tierra. La base de esta área de almacenaje es a menudo de cemento, pero también puede ser utilizado el asfalto. El ancho de cada cubículo es de por lo

Figura 20.3. Almacenaje de materiales de manera eficiente en Vintage Golf Course en Palm Springs, California.

menos 15 pies (4,5 m) para que haya bastante espacio para que los camiones de volteo puedan entrar marcha atrás sin dañar los muros de separación.

Algunos superintendentes insisten en cubrir el material para topeado y la mezcla divot, para que estos materiales permanezcan secos y siempre listos para ser aplicados. Algunos han ido tan lejos como almacenar estos materiales dentro del edificio principal de almacenaje, al lado de los fertilizantes.

Existe una tendencia por parte muchos superintendentes de almacenar vastas cantidades de fertilizante en la creencia de que pueden ahorrar con la compra de mucha cantidad. No hay duda que el precio por tonelada o costal, baja cuando la cantidad aumenta. También hemos notado que un inventario excesivo de fertilizante resulta a menudo en costales rotos y derramados: A veces el fertilizante absorbe humedad y se pone duro, imposible de esparcir. Tome cuidado de desmenuzar los costales dañados de fertilizante y esparcirlos sobre el rough.

LA OFICINA

La oficina puede ser sólo un escritorio con un teléfono en el área del comedor, o puede ser un cuarto con aire acondicionado con varios escritorios para el superintendente, el asistente y frecuentemente una secretaria. No importa lo pequeña que pueda ser una operación, existe la necesidad de mantener ciertos archivos y si se utiliza maquinaria de oficina como computadoras, calculadoras y otros, se debe contar con un ambiente ventilado, pero libre de polvo. Aunque la presencia de secretarias es ya algo común en las operaciones de muchos campos de golf, la llegada de la computadora ha forzado a muchos superintendentes ha volverse expertos, en el uso del teclado. En algunos casos, la computadora se impuso al superintendente, cuando se empezaron a instalar nuevos sistemas de riego y tristemente muchas de esas computadoras son utilizadas para ese único propósito. Se debe llevar un archivo de todas esas operaciones y los días de mantener una bitácora escrita a mano quedaron en el lejano pasado junto a las segadoras sin motor.

ARCHIVOS ESENCIALES

1. Un inventario de todo el equipo y maquinaria debe ser mantenido al día con regularidad. Es esencial que todos los números de serie estén archivados, como también el año y costo de la adquisición. Considere también una estimación de su costo de reemplazo y haga que el mecánico anote todas las reparaciones efectuadas a todas las máquinas.
2. Las aplicaciones de fertilizantes y pesticidas deben ser archivadas con todos los detalles, como sus dosis de uso y el método de aplicación, las condiciones climáticas presentes y un inventario actual de todos los materiales.
3. Debe llevarse una bitácora diaria de todas las actividades llevadas a cabo por el equipo de greens. Es fácil atrasarse cuando uno está archivando eventos de cada día, es a menudo buena idea delegar esta tarea a un aprendíz o a una estudiante para que la haga antes o después del trabajo.
4. Mantenga una hoja de horas de trabajo para cada empleado y calcule las horas que son asignadas a las diferentes tareas y proyectos. Debe archivar la información acerca de los empleados y las evaluaciones de desempeño necesitan ser archivadas por lo menos dos veces por año.
5. Muchos superintendentes mantienen ahora la información presupuestaria en hojas de cálculos. Frecuentemente, compras y las resultantes facturas son archivadas en la Oficina de Mantenimiento, haciendo esto posible, para que los superintendentes suministren información actualizada respecto al presupuesto oportunamente.

Aunque existen paquetes de software específicos, diseñados para campos de golf, la información puede fácilmente ser guardada en el programa de archivos de casi cualquier computadora. Es sin embargo indispensable, sin importar qué sistema se use, ir guardando el material en discos de apoyo de manera regular.

Además de mantener los archivos, la Oficina de Mantenimiento para Pastos produce informes mensuales e información actualizada acerca del programa de mantenimiento. Dichos reportes e informes son presentados en las reuniones regulares del comité de greens. No es inusual que el superintendente tome algunas minutas de las reuniones y también deba archivarlas para referencias futuras. Las contribuciones al periódico informativo del campo de golf son generadas desde la Oficina de Mantenimiento, como también cartas y toda otra correspondencia.

SALA DE REUNIONES

Idealmente, hay una sala en el edificio de mantenimiento lo suficientemente grande para acomodar a todo el equipo y algunos más. El propósito de esta sala es que el superintendente hable con sus tropas antes de que salgan por la mañana. Esta sala debe estar bien iluminada y con muchas sillas para que el equipo de greens tome asiento mientras el superintendente habla. Debería haber una pizarra o un tablero blanco para escribir o hacer bosquejos. A no ser que el equipo de greens sea excesivamente grande, no hay necesidad de un sistema de sonido. Una habitación que pueda ser oscurecida es un regalo porque se puede mostrar diapositivas y videos de entrenamiento en días lluviosos.

Nos dirigimos a nuestro equipo de greens durante varios minutos antes de que salgan en la mañana. Cada persona es mencionada por su nombre y su tarea de trabajo es especificada, no sólo para esa mañana sino para todo el día. Ahora es un buen momento para hablar individualmente con los miembros del equipo de greens que hayan hecho su trabajo excepcionalmente bien. Es también buena oportunidad para pasar los cumplidos de los golfistas o aún sus quejas, pero nunca criticando a trabajadores individuales enfrente de sus compañeros. Cualquier reprimenda es mejor hacerla en privado.

En ocasiones tenemos la oportunidad de presentar a la totalidad del equipo de greens a un visitante importante. Recordamos al Dr. Joe Vargas que nos dio una visita de consulta y le obsequio a las tropas una presentación de diapositivas en la madrugada. De acuerdo al Dr. Vargas, esa fue la presentación más temprana que jamás había dado. Siempre presente al equipo de greens allí reunidos, a superintendentes, agrónomos viajeros y oficiales del club que estaban visitándonos. Esto hace que todos se sientan importantes y ayuda a levantar la moral.

RESUMEN

Por cierto que el superintendente moderno se ha convertido en un administrador mucho más que lo que nuestros predecesores lo hubieran pensado posible. No debemos olvidar nuestra función primaria, que es la de crecer pastos para nuestros golfistas. Necesitamos ser mejores administradores del tiempo, para que también podamos atender nuestras instalaciones de mantenimiento de manera respetable. También debemos abarcar los nuevos métodos de comunicación del siglo XXI. Cuando los greenkeepers de América del Norte se unieron en 1926, ahora llamado GCSAA, lo hicieron principalmente para promover el intercambio de información que podían aprender el uno del otro. Nunca, ni en sus sueños más alocados, podrían haber imaginado que el intercambio de información entre superintendentes individuales como un todo llegara a ser, ahora, instantáneo. Lo que le suceda a nuestra industria y a nuestra profesión durante el próximo siglo es un pensamiento que asusta. Pero asusta aún más quedar rezagado.

21
Los Siete Pecados Mortales contra la Manutención de Pastos

Existen siete pecados mortales que superintendentes y greenkeepers de un campo de golf jamás pueden cometer. Son pecados contra la integridad de la profesión. Son pecados de ignorancia, descuido y omisión. Cualquiera de estos pecados reflejan una mala imagen de la persona encargada. Ha sido nuestra experiencia, que pocos son los superintendentes que pierden su trabajo por incapacidad profesional. Más a menudo, la razón del despido es un choque de personalidades, una falla de comunicación, o promesas de rendimientos que no son cumplidas. En todos los casos, la persona implicada puede poseer excelentes habilidades, pero le faltan las habilidades básicas que son necesarias para ganarse la vida y sobresalir. Nuestro mandato en este trabajo, es primero tratar con el arte y la ciencia del mantenimiento de céspedes. Todas las otras obligaciones, es mejor dejarlas a los expertos en esas áreas particulares.

ESTOS SON LOS SIETE PECADOS MORTALES:

1. QUEMADURAS POR FERTILIZANTES EN CUALQUIER LUGAR
2. SEGADORAS PARA GREENS MAL AJUSTADAS
3. TAPONES PELADOS EN LOS GREENS
4. UN CORTE CON LA SEGADORA DE GREENS EN EL ANTEGREEN O APPROACH
5. PERMITIR QUE EL CÉSPED NUEVO SE MUERA
6. MATAR UN GREEN CON BONDAD
7. UN CAMPO DE GOLF DESORDENADO

1. Quemaduras por fertilizantes en cualquier lugar. Accidentes pueden suceder, pero ya casi no existe una excusa para quemar el césped con fertilizante. Los fertilizantes modernos contienen principalmente un tipo de nitrógeno de

lenta reacción, pero esto no es ninguna excusa por no haber hecho pruebas en el vivero o en el rough antes de aplicarlo. Esté completamente seguro de que el material que está aplicando no marque los greens, las salidas, o queme los fairways. Para lograr ésto, siempre haga penetrar al fertilizante con riego.

2. Ajuste de una segadora. Posiblemente el cilindro de corte no esté tocando la cuchilla de la cama y la calidad del corte sea muy pobre. Más a menudo, un lado de la podadora corta más bajo que el otro. En segadoras Triplex, frecuentemente sucede que no todas las cortadoras están a la misma altura.

3. Tapones pelados en los greens. Tapones muertos en un green pueden arruinar la apariencia de lo que hubiera sido un green perfecto. Los tapones pelados resultan cuando un cambiador de hoyos no hace su trabajo bien y se descuida. El hoyo viejo debe ser llenado hasta el nivel perfecto con el área circundante de la superficie de pateo. Si el tapón está demasiado alto, será pelado por las podadoras de greens y se pondrá color marrón. Cuando el tapón se sume debajo de la superficie de pateo el desnivel desviará los putts. A veces un tapón fresco se seca y se pone marrón debido a que se marchita. Cambiadores de hoyos inteligentes, llevan consigo una botella de agua para echarle un poco a los tapones estresados.

4. Segadoras de greens que dejan un corte en el antegreen o approach. Un corte en el antegreen o approach es un error inaceptable que no debe ser tolerado en un campo de golf administrado profesionalmente. Generalmente sucede durante el pase de limpieza, cuando un operador se descuida y se mueve demasiado rápido. A veces sucede cuando un operador novato no eleva la podadora a tiempo y corta dentro del antegreen o approach.

5. Permitir que el césped nuevo muera. Los panes de césped del vivero recién colocados, es la culminación de un trabajo bien hecho. Las formas y las alteraciones han sido llevadas a cabo a la perfección. El nuevo césped, rodillado, estaqueado y marcado con Suelos en Reparación, es la crema sobre el pastel. Tres días después está marrón y muerto por falta de agua debido a que alguien se olvidó. Tal publicidad de la incompetencia de un greenkeeper es definitivamente un pecado mortal.

6. ¡Matar un green con bondad¡ Sucede con el topeado, especialmente con arena, colocada muy espesa durante una tarde calurosa y con el green bajo estrés de sequía. Invariablemente el resultado es la muerte. También puede suceder cuando un green es aireado bajo condiciones similares. La aplicación de una pulverización de fitotóxicos tales como Diazinon y fertilizantes líquidos mezclados juntos matarán, con toda seguridad, hasta el green más sano.

7. Un campo de golf descuidado, cubierto con servilletas de papel, vasos desechables y latas de cerveza. Puede haber excusas para céspedes marrones; nunca existe una excusa para un campo descuidado y sucio. Un buen mantenimiento de céspedes es equivalente a buena limpieza doméstica. El superintendente siempre debe poner el ejemplo en cuanto al aseo del campo. Deténgase y recoja la basura. Recójala en su carro y disponga de ella en un contenedor de desperdicios. Demuestre a los golfistas y al equipo de greens que el aseo está cercano a lo divino. Recuerden también que invariablemente

un edificio de mantenimiento desordenado es indicativo de las condiciones en el campo de golf. Es casi imposible mantener un campo de golf limpio desde un granero sucio. Un campo de golf sucio es el peor de los peores pecados, porque es completamente corregible.

Algunos superintendentes han puestos anuncios con los siete pecados mortales en sus tableros informativos en la Oficina de Mantenimiento a la vista de todo el mundo. Se les recuerda a diario, a todos los empleados de estos pecados mortales; comprueban el trabajo de sus compañeros y si otro trabajador comete un pecado mortal, saltan sobre él.

LOS SIETE PECADOS VENIALES

Además de los siete pecados mortales existen siete pecados veniales. Estos son pecados de una naturaleza menos seria, pero los pecados siguen siendo pecados, y deben ser evitados.

1. Es demasiado común las lavadoras de pelota malolientes, aún en nuestros mejores campos de golf. Mientras es casi imposible revisar siempre todas los lavadoras de pelotas, debe establecerse un programa para la limpieza total de éstas. Con jabón y agua está bien. Un superintendente demasiado ambicioso, como resultado de participar en nuestro Seminario de "Magic of Greenkeeping," agregaron "Javex" al agua en los lavapelotas. Las pelotas salieron limpias y brillantes y emanaban una aroma bonito y fresco, pero varios golfistas se salpicaron las camisas y pantalones. Las marcas del blanqueador no fueron de su agrado.
2. Las tazas de putting sucias, pueden arruinar la apariencia de un green, que si no fuera por eso estaría perfecto. Después de lograr un putt, recobrar una pelota de una taza mugrosa es una experiencia poco placentera. Uno no necesita ser demasiado delicado para resistirse a poner su mano en un hoyo sucio. El cambiador de copas, en su rutina diaria, debe llevar una esponja húmeda y usarla para limpiar el interior de la taza. Adicionalmente, las copas deben ser cambiadas una o dos veces por temporada. Para eventos especiales una taza tanto limpia como nueva es obligatoria.
3. Los golfistas se enorgullecen de su campo de golf y les agrada poner de su parte por mantenerlo en buenas condiciones. Les debemos ofrecer esta oportunidad y lo hacemos al colocar cajas con mezcla de divots sobre las salidas, especialmente en salidas de un hoyo par 3. Mientras muchos golfistas, por cualquiera que sea la razón, no hacen uso de la mezcla de divots, hay otros tantos que sí lo hacen. Encontrar una caja de mezcla de divots vacía sobre una mesa de tiro es una marca negra en contra del greenkeeper.
4. Los golfistas culpan cualquier cosa por su pobre puntaje, incluyendo faltas cometidas por el greenkeeper. Alto en su lista, está la imperfecta colocación de los bloques de la mesa de tiro. Parece ser que si los bloques no están perfectamente colocados hacia el centro del fairway, se culpa al greenkeeper

por un "hook" o un "slice." En un hoyo par 3, los golfistas fallan el green, porque las marcas están apuntando de la manera equivocada. Los superintendentes deben estudiar el trabajo de sus equipos de green con frecuencia. Una rutina diaria se hace monótona y a menudo los errores son el resultado.

5. Es frecuente que un rastrillador mecánico de trampas, sale de la trampa de arena y olvida de borrar sus huellas. El resultado es un feo montón de arena mezclado con basura incluso a veces arrastrado sobre el césped. Este pecado venial es casi un pecado mortal. Además de borrar las huellas, los operadores deben asegurarse que haya la suficiente cantidad de rastrillos en cada trampa de arena. Que no haya rastrillos en una trampa de arena es imperdonable; como también son los rastrillos con mangos rotos y dientes faltantes.

6. Las banderas desgarradas son feas. Es mejor comenzar una nueva temporada con banderas nuevas y cambiarlas una vez por temporada. Mantenga banderas adicionales a la mano, en caso de que se roben algunas. Siempre deben estar a la mano un juego de banderas completas, astas y marcas de salidas en casos de urgencia. Ladrones pueden haber robado todos estos artefactos en la noche. Estén preparados.

7. El pasto alto alrededor de la base de los árboles, anuncia incompetencia. El pasto largo nunca luce peor, que cuando se le deja crecer profusamente alrededor de los árboles, anuncios y postes de cercas. Esta falta de recorte es imperdonable, aún en los campos de golf de más bajos recursos. Debe encontrarse el tiempo para corregir esos descuidos. Puede ser con la ocasional aplicación de Round-Up, retardadores de crecimiento, o simplemente con una podada regular. Éste último es el método más caro, pero también el mejor recibido.

Los siete pecados mortales son omisiones serias que no deben ser permitidas que perduren o que recurran en un campo de golf. Una vez que un pecado mortal ha sido cometido, generalmente las acciones correctivas toman un cierto tiempo. Por otro lado, los pecados veniales, pueden ser corregidos rápidamente. La lista de pecados debe destacar en el edificio de mantenimiento, a la vista de todos. Los equipos de greens y los asistentes deben tomar las medidas necesarias en su campo de golf contra los catorce pecados cometidos en contra del arte de el mantenimiento de céspedes.

Índice